项目管理2.0

利用工具、分布式协作和度量指标助力项目成功

★★★ 修订版 ★★★

PROJECT MANAGEMENT 2.0

Leveraging Tools, Distributed Collaboration, and Metrics for Project Success

[美] 哈罗德·科兹纳（Harold Kerzner）著

傅永康　周思雯　计浩耘　译

電子工業出版社

Publishing House of Electronics Industry

北京·BEIJING

Harold Kerzner: Project Management 2.0: Leveraging Tools, Distributed Collaboration, and Metrics for Project Success
ISBN:978-1118991251

版权贸易合同登记号　图字：01-2015-5780

图书在版编目（CIP）数据

项目管理 2.0：利用工具、分布式协作和度量指标助力项目成功：修订版 /（美）哈罗德 •科兹纳（Harold Kerzner）著；傅永康，周思雯，计浩耘译. —北京：电子工业出版社，2020.1
书名原文：Project Management 2.0: Leveraging Tools, Distributed Collaboration, and Metrics for Project Success
ISBN 978-7-121-37211-7

Ⅰ. ①项…　Ⅱ. ①哈…　②傅…　③周…　④计…　Ⅲ.①企业管理－项目管理　Ⅳ. ①F272

中国版本图书馆 CIP 数据核字(2019)第 263410 号

责任编辑：刘露明
文字编辑：刘淑敏
印　　刷：北京盛通商印快线网络科技有限公司
装　　订：北京盛通商印快线网络科技有限公司
出版发行：电子工业出版社
　　　　　北京市海淀区万寿路 173 信箱　邮编 100036
开　　本：720×1000　1/16　印张：21.75　字数：403 千字
版　　次：2016 年 5 月第 1 版
　　　　　2020 年 1 月第 2 版
印　　次：2021 年 12 月第 4 次印刷
定　　价：98.00 元

凡所购买电子工业出版社图书有缺损问题，请向购买书店调换。若书店售缺，请与本社发行部联系，联系及邮购电话：（010）88254888，88258888。
质量投诉请发邮件至 zlts@phei.com.cn，盗版侵权举报请发邮件至 dbqq@phei.com.cn。
本书咨询联系方式：（010）88254199，sjb@phei.com.cn。

推荐序

我与傅永康先生认识多年，深知他做事认真细致。前段时间听说他在翻译哈罗德·科兹纳博士的《项目管理 2.0》一书，花费了大量心血和精力，以求准确地表达原作者的思想及观点，我很敬佩。

哈罗德·科兹纳博士是项目管理领域的思想领袖和畅销书作家。具有划时代意义的著作《项目管理 2.0》一书综合介绍了很多新观点，为我们提供了一套更适合现代工作场景的新型项目管理方法论，也是项目经理应对未来复杂多变项目环境必不可少的最佳指南。更值得欣赏的是，本书对学术观点进行了延伸探讨，这也必将激发读者的思考，产生更多启发。

我愿将本书推荐给像我一样对未来充满好奇，以向客户、组织、企业提供价值为使命的项目管理人才，为在组织内推行项目管理而不断付出努力的PMO 成员，为最大限度地推动项目成功而更积极地参与到组织项目管理中的执行发起人，以及企业和组织的高管。希望你们都可以和我一样从本书中获益。

《易经》有云："为道屡迁，变动不居，周流六虚，上下无常，刚柔相易，不可为典要，唯变所适。"世界风云变幻只在朝夕瞬间，然而万变不离其宗。洞察天象，审时度势，顺应时代潮流，在这个时代认清不断革新的推动能量，才有可能立锥站定，续领风骚。

世界上唯一不变的就是变化。

面对未来，面对项目管理 2.0，你准备好了吗？

陈永涛

PMI（中国）董事总经理

译者序

2015 年 7 月的一天，我在清华园读书之余，有幸与电子工业出版社的刘露明老师做了一次学术交流，其间她问起我是否有时间和兴趣来翻译正打算引进的哈罗德·科兹纳博士最新出版的著作《项目管理 2.0》。作为一位项目管理从业者，同时也是科兹纳博士的粉丝，能够有机会翻译他的最新大作，实乃平生一大幸事，加之其时我的上一本译作刚刚截稿，所以不假思索便答应下来。

科兹纳博士是业界公认的项目管理大师，早在 1979 年他便写出经典之作《项目管理：计划、进度与控制的系统方法》（*Project Management: A Systems Approach to Planning, Scheduling, and Controlling*）第 1 版，作为对比，项目管理协会（PMI）的《PMBOK®指南》第 1 版直到 1996 年才正式问世。科兹纳的著作对于项目管理知识体系的建立起到了非常重要的影响。时隔 37 年的今天，科兹纳博士的这本经典著作已经更新到第 12 版，而《PMBOK®指南》也更新到第 6 版。这不由令人感慨，虽然时光荏苒，但优秀的著作是经得起时间的检验的。

除了经典的《项目管理：计划、进度和控制的系统方法》，科兹纳博士 30 多年来还撰写了一系列的项目管理著作，对项目管理的方方面面做了深入思考与阐述，如《项目管理术语词典》（*A Project Management Dictionary of Terms*）（1985）、《项目管理的战略规划：项目管理成熟度模型的应用》（*Strategic Planning for Project Management Using a Project Management Maturity Model*）（2002）、《价值驱动型项目管理》（*Value-Driven Project Management*）（2009）、《项目管理度量指标、KPI 和仪表板》（*Project Management Metrics, KPIs and Dashboards*）（2011）、《基于项目的问题解决与决策》（*Project-Based Problem Solving & Decision Making*）（2014）、《项目失败分析与拯救》（*Project Recovery: Case Studies and Techniques for Overcoming Project Failure*）（2014）等。

如今，科兹纳博士在综合其所有前作的基础上推出《项目管理 2.0》，自然有其总结过去、面向未来的深意。项目管理发展至今，传统的以三重制约为基础的管理模式已经非常成熟，同时面临巨大的挑战。我们已经身处移动互联网所连接的世界，面向未来，正如书中所言，VUCA 与 Web2.0 正深刻地影响着当今社会，要在现在与未来快速变化的环境中取得项目成功，只考虑单纯的三重制约早已不能适应项目的环境，从现在开始就必须面对复杂多变的环境做出相应的变化。因此，理论上的自我突破、实践中的自我创新，都是项目管理未来所面临的挑战与机遇。面对挑战，科兹纳博士在本书中做出了适逢其时的引领项目管理未来的思想理念突破。

本书堪称科兹纳博士开启项目管理未来发展的集大成之作。纵观本书，科兹纳博士系统地提出了面向未来的项目管理 2.0 思想，以及相应的工具、度量指标和仪表板等助力项目成功的手段。在项目管理 2.0 思想框架中，我们需要高度重视与重新审视的是项目管理的价值。科兹纳博士在书中对项目与项目成功做了开创性的重新定义：项目是计划实现的一组可持续的商业价值；项目成功是在竞争性制约因素下实现预期的商业价值。项目管理 2.0 以价值为核心，由此打开了一扇通往项目管理未来的大门，使得项目管理的未来“柳暗花明又一村”。

在阅读学习本书的同时，我们也要看到，本书更多地起到一种思想启发指南的作用，项目管理的许多基础性的细节并不是本书深入探讨的重点。本书的重点在于系统地提出一套面向未来、适应变化的项目管理 2.0 思想。这种思想对于企业高管、项目经理、项目团队成员、PMO、其他项目相关方等都会起到重要的启发作用。虽然项目管理 2.0 的许多观点与实现方法在现阶段确实可能还有待于在实践中进行探索，它的很多内容在细节上的完善还需要我们后辈做进一步的努力。但重要的是，本书就像一盏明灯，已经为我们指明了未来项目管理工作中许多非常值得去为之努力的方向。相信本书也将经得起时间的考验，在未来变化的时代中成为一本不变的经典。

本书的翻译实在是个艰辛的过程，前后历时半年多，经历了许多始料不及的困难，最终的完稿是清晖项目管理团队协作的成果。在此要感谢参与本书翻译的清晖志愿者周思雯女士（第 6~8 章）、计浩耘先生（第 9~12 章）、钟晓华先生（前言与初步审校）、杨清女士（全程协调），以及众多为本书翻译做出支持工作的清晖小伙伴们。

同时还要感谢我的太太桂莉教授，我很怀念在春节假期中她挑灯熬夜陪伴我一起翻译、审校的日子。没有她一直以来的理解、支持与宽容，我难以想象自己能够取得事业与学术上的微薄进步。

本书在翻译过程中也得到PMI（中国）董事总经理陈永涛先生的勉励。陈先生在 2015 年的 PMI（中国）项目管理大会上为我就项目管理 2.0 的思想和启示与参会者进行提前分享提供了大力支持，并为本书的出版写了推荐序，在此特别感谢！

最后，再次感谢电子工业出版社刘露明老师为我们提供的本次翻译机会，以及出版社编辑所做的大量支持指导。

由于本人学识有限，本书翻译难免有瑕疵疏漏，还请读者见谅，欢迎批评指正以期持续改进。

傅永康

frank@tsinghui.com

序

知识是一种永无止境的、在不确定性边缘的探险。

——雅各布·波兰斯基（Jacob Bronowski）

讲故事是传授知识、弘扬传统和文化最好的方式之一。请让我从分享一个我年轻时痴迷于阅读的故事开始吧。当我还是小男孩时，我就被科幻小说迷住了。我读遍了几乎每本我可以得到和能够理解的科幻小说。对我来说，这些小说的作者让我有机会通过他们的眼睛探索未来。他们是我接触的第一批“未来学家”，为我展现了一个说不定某天就会实现的未来。这使得我对未来充满梦想。

他们是伟大的梦想家，如雷·布莱伯利、艾萨克·阿西莫夫和亚瑟·克拉克。甚至在工业时代全面兴盛之前，儒勒·凡尔纳在 1865 年就创作了关于人类首次登月的故事，而这个梦想 100 年后才得以实现。受他们作品的熏陶，我第一个关于未来的远大梦想就是未来要成为一名航天员。在我 8 岁那年，除了穿着航天服在另一个星球上行走，我没有其他梦想。遗憾的是，梦想终止在我 20 岁那年，因为美国空军的验光师告诉我，这一辈子我只能戴着矫正眼镜生活。那个时代，飞行员必须有完美的视力，因此我成为航天员的梦想化为泡影，如他们所说，这已经成为历史。这对我而言几乎是晴天霹雳。

接下来的两年里，我在佐治亚理工学院参加了各种各样的课程，如文学、哲学、科学，直到我选择了工业工程专业。回首往事，我得出一个教训：人必须懂得在自己的想象、个人期望之外，正视若隐若现的现实，否则将会输得很惨，生活中许多事情都是这样。我应该早就知道结果不会如我所愿。事实上，如果你看到我家的全家福照片，包括父母、叔叔、阿姨和一些堂兄弟在内，你会发现一个有趣的情况，除一个 8 岁的孩子葛瑞格外，每个人都戴着眼镜。嗯，我被我那根深蒂固的、满怀热情要成为航天员的信仰所蒙蔽，却忽略了一直存在的这个“趋势”。有人甚至会认为我忽视了“内在”的事实。

不仅如此，当我呆坐在学校里为自己遨游太空的梦想担忧、为未来的职业发展发愁时，我又忽略了已经显现的“外部”趋势。那个时期正是美国阿波罗登月计划启动之前，越南战争爆发，美国经历着一场文化的变革，同时美国国会正在就战争与和平建设的资金进行激辩。关于接下来 10 年的预测开始认为太空竞赛将会终止，战争也会结束，同时还有将要出现的经济衰退。作为一个 20 岁的年轻人，我没有看到这些“外在”的趋势，而这些趋势造成那个时代航天工业几乎消亡。5 年里，航天产业的就业人数从将近 100 万人跌至 20 万人。战争结束了，新的军队飞行员需求也收缩了，而经济衰退造成很多职业领域的机会消失殆尽。显而易见，失去成为航天员的机会给我带来的毁灭性打击，可能事实上成了一个好的结果，否则我可能拿到一个航天工程的学位，但是在这个领域毫无职业前景。在这种情况下，这些外部因素表明，戴眼镜还算不上一件坏事。

为什么分享这个故事

科兹纳博士是一位受人尊敬的、成功的作家。为什么我会在他这本 PM 2.0 的书籍中分享这个故事？很简单，我想告诉大家，及时意识到对工作环境产生影响的内部、外部和局部因素，不管是提前半年还是 5 年，将会是你作为领导者取得成功最重要的驱动力之一。

直到最近的 2007 年，世界经济一直保持高速增长，并达到历史新高。但是，大家都清楚重大的市场调整或许会到来，没有人预测到调整会有多大。2007 年年底，全球经济突然发生比 1929 年全球大萧条以来任何时期更为严重和急速的衰退。更多的项目被突然取消，这是有项目执行记录以来从未有过的。你或许很容易猜到，项目经理失业人数比第二次世界大战结束以来任何时期都要多。

遗憾的是，作为项目专业人士，我们对于不确定性的思想徘徊不前。优秀的项目经理被要求识别不确定因素，并创建应对计划，确保项目渡过难关。但是，“不确定性”这个词从字面上看就不是准确定义的，也自然无法为某个战略给出清晰的答案。前面所提的示例揭示了关于我的理想的确定性是一直存在的，只是处于孩提时代的我不愿意或者也没有能力去理解。即便在我长大成人后，我依然未能预见航天工业可能出现的衰落。作为项目专业人士，我们没有时间去忽视现实，并且总是埋头专注于项目的三重约束。作为领导者，我们必须营造这样的文化，就是对我们生活、工作所面对的这个世界保持足够的敏感。

混沌的未来是什么样的

最近我们都听过太多言论，说这是一个混沌的时代、疯狂的时代、复杂的时代。但是，我们还没有经历过人类历史最混沌的时代。我们一直在设法推动社会前进，如通过技术进步让我们的生活更加便于管理，依靠医疗创新来消灭可怕的疾病并避免流行病发生，付出持续有效的努力帮助越来越多的人脱离贫困等。但是，21 世纪的暗流指向非常混沌的时代。我们不妨穿越即将到来的 21 世纪中期，看看现实世界是否和我们的期望一致。更为重要的是，我们是否忽略了一些影响我们工作方式和所服务的公司的外部因素？

最突出的问题是人口增长及其对国际社会的影响。2014 年年底，全球人口据说将会达到 71.25 亿人，这是一个动态的数字，全球每 13 秒就会净增加 1 人。按照这个速度发展下去，到 2050 年，世界人口将突破 90 亿人。客观回顾一下历史，人口总数第一次达到 10 亿人是在 19 世纪的第一个 10 年，那是人类历史上累积的全部增量。第二个 10 亿人在 20 世纪 30 年代，也就是 130 年后实现，从那时开始人口进入了高速增长期，每 14 年就新增 10 亿人。这样的增长速度使得食品、水、衣服、住房和配套设施越来越短缺。

另一个问题是城市化。差不多 10 年前，世界人口分布出现了微妙且值得关注的变化。人类历史上城市人口首次超过 50%，根据联合国的预测，到 2050 年，70%的世界人口将生活在城市中。照此推算，2014 年大约有 35 亿人住在城市，而 2050 年，这个数字将达到 65 亿人，这些人将会住在新的城市中。仅仅是中国，就计划在 2020 年之前，将 2.75 亿农村人口迁移至城市。

与人口增长和城市化有关的是人口增长区域，主要是非洲、亚洲（尤其是中国）和南美洲。这些区域处于变幻莫测的发展阶段，随着发达区域增长放缓，未来人口分布将逐步实现平衡。不管是什么措施减缓了发达国家人口的增长，都永远无法抵消世界上发展中地区的人口增长。

同时我们不要忘记气候变化的问题，人类终将每天为之争论不休。世界上几乎每家大公司都认为气候变化是人类面临的最严重的环境问题。人类各种活动诸如交通运输、发电、生产、水处理等产生的温室气体排放，对气候造成的影响是非常显著的。仅仅是美国沿海区域，气候变暖所造成的海平面潮位预计平均上涨高达1米。很糟糕吧？估算可能造成的财务损失，换算为今天的美元，大约为1.5万亿美元。与此类似的是，气候变化以同样的方式影响着全球的农作物产量，如生产软饮料所需要的甜味剂，生产啤酒所需要的啤酒花和大麦，生产巧克力所需要的可可粉，生产乙醇所需要的农作物资源等。

淡水资源是我们面临的另一个临界问题。在发达世界，我们习惯于打开水龙头获取一杯水，对这杯水的安全和清洁充满信心。或许由于添加氯气这样的化学品的原因，水有一些怪异的味道，但总体来说，可以喝，可以用来做饭、洗澡，我们并不担心水被污染或水传播性疾病。不过，对于将近50%的世界人口来说就不是这样了。联合国报告显示，大约12亿人生活在水资源匮乏的区域，同时大约有5亿人即将面临同样的问题。他们还报告，还有16亿人面临经济用水短缺，所在的国家无论是取水、净水，还是送水至居民区，都缺乏所需的资金。然后，现实问题是，人类对水的需求在以两倍于人口增长的速度增加！事实上，我们今天拥有的水资源足够供70亿人使用，但不能满足我们所预测的2050年的90亿人的需求。

当然，我们最热衷讨论的主题还是能源。能源生产，特别是由于其与碳基燃料相关，仅次于气候变暖，是世界上最热门的话题之一。毫无疑问，我们在易获取的碳基燃料特别是原油上已经到达转折点。壳牌石油在关于未来构想的最新报告中，将这个时代描述为碳基燃料退休纪。事实上，壳牌公司预测，基于碳基燃料的内燃机将在2070年停止生产。无论是交通，还是发电或者其他领域，整个世界都在积极探索再生能源和不可再生能源最有效的混合使用政策。

如何看待这些趋势

这几个趋势本身都是非常值得注意的。因此，我们是否可以就像史蒂夫·乔布斯在苹果公司所说的那样“自我创新，走出困境”？在回答这个问题之前，你需要了解这几个趋势之间是相互联系的，从而为将来创造出一系列高度复杂的问题。给出完整的方案是不可能的，但是请允许我抛砖引玉，由大家来评判：

- 饮用水和烹调用水在水资源使用方面只占很小的比例。事实上，最大的三类消耗是农业（灌溉），能源（制冷），制造（制冷、清洁、产品使用等）。在地球上仅有的2.5%清洁水源中，只有20%被开发用于满足这些不同的需求。地球上人口增长推动了不断增长的食品、能源和“物品”需求，而所有这些都需要水作为原材料。因此，从本质上说，为了满足人口增长所引发的水资源需求，人类就像在进行拔河比赛。

- 现在，地球上的水暂时还能够满足70亿人的需要，但是再过30年左右，我们的人口将达到90亿人。请记住，水资源是固定不变的，我们无法生产更多的水，也无法从月球或其他星球取水，更无法实现水的再生。如果我们继续保持这样的水资源消费速度，水荒危机将会蔓延全球。
- 今天，气候变化几乎与地球上所有地方产生的温室气体排放相关。然而，人口增长预期和大规模的城市化进程，尤其在发展中国家和地区，将会造成木材、钢铁和其他基建产品需求爆发式增长。联合国粮农组织（The U.N.'s Food and Agriculture Organization，FAO）估计，不管是原材料需求，还是住房和城市建设所造成的开垦，都已造成超过1 300万公顷的森林被破坏。随着更多的树木不再参与碳回收循环过程，更多的碳排放将停留在大气层，气候变化也因此更加严重且没有规律。
- 如此严峻的气候变化引发的洪水、干旱，将造成作物减产，与此同时，人们对食物的需求只升不降。为提高产量所做的各种尝试和努力，也带来了针对转基因作物、发展中国家不恰当的农业实践和大量其他问题的激烈讨论。
- “需要”的紧迫性造成整个世界的动荡不安。在发达国家，我们将不虞匮乏的自由视为一种不可剥夺的权利，但是在世界上大部分地方，这是一个无法企及的梦想。淡水、足够的食品、住所、卫生设施、有意义的工作等，对大多数人来说依然可望而不可即。只要看15分钟全球新闻报道，你就会意识到世界还在动荡。

将这些挑战与全球人口增长带来的食品、服务需求结合，问题将变得更为复杂，甚至可以说达到危机级别。以信息和通信技术（Information and Communications Technology，ICT）相关产业为例，移动通信和计算的需求已呈指数级增长。在国际电信联盟（International Telecommunications Union，ITU）2012年的报告中，全球移动电话用户总数已达60亿个，实际上，有105个国家的移动电话用户数已经超过居民数量。更重要的是，拥有移动电话的人群比拥有饮用水资源和卫生设施的人群要多。

这些数字还在增长，特别是在智能电话和平板电脑领域。2013年，智能电话的年度增长率是44%，全球用户将近15亿个。随着人口增长，尤其在城市中，这个数字还会显著增加。每 6~12 个月，移动电话和智能电话回收的数量也将呈现指数级增长。

在 ICT 产业增长的背后，实际上隐含的是对稀缺和关键原材料的需求。稀土元素和其他金属（如铜、铝、钴）价格持续攀升，而对低廉产品的需求也在同步上升。世界 95%的稀土供应来自中国。带领中国走向市场经济的总设计师邓小平，早就预见这些矿产资源对中国的价值犹如石油对沙特阿拉伯的价值。稀土分布的局限性和增长的价格，让这个预言成为现实。这已经导致其他国家开始了一些稀土元素如钽元素的生产，如沙特阿拉伯王国和刚果民主共和国，但是这些国家也有它们自己的问题。例如，刚果的钽销售收入就主要用于支持残酷的内战，并且正逐步演变成"血矿"。

这一切对你意味着什么

作为一名项目专业人士，当你阅读这些内容时，你或许会问，伦理、政治、进出口管制、供应链为什么会影响你每天的活动？如何影响？你能感觉到所有这些风险的复杂程度和相互关系吗？请相信，同样的挑战存在于每个产业。但是，对你来说更重要的是，你是否开始思考，所有这些将会对你的公司和你的职业产生什么影响？如果最后这个问题已经在你脑海中，那就对了，你已经为将来成为一位可靠、务实的项目管理专家做好了准备。

不管你服务于什么公司或行业，接下来的 40 年将会发生许多影响公司运营和交付诸多方面的战略性转变。或者，换个说法，如果一家公司不能积极改变来应对这些全球化的挑战，那么这家公司将很快彻底倒闭——无论是 5 年、10 年还是 15 年后，没有改变意味着灭亡。

当然，一切还有希望。世界上许多公司都在关注这些环境和社会风险。超过 10 000 家公司、非政府组织（NGOs）、大学等已经签署联合国全球契约，共同为 8 个千年发展目标努力，力争解决包括气候变化、贫困、妇女赋权、能源效率、全球健康等问题在内的诸多世界级难题。与此同时，有超过 45 000 家公司加入联合国共同发起的全球报告倡议组织（Global Reporting Initiative, GRI），目标是帮助公司在应对前面提到的这些挑战的过程中安排和报告进展。回顾美国上市公司必须签署提交给证券交易委员会的几十份 10-K 文件，我们发现，我所提到的许多风险赫然在列。全世界都是一样的。是的，希望还在，企业正在改变。

但是，作为一个公民、员工和项目专家，你需要更进一步并付诸行动来帮助你的组织、社会和世界来应对这些挑战。你是否已经准备好？当你考虑到未来将所处的工作环境，你就必须接受一个事实，那就是所有的公司和相关的项目都将受到如下限制：

- 一种整体的、零浪费的方法将会主宰我们的工作。铺张浪费在资源受限的未来是没有机会的。过去，由于受到项目范围的限制，我们对预算、进度和时间的浪费关注较少。但是未来，我们将会在项目过程中解决资源问题，无论是水、原材料还是人才。适应这些和其他受限资源的新的指标将会成为主流。
- 水将会被认为是最珍贵的资源之一，人类也将不断创新，寻求不依赖水的方案。创新成为主流，如果你不希望为水的问题承担责任，那么就要重新设计产品、流程与操作，以确保有限的淡水、饮用水总量保持与以往相同的水平。
- 所有企业必将恪守它们的“碳排放量”限制，不只是想方设法减少其所有活动产生的排放，还要为碳的再回收研究做出积极贡献。这是一种复杂的科学，但是将会影响所有专业人士每天的工作。
- 信息披露对象将增加众多新的利益相关者。由于企业尽最大努力满足更广泛的人群和社会的需求，“客户”一词的含义和重点将会扩展很广。社交媒体创造的透明、问责的环境，使得你将不能藏匿或矫饰任何错误。未来某天，你会发现所在的“舞台”下方是成千上万你的企业的本地社区的“观众”。
- 企业将会承担起全部责任，并对整个价值链负责。每个供应商，不管是分包商还是分、子公司，只要对企业交付的产品有价值贡献，都属于企业的职责范围。
- 道德和共同价值观是你作为一名专业人士每天必须遵守的。我不管在哪里讲伦理学，都会向我的观众询问他们与同事讨论的内容，无论是介绍新员工时还是项目启动时。我常常会问，有多少人分配时间讨论他们工作的伦理内涵、工作开展所带来的价值及如何确保对伦理的坚守？这个答案平均不到 5%。而未来，这个答案必须是 100%，否则伦理上的不清晰将会造成行动迟缓且容易失败。
- 风险管理是企业竞争力必不可少的能力。这意味着，所登记的与项目执行相关的风险必须包括公司面临的“战略风险”。如果淡水资源是公司的战略风险，那么它一定以某种方式明确地、有意地纳入项目范围。如果不这样做，那么你的项目将处于风险之中，项目的成功将会是一种假象。

- 未来成功的企业将会在你工作的每个责任领域建立全面的风险“雷达”。时刻提醒自己，要对办公大楼之外的一切或计算机显示器之外的一切保持警惕。风险“雷达”将会帮助公司避免因遭受冲击而出局的危险。

好了，对未来已经讨论足够多了，问题是作为一名成功的项目专业人士，未来工作需要什么样的技能和能力呢？这就是这本书的目标。PM 2.0 是你可以用来应对未来的最佳指南。除哈罗德·科兹纳外，没有比他更有经验、更有知识的专家能够帮你为未来做好准备。他是我们这个时代对项目管理知识体系最重要的贡献者之一。正如你将在这本书中所看到的，科兹纳博士通过项目执行中使用的大量知识领域和过程，将 PM 2.0 与生活中各种各样的应用结合起来。然而，最重要的是，对于那些寻求为企业和相关方提高自身价值的人来说，他如同亮起一盏指路明灯。无论你是在企业中与虚拟团队合作，或者在研发团队工作，还是领导着一个最重要的战略项目，你都将从他这里获得导航式的帮助。总之，你手上这本书是一本操作指南，你可以用来应对你将会遇到的最复杂的企业：项目企业。我唯一的建议就是阅读时认真对待，将这本书始终放在触手可及的位置。如同美国运通卡广告所说的那样——“出门必备”。它就是你的成功手册。

格雷格·巴莱斯特雷罗（Greg Balestrero）
国际学习集团（International Institute for Learning，Inc.）在领导力、
可持续性和公司意识方向的战略顾问，
曾任项目管理协会（PMI）的首席执行官

前 言

世界一直在变化。我们通过电视、报纸、互联网关注着每天发生的一切变化，但是有多少人能够真正发现项目管理过程中正在发生的变化？对那些身处项目管理过程中的人而言，即便他们就是变化的一部分，他们仍然经常无法识别这些变化。

当项目管理（Project Management，PM）最初出现时，高级管理层对于使用这种新的技术是有一些顾虑的。尽管项目管理拥有与人类一样悠久的历史，并且使用了 PM 1.0 所阐述的原则，高管们依然将项目管理看作一类特殊形式的、临时而非永久的管理。客户强迫公司在项目生命周期中使用项目管理，这样他们就可以找到一位关注项目绩效的单一联络人。承包商的高级管理层很不情愿地接受了这一挑战，但是又担心项目经理可能职权过高，并且开始执行那些原本由公司高管人员所负责的决策。

为了实现一定程度的控制，高级管理层设立了项目发起人的岗位。项目经理被授权所做的任何决策都将受到项目发起人的监督。在许多情况下，来自公司工程师团队的项目经理被授权的主要是技术方面的决策。事实上，所有与业务相关的决定都由发起人负责。更有甚者，许多发起人直接担任公司高层与客户的唯一联系人，而不是让项目经理自由地与客户沟通。

多亏 PM 2.0 的出现，今天一切都已改变。我们身处 PM 2.0 的时代。如今的市场存在诸多挑战，商业风险更高，项目更复杂，项目相关方更多。公司应对这些挑战的能力强弱将决定它们能否生存，同时项目管理过程应该因地制宜地去应对这些挑战。

在过去 30 多年里，许多公司已经着手在项目管理的所有领域开展持续改进。尽管有一些显著的改变，但是绝大多数改变是很小的，甚至只是表面文章，并且往往局限于我们在项目管理执行中所用的表格、指南、模板和检查单等。大部分企业认为只有运营类项目，而没有战略项目。如今，这种状况已经发生了较大改变。

PM 2.0 现在已经在许多公司的最高级管理层中广为流传，甚至已经进入企业董事会，项目得以和战略规划目标相一致。项目管理正被用于执行战略项目，而不只是运营类项目。项目经理被寄予厚望，他们过去只能执行项目内部决策，但现在可以同时执行项目相关和业务相关的决策。如今的项目经理不仅管理着一个项目，同时也是相关业务的管理团队成员。

项目管理和商业分析活动的联姻，使得项目管理上升到企业级高度。项目管理现在被公认为企业生存所必需的一项战略级竞争力。项目经理的汇报对象不只是项目发起人，而是高级治理委员会、监督委员会或最高级管理层。项目的发起不再是由一个人监督，而是由委员会管控。所有这些改变是因为项目的风险和复杂度已今非昔比。

本书具有前瞻性，在过去几年里，项目管理经历的许多变化都出现在本书中。变化是不可避免的，它将发生，并将继续发生。现在还是将来接受这些变化，取决于你自己，但变化就是一种生活方式。

哈罗德·科兹纳
国际学习集团
2014 年

目 录

第 1 章

项目管理 2.0 概述

1.0 简介：变化的时代

在今天的商业环境中，我们拥有新一代员工，他们生长在 Web2.0 的世界，其中基于网络的项目管理工具允许人们在虚拟或分布式团队中比过去更加紧密地一起工作。计算机技术和信息流的进步使得我们在传统项目管理（PM1.0）中使用的方法在当今的许多项目中成为累赘。于是 PM2.0 作为学术文献词汇而出现，它聚焦于新型项目管理工具、更好的项目治理、更强的相关方合作，并使用度量指标、关键绩效指标（Key Performance Indicator，KPI）和仪表板做更有意义的信息报告。

1.1 PM 1.0 的特征

项目管理在航天、国防和工程行业具有 50 多年的历史。项目管理的实践对于那些可理性认知并可预测的，假设条件与制约因素在项目期间不大可能变化，并且对处于稳定的政治环境中的项目来说是有效的。遗憾的是，对大多数公司来说，在公司需要完成以保持商业地位的项目中，这种类型的项目在数量上只占很小的比例。

今天，我们在极为广泛的、涉及商业中所有领域的项目中应用项目管理方法，政治、风险、价值、公司形象和声望、商誉、可持续性及质量对于企业来说显得比传统的时间、成本和范围等制约因素更为重要。因此，过去几十年我们所使用的传统项目管理实践，即所称的 PM1.0，在管理这些新型项目时便显得无效。

PM1.0 基于以下特征活动：

- 项目在没有项目经理的参与下便被确定、估算和批准。
- 项目规划由集中的规划团体所制定，项目经理或许并不在其中。
- 甚至规划人员也没有完全理解项目的复杂度，却假设规划人员能制订正确的基准和计划，并且在项目期间能保持不变。
- 团队成员被分配到项目中，并被期望按他们实际并未参与制订的计划来执行。
- 在没有项目团队成员参与的情况下，高级管理层建立与批准项目基准，并假设该基准在项目期间将维持不变。
- 任何对基准的偏离都将被视为偏差，需要被纠正以维持原始的计划。
- 项目成功的定义是实现计划的基准。资源和任务可以不断调整以维持该基准。
- 如果范围必须变更，倾向于只批准那些对现有基准变化影响不大的范围变更。

在 PM1.0 中，高管层害怕项目经理开始做出应该只在高管层中所做的决策。高级经理希望项目管理标准化且可控化。项目经理只被授予非常小的决策权，几乎所有重要的决策都由发起人做出。一种企业项目管理（Enterprise Project Management，EPM）方法论被错误地相信可以适合所有场景。每个项目都必须遵循该 EPM 方法论而不顾事情的后果，只是因为这是最高决策层的舒适区。EPM 方法论由刚性的政策和程序构成。项目状态汇报导致了大量的各种报告，几乎多达 25%的项目预算耗费在各种汇报需求上。

甚至对于每四五年便更新一版，以使我们远离 PM1.0 的《PMBOK®指南》（*PMBOK® Guide*）的最新版本中也仍然保留了许多 PM1.0 的元素。编写一本能同时适应不同企业对 PM1.0 与 PM2.0 的偏好的单一的《PMBOK®指南》，看来既不可能，也不现实。

1.2 PM1.0 的其他关键问题

PM1.0 对于许多用传统方法管理项目的公司来说运转良好，但其他公司因为 PM1.0 的显著缺陷而需要谋求变革。例如，传统的项目和业务规划之所以使用 PM1.0，是基于管理者能够根据过去的结果而预测未来的产出。规划往往基于历史，但是对于许多新业务机会和即将展开的项目，这种规划方式往往不可行，因为缺乏经验或从过去推断未来会形成误导。

针对这个问题，PM2.0 的解决方案是基于假设条件来预测未来的结果。规划过程中的假设条件有些可能是真实的，但其他的假设条件更有可能严重影响到项目的某一点，从而导致项目被重新定向甚至被取消。项目经理可能需要通过假设情景分析而制订应急计划来测试所有的假设条件。然而，在 PM1.0 中，商业论证或项目章程中的假设条件往往被认为是事实，并且通常从未遇到质疑。这导致了宝贵的资源浪费。

PM1.0 中存在的一些问题需要在 PM2.0 中加以纠正：

- 相信一种项目管理方法论能适用于所有项目。
- 理所当然地认为商业论证/项目章程中的制约因素和假设条件是正确的，无须跟踪的。
- 相信别人如规划部门的规划都是正确的，不需要被质疑的。
- 缺乏对我们没有参与的计划的所有权，导致缺乏对项目的承诺。
- 采用结构化的项目计划，不允许团队成员的创新工作。
- 没有提供给项目团队全部必要的信息。
- 发起人和治理委员会不明白他们自身的角色和职责。
- 相信发起人和治理委员会的所有决策都是正确的。
- 相信项目管理能够通过执行命令的方式得以实施。
- 企业没有项目管理文化。
- 相信一夜之间项目管理文化便能发生改变。
- 把项目管理视作一个人首要工作的兼职补充，而非一种职业发展路径机会。
- 不理解项目健康检查的必要性，或者如何进行项目健康检查。
- 只有有限的工具来支持项目管理活动。
- 具有太多的项目，却没有足够的优质资源。
- 在我们不具备资源的项目上浪费时间。
- 没有任何资源优化。
- 没有收益实现计划。
- 不理解如何跟踪收益或价值。
- 没有在具有最高价值的项目上开展工作。

- 没有认识到项目和战略商业目标之间的关系。
- 相信如果项目失败，我们仍然会有源源不断的客户。
- 没有与相关方开展任何合作。
- 项目信息按组织层级进行垂直汇报，而不是让整个团队获取信息。
- 在管理层意识到真相之前，报告都以乐观的态度和我们能纠正所有问题的方式加以准备。

显然还有其他问题可以添加到该列表中，但从中至少我们已经认识到PM2.0有存在的必要。

1.3 项目管理 2.0 的定义

PM2.0 的想法最初源于那些软件开发项目经理，因为由于不同的工具使用和不同项目需求，需要在软件项目管理中不断增加版本号。多年来，很多研究已经对 IT 项目失败的原因进行了揭示。这些研究表明失败的共同线索包括缺乏用户的早期参与、治理不善、决策孤立等。这些共同线索确认了 IT 项目中分布式协作的必要性。从 IT 的角度，我们可以用以下公式定义 PM2.0：

项目数据将被显示在移动设备如手机或平板电脑上。

PM2.0=PM1.0+分布式协作

分布式协作是由开放式沟通驱动的。它依靠集体的智慧，支持更好的决策。传统的项目管理青睐层级式的决策和正式的报告，PM2.0 则强调整个团队访问信息的必要性，包括相关方和项目治理委员会的成员：

- 相关方和治理委员成员将被期望做出明智的决策，而不是任何决策。
- 明智的决策需要更有意义的度量指标。
- 度量信息必须快速分享。

通过正式的报告进行协作是非常昂贵的，这就是为什么 PM2.0 主要关注项目管理度量指标、KPI 和仪表板报告系统。这种协作的增加使有些人认为 PM2.0 是“社会化的项目管理”。

敏捷项目管理可能是如今主要的 PM2.0 用户。然而，业界也存在一种批评，认为 PM2.0 大量使用了分布式协作，不能有效地运用于某些大型项目。这种批评有一定道理。现实中仍然存在对 PM1.0 的有效需求，但同时也有人在尝试混合 PM1.0 和 PM2.0 的原则。

所有新技术都要经得起批评，PM2.0 也不例外。有人认为 PM2.0 只是传统项目管理的一种变形。表 1-1 展示了 PM1.0 和 PM2.0 之间的许多差异。但读完表 1-1，我们必须牢记，不是所有的项目，如那些利用敏捷项目管理方法论的项目，都必须使用表中 PM2.0 所列出的所有特征。未来的项目经理将自由选择在他们项目中能最佳工作的内容。刻板的方法论将被表格、指南、模板和检查表取而代之。对于特定的项目，项目经理将"巡视自助餐厅"并从"货架"上选取最适合的要素/活动。在"自助餐桌"末端，项目经理在项目团队的陪同下将所有这些要素/活动结合为为特定客户所定制的项目手册。客户定制将是 PM2.0 的基本成分。

表 1-1　PM1.0 和 PM2.0 的差异

因　　素	PM1.0	PM2.0
项目批准流程	项目管理层最小化参与	项目管理层强制化参与
项目类型	运营型	运营型和战略型
发起人选择准则	提供资金的组织	商业知识
总体项目发起方	单人发起	委员会治理
规划	集中式	分散式
项目需求	良好定义	渐进与灵活
WBS 制作	自上而下	自下而上且渐进
假设条件与制约因素	项目期间假设是固定的	项目期间需再验证与修订
收益实现规划	可选	强制
制约因素数量	范围、时间和成本	竞争性制约因素
成功的定义	范围、时间和成本	商业价值创建
项目管理重要性	职业路径的锦上添花	成功所必需的战略能力
范围变更	最小化	可能连续
活动工作流	串行	并行
项目管理方法论	刚性	灵活
项目整体灵活性	最小化	按需延展
控制类型	集中式	分散式
领导类型	独裁	参与（协作）
整体沟通	本地	随处
信息访问	本地且受限	实时、非受限且全球化

续表

因　素	PM1.0	PM2.0
文档数量	广泛	最小化
度量指标测量频率	定期	持续
软件角色	按需	强制
软件工具复杂度	高度复杂工具	方便易用工具
合同类型	固定价格合同	成本补偿合同
成功的职责	取决于项目经理	取决于项目团队
决策制定	项目经理	项目团队
项目健康检查	可选	强制
项目团队类型	集中办公	分布式或虚拟式
资源资质	理所当然	经验证
团队成员创造力	有限	广泛
企业项目管理文化	竞争	合作
相关方访问	选定的间隔	持续
相关方项目管理经验	可选	强制
客户参与	可选	强制
组织项目管理成熟度	可选	强制
项目生命周期阶段	传统生命周期阶段	投资生命周期阶段
高管对项目经理的信任	低信任度	高信任度
持续改进工作的速度	慢	快
项目管理教育	不必需，锦上添花	必需，且是终身学习的一部分

PM2.0 并不只是一个单独的适用于小型项目的项目管理方法论，它更是一种把许多已经体现在 PM1.0 中的做法进行精简汇集以适应快速开发的流程。这种精简很大程度上得益于 Web2.0 软件的进步，并由于项目团队中每个人都使用相同的工具而获得成功。

尽管 PM2.0 在小型项目中已取得巨大的成功，但 PM1.0 是否更适合大型项目的问题依然存在。“陪审团”尚未对此做出最终裁决，但一些出版物已承诺就 PM1.0 和 PM2.0 如何融合进行讨论。也许再过几年，我们就将讨论 PM3.0，这可以拭目以待。

当然还有其他活动用于区分 PM2.0 和 PM1.0。不过本书的其余部分，将主要讨论表 1-1 中所示的 PM2.0 活动。

1.4 对 PM2.0 的批评

所有新技术都会带来优点和缺点，缺点几乎肯定要招致批评，PM2.0 也不例外。一些批评如下：

- 有些人认为 PM2.0 只是传统项目管理的变异，这种变化随处发生。
- 许多公司成功地使用 PM1.0 来跟踪记录，要求他们如今使用 PM2.0 会导致不必要的问题。
- PM2.0 只适用于 IT 项目，特别是那些需要使用敏捷或 Scrum 技术的项目。
- PM2.0 主张开放式沟通，这可能不适用于大型项目。专有信息的分发和控制也可能是个问题。
- PM2.0 的分布式数据可能没法审计，而大多数人认为 PM1.0 的数据是可审计的。
- 为支持 PM2.0 的实施，需创建额外的工具。开发这些工具的成本可能过于高昂。
- 数据需求可能轻易失控，最后导致信息过载。
- 虽然 PM2.0 重在协作，但也不能保证相关方或治理委员会成员之间自由沟通。
- 虽然 PM2.0 针对战略就如同运营项目那样有效，也不能保证即使提供了治理框架，领导层便会允许项目经理来管理战略项目。

有反对者认为，任何新技术都可被认为会把他们从舒适区拉出。只有时间会告诉你这种批评是否合理。但是有一点是确定的，PM2.0 正在实施并运作。

1.5 项目管理 2.0：技术祝福或诅咒①

PM2.0：祝福或诅咒？
Copyright © Scott Maxwell/Fotolia

毫无疑问，技术的进步已经影响和改变了我们的专业和个人生活，这种改变在 20 年前，甚至 10 年前，对于我们中的大多数人都是不能想象的。通过移动设备接入持续扩展的互联网，已经创造了人类历史上前所未有的对信息和点子的高连接水平。这也许是仅次于威廉·卡克斯顿在 1473 年第一次印刷出版英文书籍的伟大技术进步。

① Material in this section was graciously provided by John R. Winter, Vice President—Global Learning Solutions, International Institute for Learning, Inc.

今天，我们生活和工作在由三个动态的“C”所构成的 Web2.0 的世界，即连接、场景、协作。

我们日常随身携带的智能手机、平板电脑、智能设备使我们不仅能够连接到在线信息，而且能够连接到人。你只需要往公共空间一站，环顾四周，十之八九的人都在通过手机谈话、发短信、查看 Facebook、获取方位、使用像 Foursquare 或 Find My Friends 这样的应用程序来“分享”当前位置。毫无疑问，智能手机已经变得无处不在。

我们现在随身携带的智能设备也具有场景识别能力。它们可以精确定位，并展示基于我们位置而对我们有帮助或重要的信息。当我们走过当地的药店时，我们的手机嗡嗡震动或发出警报提醒我们需要拿取之前曾经电话咨询过的处方药。手机的全球定位系统（GPS）知道我们和该药店的位置关系，并触发了我们在应用程序中预先设置的提醒。

场景也扮演着拉动的作用。尝试使用一个应用程序如 Flixster 来寻找一部电影，它将把在你周围上映该电影的影院位置和播映时间呈现给你。所以我们不仅是连接，而且是与更深层次的场景进行更有力的合作。

协作、分享和用户生成内容是 Web2.0 的核心。对我们大多数人来说，Facebook、Twitter 和 Instagram 都耳熟能详，它们培养了整整一代新的网络居民，他们非常熟悉信息共享、创建和发布他们自己生成的内容，以及合作共同解决问题。我们的智能设备将帮助我们确保有组织、及时地做事情，使我们能够在家庭、朋友和同事之间迅速地收集并分享信息。这些活动也可以说是有效项目管理的核心。

在 Web2.0 世界工作的项目经理具有这样一组新工具，以支持分布式团队成功地完成项目工作。在协作和分布状况下工作并非新鲜事物，我们已经在基于服务器的企业级项目管理软件下工作了多年。以分布式团队形式进行协同工作的可能性，最早是由道格拉斯·恩格尔巴特在 1951 年提出的，并在 1968 年用他的其他发明如鼠标、网络计算机及早期的图形用户界面进一步展示了该概念，这次演示称为“所有计算机演示之母”。

什么是新的？当然是硬件、软件和影响深远的互联网，使得那些在 19 世纪 60 年代后期看起来几乎是科幻小说的东西得以实现。今天我们随身携带的口袋设备，远比当年运送阿姆斯特朗、奥尔德林和科林斯安全地往返月球的阿波罗 11 号宇宙飞船的计算能力更强。技术作家格兰特·罗伯逊在几年前的一篇关于苹果公司 iPhone 手机的博客中写道：“iPhone 相较于阿波罗制导系统中的计算机是如此先进，很难相信它们都来自同一个星球——对于地球上的人类时间而言，粗略看几乎在同一个时期。”①

因此，我们现在有令人惊讶的硬件，以及运行在我们设备上的整个软件和应用程序的生态系统，但是，这就足以说明我们采用的 Web2.0 的方法就适应我们的工作、生活和项目管理吗？我会说不。如果人们不能很快明白他们采用一项新技术可以做成什么，能帮助做什么，或者说如何能让他们的生活更加美好或容易，他们很快就会去寻找下一个创新。

回想苹果公司于 1993 年问世并于 1998 年 2 月做后续发布的“牛顿”（Newton），这个设备真的是如今平板设备或平板电脑的前身。有些人坚持这个奇妙的设备超越了它的时代，诚然如此。但是，它从来没有达到如今智能手机和平板电脑所达到的大规模普及程度，这是因为人们看不到它如何让生活更加美好，所以最终只是被“极客”和“技术先驱”所推崇。

简单易用也有助于我们拥抱 Web2.0 世界。我们触屏设备的玻璃表面背后运行的是超级复杂的工程和程序，但我们最欣赏的却是它们所显示出的可靠和可预测的简单易用。

在我们的日常生活中，项目、项目集或项目组合经理的繁忙工作充满复杂性，大量的信息每时每刻都在攻击他们的感官，这需要强大的手持设备来帮助筛选、控制和协调这些信息。

如果你还没有遇到 VUCA 这个缩写词，你可能很快就会听到。它来自美国军队在激烈的战场环境下对士兵和士兵领袖的训练。它描述了他们所面临的情形：不稳定（Volatile）、不确定（Uncertain）、复杂（Complex）、模糊（Ambiguous），以及这种情形下如何收集信息、制定决策及指明方向。

这个词很容易应用于项目经理发现他们需要达成结果的场景。虽然不像军事上那样面临生存或死亡的后果，但是当面对无可协商的范围变更、资源的再分配、预料之外的预算削减、相关方或项目发起人在项目中途的变化、多项进度被中断、项目可交付成果的变更、在明显文化偏见下领导全球团队成员时，所有这些使得项目经理感觉像处于 VUCA 的战场。

成功的（PM2.0）项目经理不仅需要了解有效的项目管理方法和领导项目团队的技能，还必须知道如何管理快节奏和多重来源的信息流，组织信息，并及时地做出正确的决策。如今，这意味着要使用今天 Web2.0 环境的硬件和软件。

成为一位有效的 PM2.0 经理的关键在于掌握连接和使用最好技术工具的

① “How powerful was the Apollo 11 computer?” Grant Robinson, July 20, 2009.

艺术，使得工作在分布式团队下得以协同开展。

在项目的规划、执行和监控阶段，这意味着完成项目主体工作之时，管理连接的重要性可能更为关键。然而这并不是说要降低项目启动或收尾的重要性，对这些阶段的关注不够会导致重大的问题。但是，当项目引擎在全速运转并快速前行时，缺少一个重要的信息或警告标志都可能很快危及项目的成功。

那么，PM2.0 经理该如何使用技术？现在可以用什么？将来我们能期待什么？这取决于项目的规模、项目团队的分布方式、组织对于所采用的技术和所接纳的知识和文化的准备，以及总体的技术发展。因此，我不是试图去解决这些因素，而是设想接下来应该存在哪些理想的情形。

PM2.0 经理的成功很大程度上依赖于他在控制项目信息流时所用的软件和硬件，基于这些信息所做的决策，以及与项目团队成员、相关方和客户所做的沟通。

在我们生活的 Facebook、Twitter 的社会中，我们已经非常熟悉管理 PM2.0 信息所需的社交媒体软件类型。当 Facebook 和 Twitter 还没有被首席信息官（CIO）认为是合适的工具时，还有许多可用的企业软件替代解决方案能够在组织的防火墙内实现类似效果。其中最知名的工具可能是 Yammer（Http://www.yammer.com），这是一款私有的社交网络软件，能帮助员工跨部门、跨地区协作。类似这样的工具具有类似于维基（Wiki）的形式，鼓励非正式信息的贡献，并共同解决问题。

如同俗语“魔鬼存在于细节中”，在项目的执行和跟踪环节，有时会导致严重后果的重要细节信息并不通常被看到。随着项目复杂度增加，这种可能性也会增加。在一个论坛中，提出问题、提高关注、获取答案一气呵成，而像那种因为湮没在某人电子邮件收件箱中而错过细节的情形很少发生。

Yammer 当然并非唯一的解决方案，大型软件公司如微软和谷歌具有许多基于云计算的企业资源规划（Enterprise Resource Planning，ERP）工具可供大型组织用于此目的。工具本身在某些方面是不相关的，但重要的是在正式的仪表板之外，存在电子论坛使得项目信息可以非正式地共享，尤其在分布式团队工作中。

这里有个例子，如何用 Yammer 或类似的工具促进项目信息的非正式流动。在 Yammer 中，特定的项目可以建立一个主群，主群之内可以根据项目团队成员、相关方等关系建立不同的子群。与项目有关的人员可以根据是否需要被组织中 Yammer 群中所有人所见而在主群中发表评论、问题、想法和建议，或者仅针对特定人群而只在子群中发表。

例如，奥马尔，一位英格兰北部大型工程项目的团队成员，在参观一处北海石油钻井平台时发现一个奇怪的现象，他对此有点担心。他注意到一种超强黏合剂的催化剂被加入一种化合物，该化合物用于把钢板黏合在一起，但是这会导致黏合剂比平时更快硬化。他怀疑这种钢板之间黏合的完整性在未来会导致问题。这是他以前从来没有经历过的事情，其他三位项目同伴这时也都不在这个平台上。

奥马尔对这种情况有种挥之不去的疑问，但他不希望停止该项目，因为项目进度已经落后了，也因为毕竟这种情况最后也有可能什么也不会发生。

他知道项目团队的其他成员正在世界的其他地区从事类似的项目，所以他登录到他所在公司为该项目所建立的企业社交网络，发布了他所观察到的情况，以及他所拍摄的显示该工程过程不同阶段的一些照片。

当他发布之时，艾尔文，在新加坡的项目经理，感觉他口袋中的手机在嗡嗡震动。这时他正在与朋友共进晚餐，于是道声抱歉后走出餐厅，检查了手机。他的企业社交网络应用程序显示了 5 条消息，随即又跳到 6、7，最后停留在 9。他快速点击应用程序并读取帖子。他看到奥马尔的原始信息，以及远在阿根廷、澳大利亚和印度的项目团队其他成员的回应。所有三位都同意这种情况不同寻常，在印度的苏米塔记得几年前的一个类似事故，原因就在于一批错误的化合物。

艾尔文立刻发布回应给奥马尔，指示他暂停当前的工作，并将奥马尔的帖子传递给黏合剂的技术支持人员，他也在该公司的企业社交网络主群中。

技术支持人员立刻在他们企业自己的社交网络中与化学工程师进行磋商，简短地与奥马尔通过 Skype 进行视频会议，提供了一种可行的解决方案，从而避免了一种可能代价非常高昂的未来结构失效。这使得该项目在最小的进度中断后继续前进。

虽然这是个虚构的故事，但它清楚地表明了 PM2.0 经理需要与场景连接，并能够在重要、紧急情况下快速和有效地进行跨时区与地理边界的协作。

除了组织防火墙背后的企业社交网络，在之前的例子中，也有运行在笔记本电脑、智能手机、平板电脑上的新型项目管理软件和应用程序的快速增长。最初设计这些应用程序的目的是实时报告、跟踪和监控项目活动和状态，如今它们已经发展成为 PM2.0 中至关重要的社交网络元素。

基于云的解决方案，如 Affinity Live（http://www.affinitylive.com/products/projects）、PieMatrix（http://www.piematrix.com/）、Box（http://www.box.com/business/project-management）及 Des kaway（http://www.deskaway.com/）都是新一类专用于中小型项目的 Web2.0 项目管理软件，被设计用于连接人和场景

信息并提供在线协作。

你可能想接下来会是什么。当我们开始冒险进入“互联网思维”的世界，或 Web3.0，项目经理的生活又将如何？

我们已经知道，随着像谷歌眼镜这类设备的发展，虽然还不是主流，但我们正迅速地进入可穿戴技术的时代，“物联网”时代也开始慢慢露出曙光。以前没有连接，但将来可能开始无线连接到互联网的物体看起来很有趣——是的，你的冰箱也可以有它自己的网址！

很容易预见，PM3.0 经理正坐在家中看电影，突然她身边的台灯光线开始闪烁或者变为深紫红色，她平板电脑上的项目管理软件收到一个消息，发出了她的一个项目状态从黄色变为红色的信号。

或者，当另一位项目经理坐在剧院中观看戏剧表演时，他衬衫右袖口的织物开始轻微地震动，悄悄告诉他需要看他的智能手机，在幕间休息时参加他的一个项目中出现的问题的讨论。并且，智能手机知道他在一个需要被优雅地告知的场合。它还知道在观看哪出戏剧，何时幕间休息，并且根据问题的严重性计算出 20 分钟后应解决该问题。

无论这些场景是否会成为现实，对于项目管理者来说，重要的是在当前的场景里，努力连接到他们所需的信息，以便能够与他们的团队进行无边界的协作。他们将如何做到这点，以及什么技术将帮助他们，展现出充满令人兴奋的可能性的未来。

1.6 监管 PM2.0

谁对监管 PM2.0 负责？

相信列在表 1-1 中的所有的 PM2.0 活动将会自然发展出来是一厢情愿的。一些变化可能由高级管理层发起，其他则由职能管理层发起，但是其中大部分将是项目管理层主动行动的结果。有人必须承担监管 PM1.0 向 PM2.0 转变，并确保过渡顺利的责任。如果没有某种结构和指导，这种行动举措所花费的时间可能比所需时间更久。这将延迟看到 PM2.0 收益的时间。监管功能必须由项目管理办公室（PMO）来实施。传统上，PMO 的建立是用来帮助促进项目管理的落地与发展的，这包括创建项目管理方法论和相应的表格、指南、模板和核对单。随着项目管理成功数量的增加，管理层开始分配更多的责任给 PMO。一些责任是：

- 准备估算的标准表格。
- 准备规划的标准表格。
- 准备进度规划的标准表格。
- 准备控制的标准表格。
- 准备报告的标准表格。
- 澄清项目经理角色和职责。
- 准备项目经理工作描述。
- 准备文档数据或经验教训。
- 准备项目管理的持续标杆。
- 开发项目管理模板。
- 开发项目管理方法论。
- 推荐并实施现有项目管理方法论的变更和改进。
- 识别项目管理标准。
- 识别项目管理最佳实践。
- 执行项目管理战略规划。
- 建立项目管理问题解决热线。
- 协调和/或实施项目管理培训计划。
- 通过教练和导师来转移知识。
- 开发企业资源能力/利用计划。
- 评估项目风险。
- 规划项目中的灾害恢复。
- 实施或参与项目组合管理。
- 作为项目管理知识产权的守护者。

公司开始认识到使用 PMO 的投资回报。这是对 PMO 牵头 PM2.0 的实施活动的自然延续。然而这存在巨大的挑战，其中最大的挑战也许是 PM2.0 如今要和战略业务目标相一致，而 PM1.0 通常只需与运营目标相一致。PMO 必须密切监测与所有业务单元的接口，而不仅是那些与使用项目管理的职能领域的接口。

1.7 在PM2.0中与相关方共事

项目管理从20世纪60年代初诞生到过去10年，相关方参与项目显得更为被动而非主动。相关方高度关注项目结束时的可交付成果，并且如果他们真的积极参与，那也是在接近项目收尾，很少需要他们做出决定的时候。

在这个时期，相关方对项目管理的实际过程知之甚少，这包括内部相关方、客户组织的相关方、治理委员会中的相关方。一切都是以最终结果为导向的。项目经理所提供的信息被认为最权威，从没有被质疑，相关方没有办法去验证信息是否正确。当必须做出决策时，通常根据感觉拍脑袋决定，而不是根据有意义的信息来做出明智的决策。简言之，相关方不知道他们需要什么信息，并且即便有信息，也主要集中于时间和成本度量指标。

相关方管理的今日观点

如今，相关方看上去比过去更了解项目管理知识。相关方参与更加主动而非被动，从项目启动就开始。就像表1-1所说的那样，相关方持续参与是强制项而非可选项，这是PM2.0的一个主要特征。有几个驱动力量在迫使这种变化发生：

- 我们现在所做的项目比过去更加复杂。
- 复杂项目往往具有更高程度的相关风险。
- 相关方被期望更加积极地参与某些关键决策。
- 相关方了解传统的决策和PM2.0环境下所需的明智决策的区别。
- 相关方希望参与关于为了监控项目进展，他们所希望看到采用哪些度量指标的决策。

由于相关方参与变得更加主动而非被动，项目经理很快意识到他们处理相关方关系的方式也必须发生改变。项目经理现在必须：

- 与所有相关方紧密合作以了解项目的需求，而非仅仅依靠客户定义的需求。
- 与每个相关方或相关方群体紧密合作，以了解他们所需汇报的度量指标和报告频率。
- 如果有必要，为每位相关方创建单独的项目管理信息系统。
- 意识到信息系统将采用仪表板格式报告项目状态，每位相关方的仪表板或许不同。
- 每个项目团队中都需要有仪表板设计者。

- 理解相关方现在认识到明智决策的重要性，而非基于猜测所做的普通决策。

《PMBOK®指南》（第 5 版）引入了一个新的知识领域，即相关方管理。在我看来，这个新知识领域更好的称呼是相关方关系管理，因为项目经理不能直接管理相关方。项目经理可能对于关系会有一定的管理控制权，但不能管理实际的相关方。大多数相关方可能在其各自的组织层级中具有比项目经理更高的地位。

管理相关方关系的起点在于清楚地了解相关方所期望的权力、责任和决策的方式。我们传统上采用权力-影响方格来描绘相关方，并把我们的注意力主要集中在那些位高权重和能影响项目方向的相关方身上。如今，在这个象限中的相关方，可能与其他相关方一样，期望通过做出明智决策帮助项目经理。但做出明智决策需要及时提供给他们正确和有意义的度量指标信息。

对有意义信息的需求

多年来，相关方从来没有完全理解度量指标。他们知道度量指标是一种测量方式，但是他们经常不能明白不是所有的度量指标都具有同等重要性，也不是所有的度量指标对于决策都能提供有意义的信息。如今，我们要对度量指标和 KPI 做区分，KPI 是那些能够证明项目健康度的指标，并且可用于预测项目未来的成功或失败。项目经理能识别出多达 50 个项目度量指标，但通常只有 8~10 个度量指标被认为是 KPI。KPI 是相关方做出明智决策所需要去察看的。

闪光的不都是金子

假定相关方和治理委员会成员使用 PM2.0 度量指标/KPI 信息是正确的选择，然而，当某件事看上去很美好时，总有些不好的事情会发生。

用 PM2.0 度量指标来管理问题，在处理相关方或治理委员会成员事务时可能导致严重的问题。一些严重问题可能表现在：

- 相关方迷恋度量指标，并且希望你的度量指标库中所有的度量指标都要显示在仪表板上，这会如何？如果你的库里有 50 个度量指标，你将最终提供太多的信息，导致信息过载。仪表板的观众可能无法识别哪些度量指标/KPI 才是做出明智决策的关键。这反而减慢了决策流程，而不是加快该流程。
- 相关方请求特定的度量指标，但你对该指标并不了解，也没有安排组织过程资产去加以测量，这会如何？这可能导致项目执行的延迟，以及决策的延迟。项目团队可能需要进行培训，以执行因为客户特定的度量指标请求而采用的新的测量。

- 相关方不同意度量指标的数据显示，产生了冲突，该怎么办？即使有最好的仪表板设计，这也有可能发生。
- 相关方表示他们不想听到任何坏消息或在仪表板上看到任何坏消息，这会如何？这将在一场危机中消除有效的相关方支持。
- 相关方想看到在仪表板显示之前的数据，并过滤掉他们最终能触及真相的信息，这会如何？这可以被视为对项目经理职业道德准则的违反。

显然，度量指标管理也会有其不利的一面，但是可以采取办法以减少风险，我们将在后面的章节加以讨论。

1.8 发现信息

在 PM2.0 中发现状态信息会多么容易？

使用 PM2.0 有很多好处，大部分好处都来自克服我们使用 PM1.0 所固有的挑战。PM1.0 中一项最大的挑战是不能找到足够的绩效信息以确定项目的真正健康情况。由于时间和成本容易跟踪，我们高度依赖它们作为两个主要的度量指标对项目健康进行测量和报告。遗憾的是，单独的时间和成本并不能确定项目真正的健康情况或状态。这其实在项目管理的早期是众所周知的，但是那时度量指标的测量技术还处于起步阶段。因此，只有时间和成本被使用，是因为它们易于测量和报告。

在 PM1.0 时，计算机技术还处于早期阶段，仅有的能获取的软件是与挣值测量系统（Earned Value Measurement System，EVMS）相关的软件。每月打印出来的状态报告包括直接劳动、间接劳动（如间接费）、采购成本及其他杂项费用，诸如使用顾问、差旅、印刷、培训和会议等。有些公司会每周报告状态，但只是针对那些直接劳动。这种方法很遗憾地表明直到下个月例行报告出来之前，中间发生的任何重大的危机可能都不知道。当有效决策需要制定时，有价值的时间已经丧失。

我们从 PM1.0 中了解到真正的状态不能仅凭一两个指标来确定。成功也许能够仅凭个别度量指标来确定，如客户满意度，或者项目完成时提供给客户的交付成果数量，然而这远非常态。有些公司已经成功地使用了 PM1.0，并且可能在不远的将来继续使用它。

在 PM2.0 中，我们将在战略层级如同职能层级一样开展项目。其中一些项目可能持续 10 年甚至更长，需要数百名员工参与，经历大量的范围变更，在项目生命周期中治理委员会成员也会发生多次变动。项目复杂度的增加使得需要比 PM1.0 使用更多的度量指标。

当项目经理被要求进行业务和项目决策时，情况将变得更为复杂。更有意义的指标，特别是业务度量指标，在 PM2.0 中比 PM1.0 更多地使用。大多数项目经理可能不熟悉公司所使用的所有业务度量指标，以及这些指标与面向项目指标之间的接口。如果度量指标表明业务最佳利益和项目最佳利益相悖，复杂性将随之发生。基于丰富的有意义的度量指标，PM2.0 的决策将更加成功。然而，正如 1.4 节所述，必须当心，防止使用新的指标带来额外的问题。

1.9　完成百分比困境

我们将在后面的章节讨论到，挣值测量系统高度聚焦于时间和成本度量指标。在某些项目中，只要我们在合理的精度下知道项目完成百分比，就可以通过时间和成本近似地了解项目的状态。但是知道的项目完成百分比还仅是猜想。职能经理通常向项目经理反馈报告在他们职能领域内对工作完成度的最佳猜想。如果项目中有许多职能经理，他们都对完成百分比有不同看法时，情况将变得复杂。

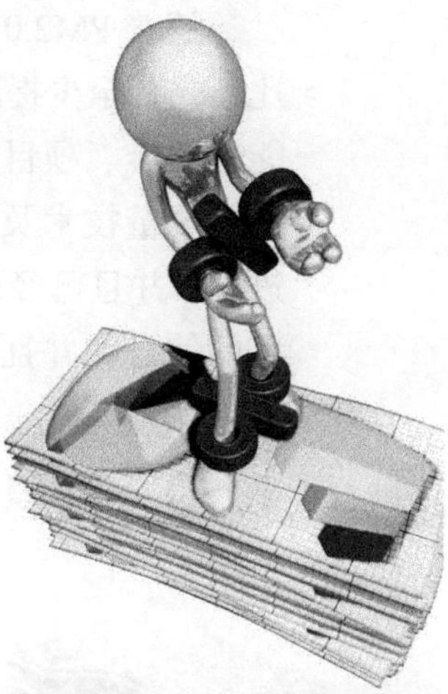

我们计算完成百分比的准确度如何？

在挣值测量系统中，最重要的术语是 EV，即挣值，也是用工时或美元显示或表述的工作完成的数量。计算 EV 最简单的公式是：

$$EV=完成百分比\times BAC$$

其中 BAC 是项目完工预算。如果我们能够在一定程度上确定完成的比例，我们就可以在不够精确的信息下将其提供给客户。为解决这个问题，不需要精确确定完成百分比的近似计算 EV 的公式被创建了。大多数项目管理教科书的成本管理章节描述了这些公式的使用。一些公式如下：

- 50/50 法。每个要素在开始工作时赋予 50%的预算值，其余的 50%在工作结束时赋予。
- 0/100 法。通常只限于短工期（如不超过 1 个月）的工作包（或活动）。除非活动完成，否则不赋予挣值。
- 里程碑法。主要适用于具有中间里程碑的长时间工作包，或者建立在具有已识别控制点基础上的功能性活动群组。当里程碑完成时，相应的价值被挣得。这种情况下，预算被分配给里程碑而非工作包。
- 完成百分比法。通常用于长工期的工作包（如 3 个月甚至更长）且没有明确的里程碑可识别。挣值将以预算的百分比形式报告。
- 等量单元法。适用于重复的相似单元的工作包，挣值以完成的单元数量来计，而非以劳动力来计。
- 成本公式法（80/20）。一种对长工期的工作包的完成百分比法的变形方法。
- 人力投入量法。该方法基于时间的耗费，通常用于监督和管理的工作包。挣值根据在总计划时间中的实际时间花费而定。它根据给定时间的资源消耗而定，并不产出最终的产品。

随着 PM2.0 以及相伴随的度量指标增加，我们可以更加容易确定完成百分比，或者至少提高完成百分比的估算近似度。然而，找到我们所需要的数据可能有困难。项目团队必须执行“数据挖掘”活动，这包括识别新的度量指标、新的测量技术及更好的绩效报告。发现所有这些信息并不容易，但是正在取得进展，并且已经回报好处。显而易见，PM2.0 相比于 PM1.0 的绩效报告需要更多的信息，并且许多公司已经开始创建 PM2.0 度量指标。

1.10 信息过载

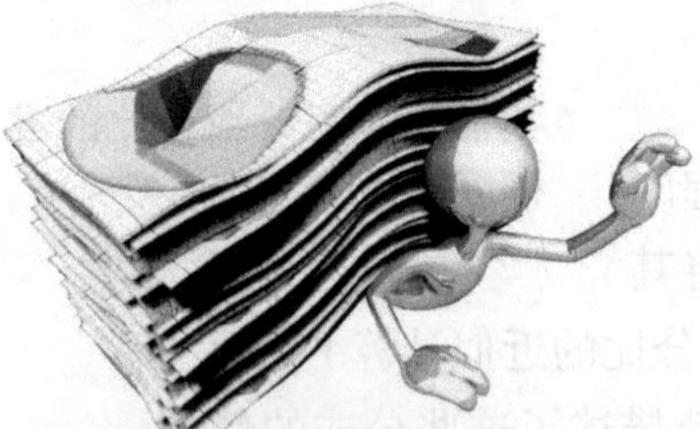

PM2.0 会发生信息过载吗？

有句古老谚语：“别轻易许愿，或许它会实现。”对于任何新技术，人们经常会陷入极端，而不是直截了当加以使用。追求度量指标的真正可怕之处是陷入“度量指标狂热症”心态，人们寻找所能收集的最大数量的度量指标，而不只是所需的指标。虽然这种收集更多指标的方式会有些优点，但是这样做的结果通常是信息过载。真正可怕的还有每个人都希望他们所发现的指标要成为度量指标库中永久的部分。并非所有的度量指标都承载有证明其可用的信息价值。人们可能最终收集到了度量指标，却并没有完全理解该指标真正的含义，或者该如何使用该指标。就如本书后文所示，简单的度量指标，如时间和成本，对不同的人来说可能有不同的含义。

当信息过载发生时，识别项目的核心度量指标集可能变得困难。客户和相关方拥有太多或太少的信息会使项目放缓，PM2.0 中 PMO 监管活动的一项职责就是确保度量指标库中放置的是正确的度量指标。

1.11 客户满意“头痛症”

不管我们讨论的客户是外部客户还是内部客户，人们看起来过分相信客户满意度能够从信息过载中获得。假设你收集了远超你所需的大量度量指标，所有这些指标都放入度量指标库中。你刚刚从竞标流程中中标，并且签下了一份固定总价合同。在项目的开始，你询问你的外部客户喜欢在他们的项目仪表板中看到哪些度量指标。你向客户展示你的度量指标库，客户于是说他们希望在他们的仪表板中看到库中所有的度量指标。更糟糕的是，他们还希望仪表板是实时的。虽然这可能让客户满意，但你可能已经给你自己制造了“头痛症”。

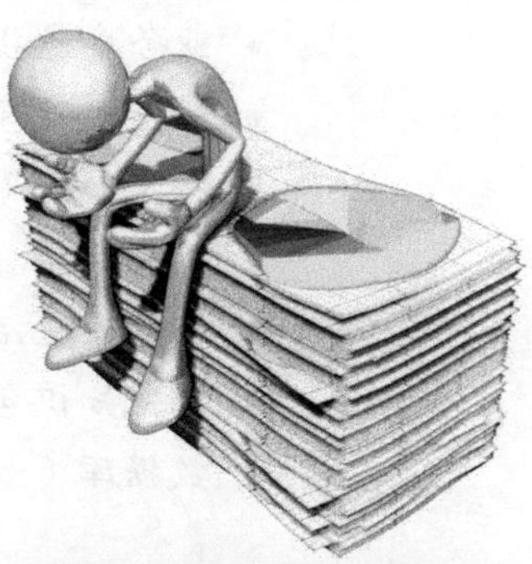

大型的度量指标库能导致“头痛症”吗？

对于那些在竞争激烈的竞标中生存下来的公司，可能有一个非常大的与识别、收集、跟踪、测量和报告为数众多的度量指标相关的成本。在竞标过程中，你可能设想你只是给客户提供一个用于跟踪项目的包括 6~10 个关键度量指标的仪表板，并据此做报价。合同执行之后，客户看到你的库中所有的度量指标，并且需要它们全都报告。除非你能够通过修改合同来考虑额外指标相关的成本，否则项目可能受到财务上的冲击。

当管理一个内部客户的项目时，成本可能同样变糟，甚至内部客户可能要求比他们所需更多的度量指标。给客户太多的度量指标可视为请客户做微观管理的邀请函。

所有指标都具有时间期限，因此对于每个指标的继续存在价值，必须做周期性再评估。维护一个巨大的度量指标库的成本可能不经济，并且会导致“头痛症”。对于“客户满意头痛症”的一种可能治疗方法，是准备一份你相信在项目中有用的推荐度量指标清单。允许客户自行决定该指标清单可能是个严重的错误。当我们开发一份度量指标表并且持续改进度量指标时，项目经理必须让客户更容易相信应该使用哪些指标。但是，每个项目的独特性可能再次导致最初的“头痛症”。

在 PM2.0 中，或许不能够调控度量指标库中的指标数量。项目经理在 PM2.0 中将同时做出项目和业务决策。当讨论项目状态时，他们将被期待同时使用项目和业务度量指标。因此，度量指标库中同时包含了丰富的业务相关及项目相关的度量指标。随着度量指标库的扩大，所有的度量指标库及最佳实践库将完全有可能被一个单一的知识管理系统所替代，该系统包括：

- 项目度量指标库。
- 业务度量指标库。
- 最佳实践库。
- 特定知识库。
- 标杆活动。
- 持续改进活动。
- 其他知识仓库（如历史项目失败分析数据）。
- 数据库（如估算数据库、客户信息库等）。

1.12 确定项目健康

确定项目的真实健康状况需要多少快照？

在 PM1.0 中，状态报告仅仅基于两个主要度量指标：时间和成本。在 PM1.0 中，我们不看其他指标，这是事实；挣值测量系统的创建，仅仅高度聚焦于通过时间和成本度量指标来进行控制。我们缺乏对可用于跟踪其他度量指标的相关测量技术的理解。状态报告经常相对于事实而言更多是个猜测。其结果是对于项目健康程度的较差理解。

项目状态主要通过时间卡来加以计算，卡上标明花费在工作包上的小时数。要么根据实际的工资，要么根据针对特定工资等级的部门混合劳动生产率，再把这些小时数转换为美元。不过实际的完成百分比难以估算，因此工作进展的快照被认为是不必要的。客户经常直到项目完成都不知道他们项目的状态。

如前所述，PM2.0 项目通常比 PM1.0 项目更加复杂和昂贵。若要等到项目接近尾声才确定真正的状态，已经不能满足今天的客户或治理委员会成员。幸运的是，如今我们有更加精妙的软件，不仅可以同时跟踪几十个度量指标，而且能够实时报告信息。仪表板能够与信息同步更新，并能够导出到 Excel 表中。因此，PM2.0 的好处是无限数量的实时状态快照。这使得决策者和治理委员会成员能做出明智的决定，而非根据猜想做出拍脑袋决定。

虽然实时度量指标显示了状态，但是它们也可能无法清楚地表明问题的根源，可能只是显示了表面现象。举个例子，时间和成本的快照可能表明该项目进度落后、成本超支。项目经理可能需要深入挖掘，而非仅凭这些指标来发现该问题的真实原因。该问题的原因可能是做工低劣、质量下降、未解决的行动导致延误，或者缺乏资源。虽然表面上的度量指标是必要的，但是表面之下的度量指标也有必要。

词语“健康”和“状态”在本节会交替使用，当看以下在 PM1.0 中使用的传统意义上的四种绩效报告类型时，它们之间存在的区别能被最好地描述出来。

进展报告：这些报告表明了物理上的日期进展，换言之，在这个时间点上，多少工作被计划安排，多少工作被实际完成，多少钱被花费。该报告可能还包括物料采购、配送和使用的信息，但大多数公司对物料采购做单独的报告。

状态报告：这些报告确定我们当前所处的状况，并且使用进展报告中的信息来计算与项目计划的偏差。

预测报告：这些报告根据趋势推算前瞻性预测，强调我们将在哪儿结束。

例外报告：这些报告确定异常状况、问题或超出了临界值限制的偏差、现金流、资源分配及其他这类主题。

当我们对一个项目拍张快照，我们是在收集与项目取得多少进展相关的数据。快照信息直接进入进展报告。项目团队将进展数据与之前报告期数据做对比，以创建状态（或偏差）报告。对偏差的原因会做出假设分析。预测报告会对状态信息做未来的推测，并再次做出假设分析。假设分析在上述四种报告中一般都会出现，假设分析的数量越少，报告读者的信心会越强。随着 PM2.0 以及使用额外的度量指标，仪表板绩效报告被寄希望于提供关于项目健康的更精确景象。

1.13 显示数据的仪表板规则

仪表板上显示度量指标有规则吗？

即便拥有丰富的度量指标的度量指标库也可能没有什么好处，除非这些信息能以被容易理解的方式，以某种规则适当地加以显示。大多数仪表板设计者遵循以下规则。

选择正确图标规则：每个度量指标都可能有一些图片能被使用。但某些图片未必合适，如尺子不能用于显示趋势。

屏幕空间规则：计算机屏幕显示图片的空间有限。通常只有 6~10 张图片能在一个屏幕上同时显示。

图标放置规则：有些人相信最重要的图片应放在左上角，另一些人则相信应放在右上角。

颜色选择规则：通常柔和的颜色用于度量指标，亮色用于突出信息的关键部位。对于视力障碍的人也需要考虑颜色。

信息精度规则（二维与三维）：虽然三维图形看上去令人印象深刻，但精确读取数据可能存在问题。大多数图形设计师专注于二维图形。

审美规则：图形的显示必须让人看起来愉悦。

如果仪表板的观众不能理解他们的所见，他们就可能对整个仪表板失去信心，这可能导致毁灭性后果。一些公司倾向对于首次观看者提供试点课程以确保他们能够理解他们的所见。因为仪表板的空间有限，公司或项目标志及其他品牌信息必须避免过度使用。公司品牌最好要有，但是屏幕空间是有限的。仪表板塞满信息也会导致信息过载。

PM2.0 能让我们更接近无纸化项目管理实践吗？

1.14 减少纸面工作成本

PM1.0 的书面报告比较多。在某些情况下，项目预算的 25%~50%会花在报告上。报告准备的通常步骤包括：

- 组织
- 写作
- 打印
- 编辑

- 再打印
- 校对
- 平面艺术
- 审批
- 复制
- 分发
- 保存
- 处置

一般而言，提供给客户的每页报告需要参与以上步骤的每个人花费 8~10 小时的满负荷劳动，成本在 1 200~2 000 美元。在某些估算中，员工可能花上 25%的时间来写报告。并且更糟糕的是，报告可能从来就没有被看过。

PM2.0 度量指标能省钱吗？

在 PM1.0 中，我们经常为项目团队中不具备写作技能的员工而困扰。我们知道项目中哪些是具有技术技能的人，但是由于他们糟糕的写作技能而不能用他们。几年前，一家工程公司选择项目经理时几乎完全基于他们的写作技能。

在 PM2.0 中，报告被显示项目最关键度量指标的仪表板所取代。仪表板的观众可看到做出明智决策所需的最关键度量指标，并且当需要额外信息时可通过下拉按钮连接到其他仪表板。也许最重要的好处是能够为每位观众定制每个仪表板，而不是给每个人一大堆报告。

PM1.0 支持海量报告的需求，尽管其中许多从未被看过。因为项目发起人和决策制定者缺乏做出明智决策的所有必要信息，许多决策被推迟，所以导致项目成本增加。在高级管理层的倡导下，一份有效的度量指标管理计划将为项目的成本节约留有余地。

另一个成本节约的领域是项目报告的写作者现在可以花更多时间在项目执行的活动上，而不是花费在写报告上。不是所有的项目团队成员都有写作技能，也不是所有的报告都能被消除。那些能被度量指标和仪表板报告系统替代的报告将会导致成本节约。对于那些在激烈的竞标中生存的公司，仪表板报告系统可以允许提交一份较低的报价，从而增加合同授予的机会。

在 PM2.0 中，结合 Web2.0 技术，使用额外的度量指标和 KPI，将有可能节约多达 20%的项目预算。尽管支持统计数据此刻还不存在，但是显著的成本节约指日可待。

成本节约并不必然意味着额外的利润。成本节约可以允许在不对项目成本基准增加额外资金的情况下增加项目范围，我们将在相同数额的金钱下做更多的工作。成本节约也能让项目组合选择委员会在更多的项目上开展工作。

1.15 减少行政干预

度量指标能阻止行政干预吗？

在 PM1.0 中，我们许多人可以见证某些项目遇到的不断的行政干预。行政干预最常见的原因是高级管理人员对于项目所发生的事情没有清晰的图景。再说，时间和成本度量指标也不能单独提供清晰的图景。

干预的另一个原因是高管层可能认为如果项目失败了，他们将会有所损失。这可能包括：

- 认为项目失败会有损他们的职业生涯。
- 认为项目失败会有损他们的声誉。
- 认为缺乏项目知识是虚弱的象征。
- 害怕他们在项目上所做的一些不好的决定暴露给别人。
- 在没有必要信息的情况下不得不回答相关方的问题。
- 认为信息就是力量，必须对项目知道得尽可能多。

干预经常发生在进展低于预期或者发生严重问题时。干预也并非坏事，除非高管反应过度并试图接管项目。在这种情形下，项目经理便成了傀儡。

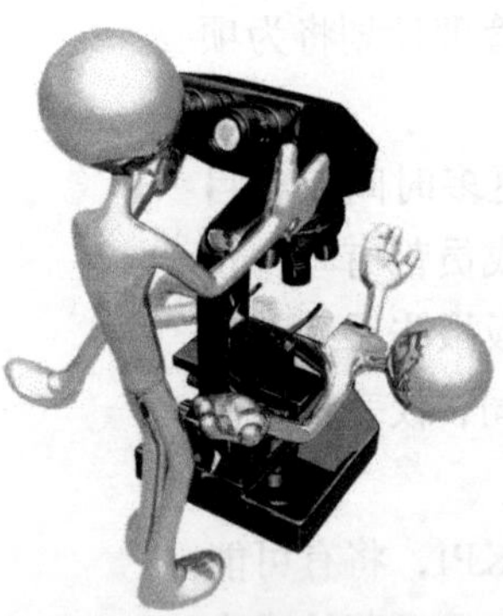
项目经理需要哪些技能？

PM2.0 使用了仪表板报告系统，高管可以看到项目状态的每日更新。仪表板能够为每位高管的所需而定制，从而减少了持续干预的需求。

1.16 项目管理技能

传统上，项目经理来自公司的工程师序列。成为项目经理的唯一标准是掌握技术和一些写作技能。技术的决策由项目经理制定，但是所有的业务决策都由项目发起人制定。

大多数项目经理从没有受过人际关系管理的培训，并且缺乏解决人际关系问题和冲突的必要技能。在某些大型项目团队中，由项目经理助理或顾问来负责组织发展问题。大多数工程师没有参加过人际关系技能、领导力、教练、引导或冲突管理的课程，而由顾问帮助项目经理处理所有行为方面的问题。

那时，项目管理还处于起步期，我们不能确认一位有效的项目经理到底需要拥有哪些技能，也没有多少公司具有项目经理的职位描述。那时，项目管理界还没有《PMBOK®指南》，大学院校课程除可能在土木工程课程上提到以外，也没有项目管理方面的课程。

如今，有数不清的项目经理培训课程。在一个项目的开始，项目经理可能被放在显微镜下，看他是否拥有该项目所需的技能。特定的培训是必要的。职位描述被胜任力模型所取代，它识别了项目经理所必须拥有的特定技能。

在 PM2.0 中，我们能够更好地为项目的需求匹配正确的人选。我们有管理特定项目所需技能的人，如拯救项目经理（Recovery Project Manager，RPM），这是能够对失败项目力挽狂澜的专家。

1.17　应急规划

在 PM1.0 中，零星地做了些应急规划。项目允许推迟，成本基准允许被超支。更糟糕的是，大多数来自工程师序列的项目经理高度乐观，相信他们最初所制订的计划必定会成功实现，应急规划毫无必要。应急规划如果真的需要准备，也可以在危机真的发生之后再制定。

不当的应急规划的一个原因是对风险管理的理解很差，在 PM1.0 中，有一种倾向是只看财务和进度风险。如今在 PM2.0，风险管理正在成熟，我们要看所有类型的风险。

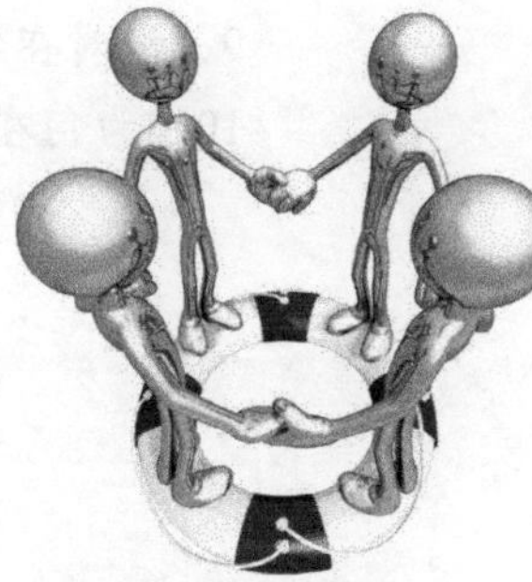

应急规划有必要吗？

在 PM2.0 中，明显有更多的信息可供项目经理在项目启动时作为项目组合选择过程的结果。商业论证被更好地定义，关于所需资源的技能水平的知识事先就被了解，组织能力规划模型已经存在，我们的治理委员会成员在项目管理方面具有更多的知识。

所有这些结果都有利于制定出项目整个生命周期中的应急规划。仪表板中提供的度量指标和 KPI 数据可以消除之前的痛苦的数据挖掘需求，以发现应急规划所需的必要信息。治理委员会成员更愿意参与。应急规划的需求可能有所减少，但不会被消除。

讨论题

以下讨论题供课堂使用，旨在激发小组对 PM2.0 的思考。大多数问题的答案不存在对错之分。

1．什么类型的行业、公司或项目仍然可以合理成功地使用 PM1.0 而非 PM2.0?

2．允许高管承担监管 PM2.0 实施责任的利弊各是什么？

3．为何估算完成百分比这么困难？是否存在能以合理的精度进行估算的情形？

4．哪些人最有可能导致信息过载？

5．好的度量指标能消除或减少行政干预吗？如果不能，那么如何才能减少呢？

6．谁对确定项目健康检查是否必要承担主要责任？

7．PM2.0 能否变得比 PM1.0 成本更高？如果是这样，会在什么情况下发生？

8．PM2.0 中应急规划的需求相对于 PM1.0 是更多还是更少？

9．谁对在仪表板上应显示多少个度量指标做出最终决定？

10．为何在 PM2.0 中相关方参与如此重要？

第 2 章

项目管理未来一瞥

2.0 变化的时代

50 多年来，相对现代的项目管理已经被全球或全公司范围加以使用。早些年，公司之间的区别不在于如何使用项目管理，而在于它们是否使用项目管理。如今，几乎所有公司都在使用项目管理，区别在于它们是在项目管理方面做得良好，还是真正做了卓越的项目管理。使用项目管理和项目管理做得良好之间的差别其实很小，大部分企业，如果高管层支持的话，能够在一个相对短的时间内达到良好。但做得良好和真正卓越的项目管理之间的差别是巨大的。对持续改进的必要性的认知是至关重要的。对 PM2.0 的接受并不能保证企业就能擅长项目管理，但是它一定会提高成功的机会。

一些公司，如 IBM、微软、西门子、惠普（HP）和德勤，已经意识到它们必须擅长项目管理。IBM 在全球拥有超过 30 万名员工，其中 70%在美国以外，这其中包括 4 万多名全职或兼职在管理项目的员工。惠普拥有 8 000 多位项目经理，其中 3 500 人是 PMP®，惠普希望这 8 000 位项目经理每人都是 PMP®。这些公司的成功都离不开持续改进工作。

2.1 经济衰退的影响

当一家企业的经济状况健康时，高管们往往不愿意改变现状去实施他们认为在当时不必要的变化。但是当事情变得糟糕，企业资产负债表上出现大量赤字时，公司通常会拥抱项目管理实践。表 2-1 显示了最近三次经济衰退的影响。最后一列显示了项目管理如何改变。

表 2-1 经济衰退的影响

经济衰退或糟糕经济状况	裁员	研发	培训	寻求解决方案	经济衰退或糟糕经济状况的结果
1979—1983 年	蓝领	削减或取消	削减或取消	短期	• 回归原状 • 没有真正的项目管理支持 • 没有项目管理盟友
1989—1993 年	白领	削减或取消	削减或取消	长期	• 项目管理支持增加 • 项目管理成为职业路径 • 风险管理重要性增加 • 捕获最佳实践
2008—2014 年	白领和蓝领	维持研发	削减或取消	长期	• 使用竞争性制约因素 • 认识到商业价值的重要性 • 大量使用风险管理 • 更好的项目治理 • 撤退领军人

2.2 项目管理的高管视角

公司先前为项目管理制定战略规划时高度聚焦于未来，它们已经接受了 PM2.0 的大多数原则。几年前，高管对项目管理提供口头上的服务。如今，高管对项目管理持有不同的观点，如表 2-2 所示。

表 2-2 项目管理的高管视角

PM1.0	PM2.0
项目管理应该被认为是一种职业路径定位	项目管理对于企业生存是战略性或核心竞争力的需要
我们需要员工在项目管理方面获得认证	我们需要员工在项目管理和业务过程方面都获得认证
项目经理只用于项目执行或交付	项目经理必须参与项目识别、项目选择、项目组合管理及能力规划活动
战略与执行是分离的活动	项目经理是战略与执行之间的桥梁

或许高管层接受 PM2.0 的最大原因是他们如今已经认识到项目管理是业务过程，而不仅仅是项目管理过程。作为项目经理，你不只是领份薪水来生产和管理可交付成果，相反，你在管理业务的一部分，因此你被期望做出项目和业务决策。

当讨论项目管理对他们企业的好处时，作为 PM2.0 发展的结果，高管通常使用的词语包括[①]：

- 创建一个多元文化、全球化的方法。
- 更好的治理。
- 持续改进的机会。
- 值得信赖的合作伙伴的信誉。
- 优化交付效率。
- 可重复的成功。
- 创建更集成、更敏捷的组织。
- 简单与自动化。
- 做出基于事实的决策。

项目管理已经不再被视为一个兼职的岗位或职业路径中的位置，如今已经被视为企业生存所需的战略竞争力。优秀的项目管理能力可以决定合同中标或失败。为了说明项目管理对于客户如何重要，请考虑如今出现在许多建议邀请书（Requests for Proposals，RFP）中的以下需求：

- 向我们展示贵司的 PMP®人数，并确定如果贵司赢得本竞标，将安排哪位 PMP®来管理本次合同。
- 向我们展示贵司的企业项目管理方法论，该方法论应具有重复成功的历史。
- 向我们展示贵司的项目管理成熟度水平，并确定哪种项目管理成熟度模型被用于贵司的评估。
- 向我们展示贵司具有项目管理的最佳实践库，并且贵司愿意把在我们项目中发现的最佳实践与我们分享。

过去 20 多年，成为 PMP®被视为隧道尽头的亮光。如今，这已经改变了，成为 PMP®被视为进入隧道的火把，隧道尽头的亮光则需要更多的认证。举个例子，在成为 PMP®之后，项目经理可能还希望获得的认证包括：

① Adapted from H. Kerzner, *Project Management Best Practices; Achieving Global Excellence*, 3rd ed., Wiley and International Institute for Learning, New York, 2014, pp. 13–17.

- 项目集管理。
- 业务分析技能或业务管理。
- 业务流程。
- 管理复杂项目。
- 六西格玛。
- 风险管理。

像 IBM 这样的公司设有认证委员会，经常开会讨论哪些认证计划有助于增加项目经理的价值。需要公司流程或公司知识产权方面的特定知识的认证计划可以在内部开发，并由公司自己的员工来讲授。

高管开始意识到在项目管理方面教育投资的回报。因此，他们现在对于定制化的项目管理培训，尤其是行为类课程，做大量投资。举个例子，一位高管谈及他认为演示技能培训是他的项目经理的最高优先级。如果一位项目经理在客户面前做了一次完美的演示，客户会相信这个项目也将会以同样的完美方式加以管理。如果项目经理做了一个糟糕的演示，那么客户也会相信项目的管理方式不过如此。高管认为其他可能有利于未来 PM2.0 的培训计划包括：

- 管理复杂项目。
- 建立 KPI 和仪表板显示。
- 如何进行可行性研究和成本效益分析。
- 如何验证和再验证项目的假设条件。
- 如何建立项目治理。
- 如何管理多个相关方。
- 如何设计和实施“流动的”或适应型企业项目管理方法论。
- 如何开发抗压技能和压力管理技能。

2.3 参与式项目管理

就如 PM2.0 所认为的要把项目管理视为一种战略竞争力，这对那些坚信“参与式项目管理”或“参与式销售”的公司来说是理所当然的。几年前，销售人员把产品或服务销售给一位客户之后就转移寻找下一位客户。今天，强调的则是继续和客户在一起，并从同一个客户那里寻找更多的盈利。

在婚姻背景下，一个婚约可以被视为终生伙伴关系的开始。参与式项目管理同样如此。像 IBM 和惠普这样的公司不再认为它们在销售产品或服务，相反，它们视自己为客户的业务解决方案提供商。如果不具备优越的项目管理能力，你就不能在业务中保持业务解决方案提供商的地位。

作为参与式管理的一部分，你必须让客户确信你具有项目管理能力，能在可重复的基础上为客户的业务需求提供解决方案。作为交换，你希望客户把你当作战略伙伴，而不仅仅是另一家承包商。

几十年前，销售人员（营销人员）对项目管理的知识知之甚少，销售人员的作用是赢得合同，而不管为此所做的让步。项目经理然后"继承"该项目，项目可能面临预算不足与进度不可能的状况。今天，销售和营销人员必须理解项目管理，并且能够把项目管理作为参与式销售的一部分卖给客户。销售人员必须销售出公司的项目管理方法论和与之伴随的最佳实践。在 PM2.0 中，销售与市场已经成为整合进项目管理的一个组成部分。

参与式销售对于买方和卖方都有益处，如表 2-3 所示。

表 2-3　参与式项目管理的之前和之后

PM1.0（参与之前）	PM2.0（参与之后）
持续竞争性招标	唯一来源或单一来源合同导致更少的供应商需处理
聚焦于可交付成果的近期价值	聚焦于可交付成果的生命周期价值
承包商为客户的客户提供最少的支持	承包商通过客户价值分析（CVA）和客户价值测量（CVM）为客户及客户的客户提供支持
利用一个经常不够灵活且线性化的 ERP 系统	访问承包商的许多非线性系统

参与式项目管理的好处显而易见：

- 通过单一来源或唯一来源合同，不需要经过正式的招标过程，买方和卖方都能显著地节省采购成本。
- 因为潜在的长期战略合作伙伴关系，卖方感兴趣的是业务解决方案的生命周期价值，而非仅仅是项目结束时的价值。
- 你可以向你的客户提供全生命周期支持，以支持他们发展与他们的客户之间的价值驱动型客户关系。
- 买方将能访问许多由卖方使用的项目管理工具。

如今有些公司正在设立参与经理来与项目经理一起工作。参与经理更侧重于安抚客户，而不是项目的执行。参与经理与项目经理的对比如表 2-4 所示。

表 2-4 参与经理与项目经理的对比

客户价值管理活动	参与经理	项目经理
阶段 1：识别正确的客户	• 战略营销 • 建议书准备 • 参与式销售	• 帮助准备建议书 • 可向参与经理汇报
阶段 2：发展正确的关系	• 定义验收标准（度量指标/KPI） • 风险减轻规划 • 客户简介 • 客户发票 • 客户满意度反馈与客户关系管理	• 支持客户关系管理 • 建立绩效度量指标 • 测量客户价值与满意度 • 改进客户满意度管理
阶段 3：维持保留	• 召开客户满意度管理会议 • 更新客户度量指标与 KPI	• 参加客户满意度管理会议 • 寻找未来改进的领域

2.4 更加复杂项目的增长

经过 30 多年对 PM1.0 的使用，我们已经成为如何管理传统项目的专家。这些传统项目可以用于内部或外部客户。在这些项目中，工作说明书被合理定义，预算和进度是现实的，合理的估算技术被使用，最终的项目目标也是固定的。我们使用之前被开发出来并在之后一些项目中持续改进的项目管理方法论，这种传统的方法论聚焦于线性思维。我们遵循明确的生命周期阶段，在每个阶段都有表格、模板、核对单及指南。

如今，我们已经在这些传统的项目中做得不错，我们的注意力现在集中于那些非传统或复杂项目。PM2.0 发展的一个原因是在复杂项目中工作的必要性。然而，读者必须明白，即使传统的项目，在适当的环境中也会被视为复杂。表 2-5 展示了传统项目与非传统或复杂项目的对比。

像 IBM、惠普、微软和西门子这样的公司已经掌握了复杂项目，进行了大量投资以成为解决方案提供商，并且在全球基础上帮助客户管理非传统或复杂项目。复杂项目的一些其他明显特征包括：

- 与大量的相关方与合作伙伴开展工作，他们都处于项目管理成熟度的不同水平，其中许多人甚至不了解项目的技术。
- 处理分布在世界各地的多个虚拟团队，项目的决策可能考虑到政治、文化或宗教信仰的认同。

- 长期项目从一个不明确定义的范围开始，中间经历无数范围变更，终点不停移动，而非具有固定的目标。
- 与合作伙伴与相关方开展工作，他们可能只有有限的项目管理工具和过时的流程，与项目经理的工具箱没法兼容。

表 2-5 传统与复杂项目的对比

传统项目（PM1.0）	复杂项目（PM2.0）
单人发起	委员会治理
可能只有一位相关方	多位相关方
项目决策	项目与业务决策
不够灵活的项目管理方法论	灵活或“流动”的项目管理方法论
良好定义的 SOW	不断演化的 SOW
固定的目标	移动的目标
定期状态报告	实时状态报告
成功由三重制约因素所定义	成功由竞争性制约因素与商业价值所定义
KPI 源于 EVMS	独特的价值驱动型 KPI

2.5 对更多度量指标的需要

近 50 年中，项目决策只围绕两个度量指标——时间和成本，结果导致决策制定者更多地做出拍脑袋的决策而非明智决策。每个人都知道需要更多的度量指标，但对于这些度量指标的测量技术尚处于起步阶段。常规看来基于事实的决策反而被视为一种奢侈。

度量指标驱动的项目管理时代到来。

未来的项目经理将有丰富的度量指标可供选择。我们将拥有度量指标库，该库由 PMO 负责管理。员工接受如何识别、跟踪、量化并报告度量指标的培训。许多指标将被客户和相关方识别，作为他们进行明智决策活动的需求。

PMO 有责任对度量指标采用类似于他们捕获最佳实践那样的方式加以持续改进。由于项目经理被寄望于做出项目与业务决策，项目经理将与项目和业务度量指标同时工作。

在 PM2.0，我们正进入一个度量指标驱动的项目管理的时代。项目计划与基准将围绕为项目选择的度量指标而创建。每个项目都可以有一组独特的项目度量指标。该度量指标也许只对一到两个生命周期阶段有效，而不是对整个项目有效。甚至项目结束或“上线”后，也可以创建度量指标加以使用。

2.6 项目管理的新发展

对于要在可重复的基础上管理复杂项目，并且作为一个解决方案供应商的企业来说，项目管理方法论和与之相随的工具必须是流动的或适应性的，这是与 PM1.0 不同的显著变化。这意味着你需要制定不同的项目管理方法论，或者应用你现有的方法论为每位不同的相关方提供不同的接口，这是因为考虑到每位不同的相关方具有不同的需求与期望，并且大多数复杂项目具有很长的时间跨度。图 2-1 显示了项目管理的一些新发展，图中的五项在适当情况下将组合为一体。

图 2-1　项目管理的未来趋势

新的成功标准：在项目启动时，项目经理与客户和相关方会面，就项目成功的构成要素达成一份相关方协议。许多相关方最初可以有自己的成功定义，但项目经理必须制定出一份协议。

度量指标与关键绩效指标：一旦就成功标准达成一致，项目经理将与相关方一起定义每位相关方希望跟踪的 KPI。每位相关方都有可能有不同的度量指标/KPI 的需求。

测量：更新仪表板和度量指标/KPI 需要测量。这是最难的部分，因为不是所有的团队成员或战略合作伙伴都有能力去跟踪所有的度量指标/KPI。

仪表板设计：一旦度量指标/KPI 被识别和衡量，项目经理和适当的项目团队成员以及仪表板设计师一道，将为每位相关方准备一份仪表板。仪表板上的一些度量指标/KPI 将定期更新，而其他的一些将实时更新。

治理：一旦做出测量，信息将提供给治理委员会供任何必要的决策使用。治理委员会成员可以包括关键相关方及那些只是观察员的相关方。

2.7 项目管理工具箱

在 PM1.0 中，项目经理只有有限的工具。除了伴随着项目管理方法论的 EVMS，许多项目经理主要依靠自己的聪明才智。而在 PM2.0 中，项目经理可以拥有多达 50 个工具供使用。其中一些工具是：

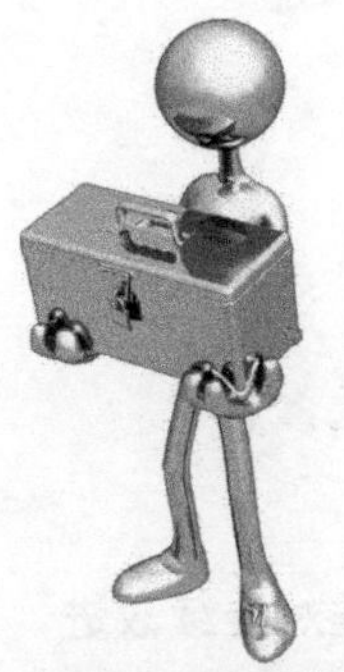

PM2.0 项目经理工具箱中有哪些工具？

- 挣值测量系统。
- 公司项目管理政策与程序。
- 柔性模板（针对所有绩效域）。
- 柔性表格（针对所有绩效域）。
- 柔性指南（针对所有绩效域）。
- 柔性检查表（针对所有绩效域）。
- 柔性流程图（针对所有绩效域）。
- 针对每种类型项目的工作手册。
- 针对特定客户的工作手册。
- 先进的项目与业务度量指标。
- 先进的项目与业务 KPI。
- 使用最佳实践库。
- 使用度量指标/KPI 库。
- 使用知识管理库。
- 网络图。
- 历史数据与估算。
- 行业特定数据库。
- 行为软件。

- 收益成本模板。
- 早期预警指标。
- 危机仪表板。
- 风险管理模板。
- 失效分析模板。
- 评估工具。

2.8 持续改进的需要

PM2.0 中谁对持续改进负责？

在 PM1.0 中，持续改进活动如果要做的话，是由项目经理完成的。由于人们害怕公开承认错误，只能从成功中捕获经验教训与最佳实践。遗憾的是，我们倾向于更多地从失败中而非成功中捕获更多的最佳实践。PMO 除维护最佳实践库外，可能要增加寻找最佳实践的责任。有种通常的做法，在项目结束时为 PMO 配置专业的引导师专门用于向团队成员询问，以获取最佳实践。

在 PM2.0 及更加复杂与大型项目的执行中，不可能再等到项目结束时才去捕获最佳实践。团队中的每个人都必须承担责任，在整个项目进程中寻找经验教训与最佳实践。等到项目结束，或者只在某些阶段末评审时再寻找最佳实践，往往一等就是一年，这可能耽误了能够立即加以实施的最佳实践所带来的收益。

如今，随着项目团队成员可使用丰富的度量指标，发现最佳实践的机会将没有止境。团队成员将参加度量指标管理的培训课程，每门课程的部分都可能有助于度量指标被用于发现最佳实践的方法。

2.9 结论

项目管理的未来非常可能存在于解决方案提供商的手中。这些供应商需要为每位客户和每位可能的相关方定制设计项目管理方法论。他们必须能够开发出远超当前《PMBOK®指南》的项目管理技能，并且展现出做出业务决策以及项目决策的意愿。项目管理的未来看上去很美好，但这也将会是挑战。

讨论题

以下讨论题供课堂使用，旨在激发小组对 PM2.0 的思考。大多数问题的答案不存在对错之分。

1．为什么经济衰退会促进项目管理的进步？

2．鼓励高管接受与承担更加复杂项目相关风险的主要因素是什么？

3．你认为什么是高管改变对项目管理看法的最重要的单一因素？

4．在项目管理快速增长中，为什么还需要持续改进？

5．项目经理工具箱中的工具是通用的还是特定行业的？

6．为什么对更多度量指标的需求增长如此之快？

7．除了经济衰退，什么导致了项目管理的显著变化？

8．谁定义了一个项目是否复杂？

9．可以将项目经理的岗位和参与经理的岗位合并吗？合并的优缺点是什么？

10．在 PM2.0 中可以把项目图标设计师的需求进行削减吗？

第 3 章

理解成功与失败

3.0 简介

PM1.0 和 PM2.0 的最显著区别之一是我们定义项目成功与失败的方式。在 PM1.0 中，客户与承包商对于工作成功与失败的定义有所不同是非常普遍的。承包商对成功的定义是利润，而客户对成功的定义是可交付成果。

项目管理是从一组被认为“良好”的过程中演变而来的，这组过程是一种结构化的方法论，对于企业生存发展来说是强制性的。公司现在意识到，它们的整个业务，包括大部分的日常例行活动，都可以被视为一系列的项目。简言之，我们管理项目化业务时，对于 PM2.0 的需要是非常明显的。因此，当用来定义成功与失败的度量指标发生变化时，成功和失败本身的定义也会发生变化。

如今，项目管理的相对重要性已经渗透到业务的各个方面，从项目管理的最佳实践中也不断获取知识。这包括以更好的方式来定义项目成功与失败。有些公司认为这些知识是知识产权，而牢牢地锁在公司金库中加以保护；另一些公司则分享这方面的知识，以期发现其他能提高项目成功机会的最佳实践。公司现在正在对项目管理制定战略规划，项目管理被认为是企业的核心竞争力之一。

对项目管理制定战略规划的一大好处是，它常被视为捕获与维持最佳实践的需要。这包括使用特定度量指标相关的最佳实践。遗憾的是，这事说来容易做来难。这种困难的原因之一在于今天的公司既没有就最佳实践的定义达成一致，也没有理解最佳实践可导致持续改进，而持续改进能反过来导致捕获更多的最佳实践。各方就成功与失败的定义达成一致同样困难重重。

3.1 项目管理——早期：1945—1960 年

在 20 世纪 40 年代，直线经理戴着多顶“帽子”，采用栅栏管理的概念来管理项目，行使着兼职项目经理的职能。每位直线经理，虽说戴着第二顶项目经理的帽子，但只做本直线组织范围内的工作，当该工作完成时，便将工作皮球扔过栅栏，以期工作链的下游环节有人会接住皮球。一旦皮球扔过栅栏，直线经理将洗干净负责过项目的手，因为皮球已经不在他的院子里。如果项目失败了，责难将落在当时皮球所在的直线经理身上。该链条中的每个人都有自己对成功与失败的定义，成功可以简单地定义为创造技术，保持预算和进度而不管交付的质量，或者只是完成分配的任务并转移到另一个项目中去。

栅栏管理的问题在于客户对于问题没有单一的接触点。信息过滤浪费了客户和承包商的宝贵时间。想要获得第一手信息的客户不得不找到拥有皮球的人。时间和成本是被考虑和汇报的仅有的两个度量指标。对于小型项目，这是容易和接受的方式，但随着项目规模和复杂度的增长，这变得更加困难，因为在定义成功与失败方面没有达成共识。

在 PM1.0 刚起步的期间，极少有项目管理最佳实践被识别。如果有最佳实践，也只是停留在特定的职能领域，从没有在公司的其他部门进行分享。每个职能部门都有自己的跟踪度量指标，做出次优的项目管理决策是常态，这如同对于成功的定义。

第二次世界大战之后，美国进入冷战时期。为赢得冷战，一方必须赢得军备竞赛，并且快速构建大规模杀伤武器以获得威慑力。冷战的胜利者是具有能够将敌人从地球上抹平的报复力量的一方。发展大规模杀伤性武器是非常庞大的项目，涉及数千家潜在承包商。成功的定义是创造技术，而不是预算或者进度。

军备竞赛很明显使得传统的栅栏管理对于美国国防部（DoD）来说不可接受，尤其在 B52 轰炸机、民兵洲际弹道导弹和北极星潜射导弹等项目中。政府希望每家承包商的组织里有一个单一的接触点，即一位项目经理在项目全程中都负有全责。此外，政府希望项目经理具有技术指挥权，而不只是了解技术，这强制要求了项目经理必须是工程师出身，并且最好在某些技术分支中具有高级学位。继而项目管理被强制要求在一些较小的武器系统如喷气式战斗机和坦克中进行使用。NASA 也强制要求所有太空计划相关的活动中应用项目管理。

美国国防部曾经不成功地试图用按时、按成本来定义项目成功，但在航空航天与国防工业中的一些项目会有 200%~300%的成本超支。责难被错误地置于项目管理实施不当，但事实上真正的问题在于技术的无法预测，导致发生大量的范围变更。预测技术对于持续 10~20 年的项目来说是极为困难的。当工程师们在负责项目时，项目的成功被仅仅定义为技术因素。简言之，就是项目能否工作。能保持成本和进度当然不错，但不以牺牲技术为代价。既然国防部愿意支付超支费用并且可让项目进度延误，组织便没有任何压力去考虑技术成就以外的其他任何的成功定义。

到了 20 世纪 60 年代中后期，航空航天与国防工业的几乎所有项目都在使用项目管理，他们要求供应商也使用它。项目管理在发展，但除了航空航天与国防工业，发展速度有限。

由于存在大量的承包商和分包商，政府需要对项目规划、执行、监控与信息报告进行标准化。政府建立了一个项目生命周期的规划控制模型和成本监督系统，后来被称为挣值测量系统，并且创建了项目管理审计组织以确保政府的钱按计划进行开销。这些做法被应用于所有超过一定金额的政府计划。私营行业则视这些建立好的流程做法是过度管理的成本，看不出有任何实际价值。这时关于项目管理存在误解，一些误解如下：

- 项目管理仅仅是进度工具，如计划评审技术和关键路径法（PERT/CPM）。
- 项目管理仅适用于大型项目。
- 项目管理仅为大型政府项目而设计。
- 项目经理必须是工程师且最好拥有高级学位。
- 项目经理需要“技术指挥权”以获得成功。
- 项目成功根据技术因素加以衡量（如它能工作吗）。
- 只需要时间和成本度量指标。
- 时间和成本的延误是可以接受的。

3.2 项目管理开始成长：1970—1985 年

这个时期对项目管理有了更好的理解，项目管理的发展更多出于需要而非出于愿望，但是增速很慢。缓慢发展主要归因于缺少对于新式管理技术的接受，尽管新技术对于成功植入是必需的。对于未知的内在恐惧，对管理者和高管层都是一种威慑力。

除了航空航天、国防与建筑行业，20 世纪 60 年代的大多数公司支持一个更加非正式的管理项目的方法。非正式项目管理，如其字面所述，项目在非正式的基础上被处理，项目经理的权限被最小化。这使得项目经理很难做出必要的决策以符合项目的成功标准。大多数项目存在于一个或两个职能部门中，并由职能经理进行处理。正式的沟通被认为不必要，或者因为直线经理间的良好工作关系而非正式处理即可。被分配作为项目经理的个人很快发现他们的职能更像项目领导或项目监工，而非项目经理。对于分配到这些项目中的雇员而言，成功的定义被视为满足职能经理的需要，他们担心负面结果可能影响其个人的绩效评价。每个职能部门经理都有自己的成功定义，并且时常与项目经理对成功的定义有矛盾。这是 PM1.0 的主要特征。

在 20 世纪 70 年代和 80 年代初，越来越多的公司远离非正式项目管理，进行重构以使项目管理流程正式化，主要是因为他们项目活动的规模和复杂度已经增长到用现有的架构无法进行管理的地步。这需要标准化的项目管理流程，就包括定义成功的更好方式。

3.3　竞争性制约因素的增长

传统上，成功的定义需符合客户对于时间和成本的期望，无论客户是来自内部还是外部。这是 PM1.0 的特征。成功被定义为根据如图 3-1 所示的三重制约在时间、成本和范围内完成项目所需工作。在一些行业，在时间、成本和范围内完成项目几乎不可能。这时权衡就成为必需的，成功的定义于是包括客户对项目的认可程度，如图 3-1 所示的圆圈。在有些公司，尽管存在其他制约因素，但客户认可被视为唯一的重要制约因素。在 PM2.0 中，我们欣然承认可能存在许多制约因素，但是我们要对每个制约因素进行优先排序。项目不同，每个制约因素的重要性也有所不同。

我们如何确定项目制约因素的数量？

非常小的项目可以在不经过时间、成本和范围的权衡或范围变更下便得以完成。因此，在没有精确击中这个奇点时，成功依然可能发生。在这点上，成功可以被定义为如图 3-2 所示的一个立方体。时间、成本与范围（或质量）将是在立方体或边界盒中的一个点，可视作项目关键制约因素的收敛。

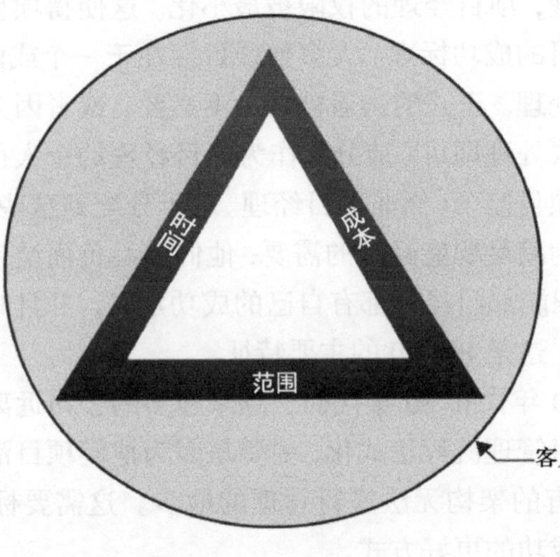

图 3-1　三重制约

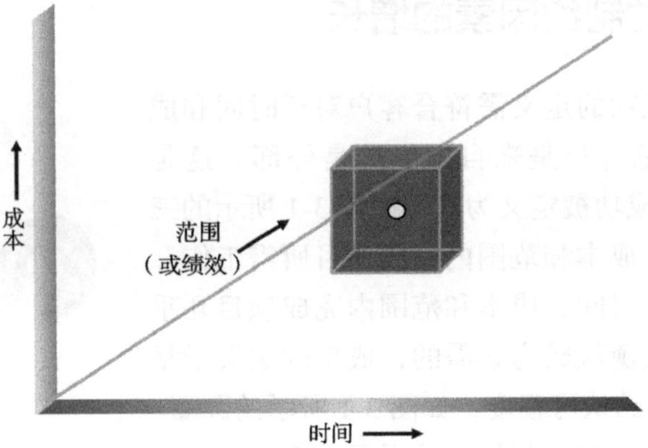

图 3-2　成功的边界盒

只要项目是在制约因素边界盒中完成的，该项目就可被认为成功。你可能晚了两周，但是客户依然接受该项目的结果。你可能超出预算 10%，依然把该项目作为成功。即使只有 95%的规格被满足，客户也可能依然把该项目视为成功。

随着项目管理的成长和人们认识到 PM2.0 实践的需求，公司意识到大多数项目多于三重制约因素，对成功的定义需要考虑达成所有的制约因素，如表 3-1 所示。

困难在于识别制约因素的数量及它们的相对重要性。项目经理假设项目的商业论证会识别制约因素的数量，但这并非经常发生。

表 3-1　主要和次要制约因素

主要制约因素	次要制约因素
按时	赢得该客户的后续工作
按成本	使用该客户的名字作为未来参照
按范围或质量	产品商业化
客户接受	• 在最少的或双方同意的范围内变更 • 维护公司的形象与声誉 • 不打断主要的日常工作流 • 不改变公司文化 • 不违反公司的社会责任 • 维护客户商誉 • 创造商业价值 • 不违反安全需求 • 提供切实有效的运营 • 维护职业道德伦理 • 满足 OSHA 和 EPA 需求 • 提供战略一致性 • 维护监管机构关系 • 有效使用风险减轻策略

3.4　反演规则

次要制约因素导致一个问题。当 EVMS 初创时，每个人都知道单独的时间和成本并不能也不应该被作为成功的唯一准则。用时间和成本来描述项目的状态就像掷骰子一样，有可能你是对的，但更大的可能是你是错的。只使用时间和成本度量指标意味着所有的绩效测量都是线性的。完成百分比并非与时间和成本测量呈线性关系，每个人都知道应该使用其他度量指标。但遗憾的是，反演规则被采用，它说用于定义成功的度量指标应该是最易于跟踪和报告的指标。时间和成本当然是最简单的用于跟踪和报告的度量指标，测量技术还没有成熟到次要制约因素可以被准确地加以测量

确定项目的真实状态容易吗？

和跟踪。表 3-2 显示了我们如何看待一些能帮助我们定义项目成功的度量指标的测量复杂度。

表 3-2　度量指标的测量复杂度

度量指标	测量复杂度
盈利能力	易
客户满意度	难
商誉	难
新市场渗透	易
开发新技术	中
技术转移	中
声誉/形象	难
稳定的劳动力	易
效率、效果及生产力	难
利用闲置产能	易

3.5　测量技术的成长

相对于制约因素，什么是测量绩效的最佳方式？

部分导致 PM2.0 发展的测量技术的成长，某种程度使得更加容易识别制约因素和绩效跟踪的正确数量。道·哈巴德指出了当考虑测量技术时的四个有用的假设[①]：

- 之前被测量过。
- 你拥有比你所想的更多的数据。
- 你需要比你所想的更少的数据。
- 有用的新观测比你所想的更容易获得。

测量技术的进展给我们提供了测量任何度量指标的更多选择。典型的测量方法包括：

- 观测
- 顺序（如四或五星）和名义（如男或女）数据表

① D. W. Hubbard, *How to Measure Anything; Finding the Value of Intangibles in Business*, 3rd ed., Wiley, Hoboken, NJ, 2014, p. 59.

- 价值范围/集
- 仿真
- 统计
- 校准估计和置信区间
- 决策模型[如预期价值（EV）、完全信息预期价值（EVPI）]
- 抽样技术
- 分解技术
- 人的判断
- 规则（如 50/50、80/20、0/100 完成百分比）

并非所有的项目目标或制约因素都是有形的。无形的目标和制约因素或许很难测量，但是它们并非不可测量。难以测量的事物包括：

- 合作
- 承诺
- 创造力
- 文化
- 客户满意度
- 情感成熟度
- 员工士气
- 形象/声誉
- 领导效能
- 动机
- 生活质量
- 压力水平
- 可持续性
- 团队

在理想情况下，所有的测量将是定量测量。遗憾的是，以上列表中的许多项目可以测量，但只是定性测量。有些人认为定性测量只是定量测量的一个子集，当我们获得更好的度量测量方法时，也许所有的测量最终都将是定量测量。

3.6 权衡

范围-风险
成本-时间
应该做哪种权衡？

当根据时间、成本和范围的三重制约来管理项目时，我们经常能找到一种方法来满足所有的三重制约。当制约因素增加到五个或六个时，要满足所有的制约因素将很困难，于是有必要对这些制约因素进行优先级排序。

基于项目经理、客户和相关方的需要，制约因素的优先级在项目生命周期中会发生变化。制约因素的优先级变化可能导致范围变更，以及需求和基准的大混乱。在项目开始之后，改变制约因素的优先级必须有充分的理由才行。

虽然许多项目至少在相关方眼中被成功完成，但最后被测量的成功标准由于权衡的缘故和最初的准则并不尽相同，因而在原始的时间、成本和范围中完成该项目已不可能。今天，我们已经意识到项目可以有多重制约，而非仅仅术语上的三重制约，我们将注意力聚焦于竞争性制约因素。这使得当需要权衡时变得更加复杂。

不要错误地认为，尤其在长期项目中，最终的成功标准和最初的成功标准将会一致。变更可能发生，这些变更会发生在项目生命周期中的任何时间，并导致项目竞争性制约因素之间的权衡，从而需要成功标准的相应变更。在理想情况下，我们会权衡任何或所有的竞争性制约因素，因此可接受的成功标准仍然会得到满足。

举个例子，假设一个项目最初使用图 3-3 左侧所示的三重制约来作为成功标准。过了段时间，事业环境因素发生了变化，一个新的高级管理团队带来了他们自己的议程，或者企业发生了信用危机。在这种情形下，额外的形象/声誉、质量、风险和价值的竞争性制约因素将被带入。在 PM1.0 中，这些制约因素被填入三角形的中心部分，如图 3-3 所示，项目经理简单地确定这些额外的制约因素会对三角形的三条边产生什么影响。只有三角形的三条边上的制约因素才被跟踪且被用于定义成功。

在 PM2.0 中，所有的制约因素都被跟踪甚至优先级排序。因此，排序之后，图 3-3 右侧所示的三角形的边可以比原始的三重约束更为重要。然而，可以有超过三重制约的更高级制约因素，使得一些几何形状会比三角形更加行之有效。

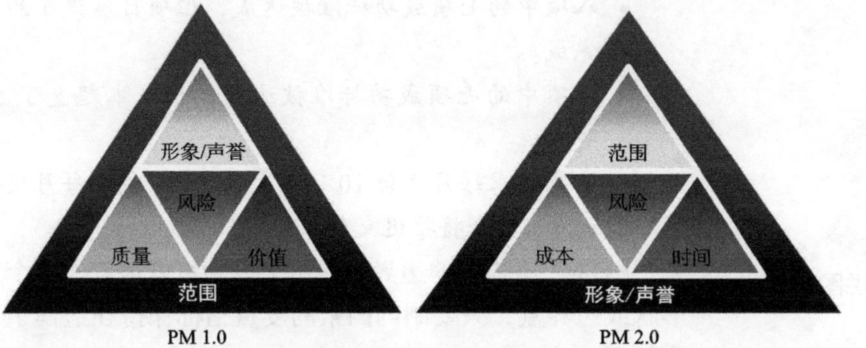

图 3-3 竞争性制约因素

制约因素的优先级排序是必要的，尤其当超过三重制约存在时。例如，几年前，在迪士尼乐园和迪士尼世界，项目经理设计和建造主题公园的吸引力时面临六重制约：

- 时间
- 成本
- 范围
- 安全
- 审美价值
- 质量

在迪士尼，安全、审美价值和质量这最后三个制约因素被认为已锁定，在权衡时不能做任何改变。所有的权衡都发生在时间、成本和范围上。有些制约因素压根不能改变，其他一些则可能有弹性。

在项目生命周期中不是所有的制约因素都是同等重要的。例如，在项目的启动阶段，范围可能是关键因素，所有的权衡发生在时间和成本上。在项目执行阶段，时间和成本可能变得更为重要，然后权衡发生在范围上。

3.7 聚拢成功组件

我们之前曾提到在 PM2.0 中，每个项目可以有不同的成功定义，与客户和承包商就成功定义达成一致非常重要。必须为每个成功标准建立度量指标。

假设一个项目有八项制约因素，所有八项制约因素都构成成功标准。以下情况该项目是否被视为成功：

需要多少块拼图来定义成功？

- 八项中的七项成功标准被达成，但项目延误了两周才完成。
- 八项中的七项成功标准被达成，但成本超支了 5 万美元。
- 客户要求每月交付 10 项可交付成果，我们每月交付了 8 项，其余将推迟交付。

图 3-2 所描述的边界盒显示了成功可以被看作一个几何形状或边界盒，只要制约因素的度量指标保持在边框中，便取得了成功。

但是如果不是所有的竞争性制约因素都达成，将会发生什么？由于制约因素的数量增加，不是所有制约因素都达成的可能性将增加。放松制约因素可能是个选项，但是会导致对正在进行中的项目成功的不恰当评估。

在 PM2.0 中，成功可被视为把拼图块放置在一起。没有必要把所有的拼图块都放置到位后才能看出图形像什么。这在定义成功方面也类似。虽然我们更希望所有的制约因素都满足，但是我们可以把成功定义为满足一定比例的制约因素，或者我们可以说只需要八项中的五项达到了成功标准即可。

成功标准可以由如表 3-1 中所定义的主要制约因素和次要制约因素组成。达成一致的成功标准可能由主要制约因素所构成，但是对于次要制约因素及其重要性，客户或承包商可能有各自独特的观点。例如，客户和承包商都一致同意成本控制是个主要的制约因素和成功标准的组成部分。但是承包商可能有维持利润率这个次要制约因素，但这个制约因素并非成功标准的组成部分。同样，客户可能把该项目给他们客户所带来的价值作为次要制约因素，但这可能不是约定好的成功标准的组成部分。

成功的定义是如何改变的？

3.8 成功的新定义

几十年来，我们使用同样的项目定义和项目成功的定义。这些年来，定义发生了一些细微变化，不过变化很小。今天，价值对于二者定义都是非常重要的要素。

项目的定义

- 《PMBOK®指南》的定义：为创造独特的产品、服务或成果而进行的临时性工作。

- 未来的定义：计划实现的一组可持续的商业价值。

项目成功的定义

- 传统的定义：在时间、成本和范围的三重制约下完成项目。
- 未来的定义：在竞争性制约因素下实现预期的商业价值。

多年来，价值被认为是一个难以捉摸的术语，在测量价值方面所付出的努力甚微。今天，价值可以在项目状态仪表板中被测量和报告。

在图 2-1 和上一节中，我们展示了在未来，客户和承包商必须一起工作以商定达成对项目成功的定义。每个项目完全有可能具有不同的成功标准和对价值的不同解释，从而需要不同的一组测量指标以确认项目成功被实现。

商业价值可以成为定义成功的驱动力。如前所述，你的制约因素越多，不能同时满足所有制约因素的可能性越高。因此，如果商业价值是成功的首要驱动力，那么所有或部分竞争性制约因素可能成为次要因素。

3.9 理解项目失败①

大多数公司似乎不太理解项目失败意味着什么。项目失败并非项目成功的必然对立面。仅仅因为我们不能达到项目的成功标准或者遵循所有的竞争性制约因素，并不能表明项目完全失败。考虑以下的例子。

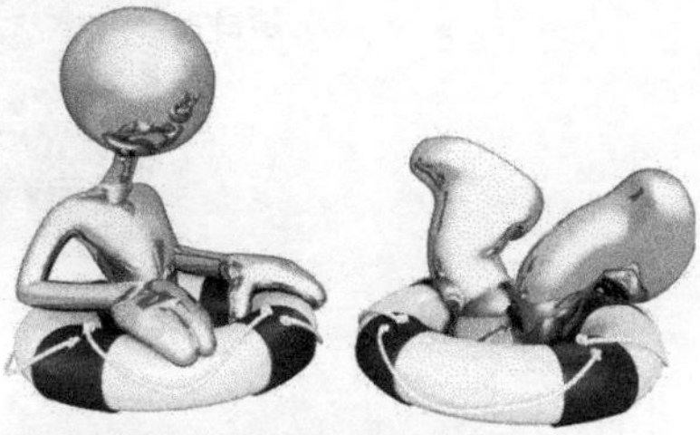

不是所有项目都能被拯救。

Copyright © Scott Maxwell/LuMaxArt/Shutterstock

情景：在讨论新产品开发项目健康的内部会议上，一位副总裁抱怨只有不到 20%的研发项目成功并达到了产品商业化阶段。他然后责备糟糕的项目管理导致其余 80%项目的失败。PMO 主任随后发表声明说其他 80%项目中的大多数并没有失败。它们已经在事实上创造了知识产权，并在后来应用于其他研发项目（衍生产品）以创建商业上成功的产品。

上面的例子说明了项目失败的定义多为灰色区域而非纯黑或纯白。如果知识和/或知识产权从项目中获得，那么项目也许不应该视作完全失败。所有的项目经理都知道事情不可能总按计划进行，在项目管理中重新规划是必要的。

① Adapted from H. Kerzner, *Project Recovery: Case Studies and Techniques for Overcoming Project Failure*, Wiley and International Institutefor Learning, New York, 2014, pp.12–16.

我们可以基于最好的意图开始项目，并准备一份基于最小风险的计划。遗憾的是，最低风险的计划往往需要更多的时间和更多的金钱。如果项目必须将最少的时间作为主要成功标准进行重新规划，那么我们必须愿意承担更多的风险和可能的额外成本。

对于项目为何失败并没有公认的诊断结果，原因在于每个项目具有自己的需求集、独特的项目团队、成功标准，并屈从于事业环境因素的变化。不管公司的项目管理成熟度水平如何，总有一些项目的失败在所难免。如图 3-4 所示，公司通常需要 2 年或更长时间才能在项目管理上达到相当良好的程度，或许要花另外 5 年才能达到某种程度的卓越。项目管理卓越被定义为一组连续的项目流都能符合公司的项目成功标准。

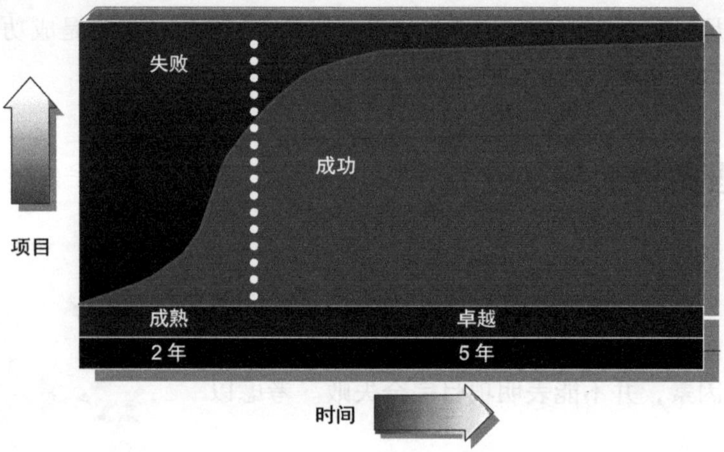

图 3-4　一些项目会失败

然而，如图 3-4 所示，即使在项目管理卓越的情况下，一些项目仍然会失败，这有三个原因：

- 任何总是做出正确决策的高管没有做出足够的决策。
- 有效的项目管理实践能增加项目成功的机会，但是不能保证成功一定会实现。
- 商业生存往往基于公司如何接受和管理好商业风险。知道哪些方向值得接受是个艰难的决策。

一份最常被阅读的关于为何 IT 项目失败的报告是由 Standish Group 编写的混乱报告（Chaos Report），混乱报告识别了 IT 项目的三种典型结局：

- **成功**。一个项目按时、在预算内并符合所有规格需求加以完成，获得嘉奖和全公司范围的认可。

- **挑战**。一个项目最终有了结论，但成本超支且进度延误，另外或许不是所有的规格需求都符合。
- **失败**。一个项目由于某种形式的项目管理失败而被放弃或中止。

有趣的是 IT 人员快速地责怪项目管理是 IT 项目失败的主要原因。虽然以下这些分类可用于 IT 项目，但最好对于通常的所有项目都可以使用：

- **完全成功**。项目符合成功标准，价值被创造，所有的制约因素被遵循。
- **部分成功**。项目符合成功标准，客户接受可交付成果，价值被创造，虽然有一个或多个成功制约因素没有符合。
- **部分失败**。项目没有按预期完成，可能在项目生命周期的早期被取消。然而知识和/或知识产权被创造，可用于未来的项目。
- **完全失败**。项目被放弃，没有从项目中获得任何经验教训。

以下情景为这些分类提供了样例。

情景 1：一家公司进行了为期 1 年的研发项目，旨在创造一个新产品。假设该产品能开发出来，该公司希望在 2 年时间中销售 50 万台。研发过程中，项目团队告知管理层，如果给他们更多经费并且允许交付时间推迟 6 个月，他们能够给该产品增加显著的价值。尽管有来自销售和市场部门的阻力，管理层也同意了时间推迟和成本增加。在产品发布后的头 12 个月内有 70 万台被卖出。销售额的增长超过了成本超支。

> 经验教训：在该情景下，即使存在进度延误和成本超支，该项目也被认为是一个成功完成的项目，显著地增加了商业价值。

情景 2：一家公司通过竞标赢得了合同，合同规定最终产品必须在产品规格所决定的一定范围之内。虽然没有成本超支和进度延迟，但最终的产品只能符合 90%规格的性能要求。客户无奈地接受了该产品，后来又给了该承包商后续合同，看看他们能否达到 100%的规格性能需求。

> 经验教训：该情景被认为是一个部分成功的项目。假如客户不接受该可交付成果，则该项目可以归到失败的项目。

情景 3：一家公司在其业务中对某软件有迫切的需求，建立了一个项目以决定该公司是否应从零开始创建软件，还是购买一款现成的软件包。在一位软件公司的高级经理就购买和使用该软件将给该公司带来的收益所做的精彩演示之后，公司决定购买昂贵的软件包。在购买软件包后不久，公司意识到除非该软件根据公司的业务模型进行定制化设计，否则不能获得所期望的收益。但该软件公司拒绝做任何定制，并重申如果软件按说明进行使用就可以获得收益。遗憾的是，它不能按说明加以使用，最后该软件包被束之高阁。

经验教训：在上述情景下，公司认为项目完全失败。钱花了，却没有收到价值。最终公司致力于创建自己的软件包为业务应用提供定制服务。

情景 4：一家医院有一项政策规定医生和管理人员都是大型项目的发起人，尽管他们几乎没有项目管理的相关知识。大多数发起人还要服务于为项目组合所建立的委员会。当到了为项目管理应用购买软件的时候，一个项目团队被组建以选择需要购买的软件包。项目团队完全由对项目管理知之甚少的发起人组成。出于好意，委员会购买了价值 13 万美元的软件包，期望所有的项目经理加以使用。但委员会很快发现该组织在项目管理上显然还不成熟，正确使用该软件超出了大多数项目团队成员的能力，因此该软件从未被使用。

经验教训：上述情景，如同前一个情景，被视为完全失败。

情景 5：一家公司在项目上遇到困难，聘请了一家咨询公司做项目管理协助。聘请该公司的决定很大程度上取决该公司的一位具有 20 多年项目管理经验的合伙人所做的陈述。

咨询合同签订之后，咨询公司分配了一个项目团队，其中大部分是刚毕业的大学生，基本没有什么项目管理经验。咨询团队入驻客户公司，并且使用客户的计算机。

咨询团队只是在会议上扮演笔录者。他们提供给客户的季度报告只是他们在项目团队会议中记录的汇总。由于没有提供任何有价值的东西，咨询团队被解雇了。客户公司能够从公司的计算机中恢复一些咨询顾问发给他们上司的电子邮件，其中一封来自咨询公司总部的电子邮件说："我们知道公司没有给你一个合格的团队，但是倾你所有，尽你所能去做得最好吧。"客户根据合同，没有支付该咨询公司一分钱。

经验教训：在上述例子中，客户最终起诉咨询公司未能履约，以挽回一些损失。客户认为该咨询项目完全失败。

情景 6：一家公司花了一年多时间做一个研发项目，最后他们发现不尽如人意。不过在研究中，他们发现了一些有趣的结果，后来可以用来创建其他产品。

经验教训：虽然这个项目部分失败，但它确实创造了知识产权，可供今后使用。

3.10 项目失败的原因

项目失败有大量的原因，大多数失败由多个原因所致。一些原因直接或间接又导致其他原因。例如，商业论证失败能导致规划和执行失败。为了简单起见，项目失败的原因可以按以下类别进行分解：

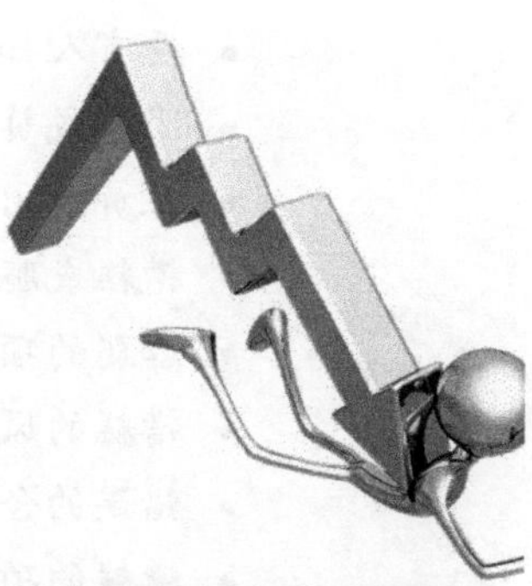

什么是项目失败的原因？

规划/执行失败

- 商业论证恶化。
- 商业论证需求在项目生命周期中变化显著。
- 技术已经过时。
- 技术上不切实际的需求。
- 缺乏清晰的愿景。
- 计划时间太短而要求太多。
- 不当的估算，特别在财务上。
- 不清楚或不现实的期望。
- 假设条件，如果存在的话，完全不现实。
- 计划基于不充分的数据。
- 规划过程没有系统化。
- 不充分与不完整的需求。
- 缺乏资源。
- 分配的资源缺少经验或必要的技能。
- 资源缺乏专注或动机。
- 人员需求不完全清楚。
- 不断变更资源。
- 不当的项目总体规划。
- 建立的里程碑不可测量。
- 建立的里程碑相距太远。
- 环境因素变化导致过时的范围。
- 错过最后期限且无拯救计划。

- 预算超标且失控。
- 缺乏定期的再规划。
- 缺乏提供给项目的人员和组织方面的关注。
- 项目估算基于最好的猜测而非基于历史或标准。
- 没有给估算提供足够的时间。
- 没有人知道确切的报告的主要里程碑日期或截止日期。
- 团队成员在相互冲突的需求下工作。
- 人员进出项目很少考虑进度安排。
- 糟糕或脆弱的成本控制。
- 薄弱的项目与相关方沟通。
- 糟糕的风险评估如同虚设。
- 错误的合同类型。
- 糟糕的项目管理，团队成员尤其虚拟团队成员不甚了解项目管理。
- 比商业目标更加看重技术目标。
- 用兼职方式分配关键的熟练员工，包括项目经理。
- 不当的绩效跟踪度量指标。
- 不当的风险管理做法。
- 不足的组织过程资产。

治理/相关方失败

- 最终用户相关方在整个项目都不参与。
- 很少或没有相关方的支持，缺乏主人翁意识。
- 新的高管团队具有不同的愿景和目标。
- 不断变化的相关方。
- 公司目标和/或愿景不被组织低层所理解。
- 不明确的相关方需求。
- 交接切换后被动的用户相关方的参与。
- 每个相关方使用不同的组织过程资产，彼此可能互不兼容。
- 项目与相关方之间沟通不畅。
- 相关方不能达成一致协议。

政治失败

- 新的选举导致权力的变化。

- 东道国财政政策、采购政策和劳工政策的变化。
- 国有化或非法扣押项目资产和/或知识产权。
- 政变、恐怖活动、绑架、勒索、暗杀、内战和暴动导致的内政动荡。
- 通货膨胀率的显著变化导致不利的货币兑换政策。
- 许可证注销和支付失败导致的合同失效。

失败也可以是特定行业的，如 IT 失败或建筑失败。有些失败可以得到纠正，而其他失败可能导致破产。如果失败的原因重复出现，那么应该建立度量指标以跟踪这些失败的原因。

讨论题

以下讨论题供课堂使用，旨在激发小组对 PM2.0 的思考。大多数问题的答案不存在对错之分。

1．早些年实施项目管理的驱动力是什么？
2．经济衰退对于项目管理的持续改进有何影响？
3．哪些因素推动了对项目成功和失败进行重新定义的需求？
4．项目能否同时是成功和失败的？
5．项目失败的原因是行业特定、公司特定或项目特定的吗？
6．什么导致了反演规则的创建？
7．项目成功的新定义如何影响我们做权衡的方式？
8．测量技术的进步对于我们现在定义成功和失败有何影响？
9．测量技术的进步对于进行权衡的方式有何影响？
10．谁定义了项目的成功，在项目生命周期中这个定义何时出现？

第4章

价值驱动型项目管理

4.0 简介

40 多年来，项目管理的传统观点是如果你完成了项目，并遵循了竞争性制约因素或时间、成本和范围的三重制约，项目就算成功。也许在项目经理的眼中，这个项目看上去是成功的，但是在客户甚至母公司高管眼中，这个项目可能被视为失败。

在 PM2.0 中，项目经理如今变得更加面向业务。项目被视为业务的一部分，目的是为最终客户和母公司提供价值。项目经理如今比以往更加被期待理解业务运营。有些公司甚至为他们的项目经理开发业务流程方面的内部培训项目。而且，由于项目经理变得更为业务导向，我们如今定义项目的成功就要包括业务组件。业务组件直接与价值相关。因此，项目经理现在必须反问自己以下问题：

- 该项目为客户创造价值了吗？
- 该项目为我的公司创造价值了吗？
- 客户是否认识到价值被创造了？
- 客户如何测量所创造的价值？

PM2.0 的一个基本成功标准是项目当其在满足竞争性制约因素下完成时必须提供某种程度的价值。或许项目经理认为只要满足了竞争性制约因素便可提供价值，但事实并非总是如此。为什么公司要在提供不了短期或长期价值的项目中工作？太多的公司要么在错误的项目中工作，要么只有一个糟糕的项目组合选择流程，项目完成时价值达不到最大化，即便三重制约已经满足。

把最好的资源分配给不能提供明显价值的项目是管理无能和决策不当的范例。然而选择能够保证价值或可接受的投资回报率（ROI）的项目是非常具有挑战性的，这是因为今天的一些项目在数年以后的将来才能提供目标价值。这在研发和新产品开发领域尤其如此，为了产生出一个商业上成功的产品，必须对 50 个甚至更多的想法进行探索。在制药行业，开发一种新药的成本可能高达 8.5 亿~15 亿美元，从探索到商业化需花费 3 000 天，结果投资回报却没有意义。在该行业，只有不到 3%的研发项目被视为商业上的成功，以及能带来每年 6 亿美元以上的收入。

对于价值的定义存在许多观点，这在 PM2.0 中尤为明显。对大多数人来说，价值就像一种美，可以出现在旁观者的眼中。换言之，在项目进行选择和启动时，价值可以视为基于当时可用数据的一种感知。但是，当项目完成时，实际价值成为现实，也有可能没有满足最初所感知的预期。

另一个问题是项目实现的价值可能不会让所有相关方都满意，因为关系到他们自己的业务功能，每个相关方对价值有不同的感知。价值的定义可以特定到行业，特定到公司，甚至依赖于企业的规模、性质和业务基础。一些相关方视价值为工作安全或盈利能力，其他相关方可能视价值为形象、声誉或知识产权创造。让所有相关方都满意是一项艰巨的任务，往往难以实现，在某些情况下，简直是天方夜谭。PM2.0 不能保证所有完成的项目都有价值。

当获得价值时，公司必须决定如何利用已获得的东西。创造价值结果的项目和相关的程序可以导致或成为最佳实践的例子，并在组织文化中进行正式宣传。其他形式的价值可以被看作公司的专有信息和知识产权而不对外公开发布。在任何情况下，最终的目标都是实现可持续的价值。

4.1　理解今天的价值观点

为了理解今天的价值观点，我们必须首先了解项目管理在这些年是如何变化的。一些关键的变化是：

- 项目是高度复杂的，具有很高的风险，在项目审批时对这些风险可能不能完全理解。
- 项目的结果具有更大的不确定性，项目结束时的价值不能得到完全保证。
- 我们面临不顾风险追求上市速度的压力。

- 企业项目管理方法论如今除包含项目管理流程以外，也包含了业务流程。

随着这些变化的发生，很显然价值如今在项目选择和执行中扮演了重要角色。表 4-1 显示了我们对项目相关的价值观点是如何变化的。

表 4-1　价值观点变化

PM1.0	PM2.0
所有项目顺序排列必须逐步完成	如果没有创造商业价值，项目是否完成不再重要
成功的定义是按时、在预算内	成功是在竞争性制约因素下创造商业价值
按时、在预算内创造价值	时间和成本不再是价值的仅有特征
良好的企业项目管理方法论，使用得当将产出价值	方法论有用处，但它自身并不能产生价值
客户想要高质量的可交付成果	客户想要能创造商业价值的可交付成果，质量可能只是价值的组成部分之一
一旦实现了可交付成果，在项目结束时价值才被测量	在一些项目中，价值度量指标在早期建立，并在整个项目生命周期中被跟踪

表 4-1 使我们相信，也许商业价值如今已成为项目组合选择的主导因素。项目请求者必须在项目商业论证中清楚地表达出收益和期望价值，或者项目在运行中将不考虑的风险。

在今天的世界，客户决定雇用一家承包商是基于他们所期望获得的价值，以及为该价值而必须支付的价格。事实上，这更像一种"感知"的价值，它基于客户的价值定义中的属性的权衡而得出。客户可能感知到你的项目用于他们公司内部所产生的价值，或者通过他们的客户价值管理计划传递到他们的客户。如果你的组织不能向你的客户和相关方提供可认知的价值，那么反过来你也将无法从他们那里提取价值（忠诚）。随着时间推移，他们将投靠其他承包商。

价值的重要性不言而喻。根据美国生产力与质量中心（American Productivity and Quality Center，APQC）的一项研究，虽然客户满意度仍然被测量并用于决策，但主要的合作组织（用于该研究）已经将他们的注意力从客户满意度转向了客户价值①。

---

① "Customer Value Measurement: Gaining Strategic Advantage," The American Productivity and Quality Center (APQC), Houston, TX,1998, p. 8.

正如第 3 章所说，项目的定义是"计划可持续实现的一组价值"。作为项目经理，你必须因此建立度量指标，以便客户和相关方能够跟踪你将创造的价值。在整个项目中测量和报告客户的价值如今已是竞争所必需的。如果做得正确，它将建立与客户的情感纽带。

多年来，价值管理的原则已经应用于工程和制造业，但直到最近才有同样的原则被应用于项目管理。根据文卡塔拉曼和平托[①]的观点，项目增加价值有一些方法。这包括提供更高的客户满意度水平，在降低资源支出的同时保持可接受的满意度水平，或以上二者的组合。也可以通过同时增加满意度和资源，满意度增加度超过资源使用，来实现更高的价值。

管理项目价值，必须接受以下五个基本概念。

- 概念 1：项目从组织实现其既定目标产生的收益中获得价值。
- 概念 2：项目可视为受管理的投资。
- 概念 3：项目投资人和发起人容忍风险。
- 概念 4：项目价值与投资和风险相关。
- 概念 5：价值是三个关键项目要素之间的平衡：绩效、资源使用和风险。

传统上，商业计划已经试图确定项目所期望的收益和产生的价值。商业计划通常由商业分析师（Business Analyst，BA）来准备，这通常发生在项目经理被分配并进入项目决策层之前。遗憾的是，一旦项目启动，被监测和报告的项目度量指标通常集中在时间和成本上，而非客户想要的或将要收获的价值上。基于价值的度量指标没有报告，因为我们根本就不知道如何执行基于价值的测量。

今天，我们可以定义一个项目为计划可持续实现的一组价值。根据该定义，商业分析师和项目经理的角色如今合而为一。如同罗伯特·维索基所说[②]：

> 满足时间与成本制约因素很少对项目成功起作用。项目成功是把期望的商业价值与交付的商业价值进行比较而做测量。
>
> 项目经理和商业分析师都应该尽力为时间和成本投资，而使商业价值最大化。这使得项目经理和商业分析师的目标达成一致。

---

① Adapted from R. R. Venkataraman and J. K. Pinto, *Cost and Value Management in Projects*, Wiley, Hoboken, NJ, 2008; pp.164–165.

② R. K. Wysocki, *The Business Analyst Project Manager*, Wiley, Hoboken, NJ, 2011, p.2. The author provided an excellent discussion of the relationship between the project manager and the BA.

我们现在可以定义项目成功为在强加于项目的竞争性制约因素下实现预期价值的能力。

今天，随着测量管理技术的发展，基于价值的度量指标对于确定项目成功成为必然，同时也被视为需要监测和报告给客户的关键 KPI。在客户实现所预期的价值之前，一个承包商在每月的基础上向他们的客户报告，该报告日期有可能超出项目本身的结束日期。然而，许多基于价值的度量指标仍然被认为是一个测量上的挑战。

4.2 价值模型

令人惊讶的是，在过去 20 年中，人们对于价值做了大量的研究。在 PM1.0 中，价值的定义是：

$$价值=\frac{质量}{成本}$$

也就是说，要提供额外价值，就必须提高质量或降低成本。这个等式意味着价值的仅有组件就是质量和成本。然而，随着价值变得重要，研究者开始帮助定义、测量和报告使用质量和成本以外的其他组件。其中一些研究领域是：

- 价值动力
- 价值差距分析
- 智力资本定价
- 人力资本定价
- 经济价值分析
- 无形价值流
- 客户价值管理/映射
- 竞争价值矩阵
- 价值链分析
- IT 项目定价
- 平衡计分卡

这项研究的输出必须是创建价值模型，其中许多直接适用于项目管理并用于 PM2.0。其中一些模型是：

- 智力资本评价
- 知识产权评分

- 平衡计分卡
- 未来价值管理™
- 智力资本评级™
- 无形价值流建模
- 包容性价值测量™
- 价值绩效框架
- 价值测量方法论（Value Measurement Methodology，VMM）

价值可以表现出许多形式，如图 4-1 所示。就本书的目的而言，只有经济价值才被考虑。

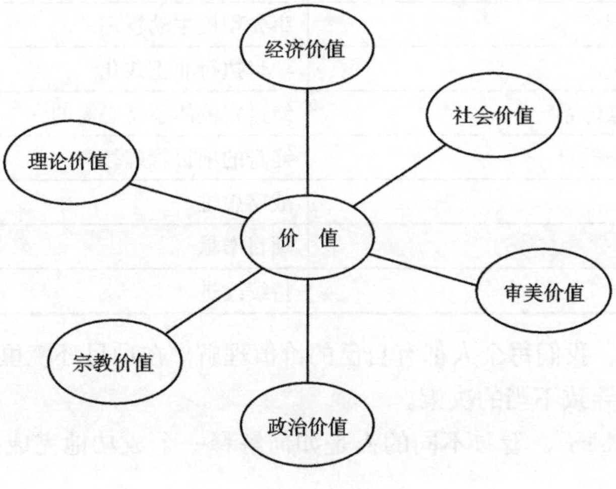

图 4-1　价值的类型

4.3　PM2.0 的价值与领导力变化

价值的重要性对项目经理的领导风格有显著的影响。从历史上看，PM1.0 的项目管理领导力被认为是个人价值与组织价值之间的不可避免的冲突。今天，企业正寻找方法让员工的个人价值与组织价值保持一致。关于该主题已经出了很多书，就笔者看来，最好的一本当属肯・赫尔特曼和比尔・格雷曼所著的《平衡个人与组织价值》。表 4-2 展示了我们与领导力有关的价值观点在这些年来是如何改变的①。

---

① Adapted from K. Hultman and B. I. Gellerman, *Balancing Individual and Organizational Values*, Jossey-Bass/Pfeiffer, San Francisco, 2002, pp. 105–106.

表 4-2 价值观点变化

PM1.0	PM2.0
对员工不信任	信任员工
缺乏项目管理工作描述	工作描述与胜任力模型
权力与权威是重要的	团队合作是重要的
满足上司的绩效评审是根本	相关方满意是根本
职位安全至关重要	承受项目风险是必然的
项目管理方法论聚焦于严格的政策和流程	项目经理在使用方法论时必须具有灵活性
内部存在竞争	如今是与外部公司之间的竞争
事后反应式管理	事先积极主动管理
项目执行正式化	项目执行非正式化
坚持组织的官僚体系	绕过官僚体系是必需的
传统的项目管理教育	终身的项目管理教育
战术思维	战略思维
职能奉献	项目奉献
满足标准	持续改进

如前所述，我们每个人都有自己的价值理解。在项目环境里，在价值意义上的冲突可能导致不当的决策。

这里举个例子，看看不同的人是如何解释一个成功地完成的项目的价值的：

- 项目经理
  —达成目标
  —展示创造力
  —展示创新
- 团队成员
  —成就
  —进步
  —雄心
  —信誉
  —认可
- 组织
  —持续改进

—学习
—质量
—战略聚焦
—伦理道德
—盈利
—认可与形象
—社会意识
- 相关方
—组织相关方：职位安全
—生产/市场相关方：质量性能与产品用处
—资本市场：财务增长

以下几个原因解释了为何在 PM2.0 中项目经理和相伴随的领导力风格发生了变化。它们是：

- 我们如今管理我们的业务就如同这是一系列的项目。
- 项目管理如今被视为一种全职的职业。
- 项目经理如今同时被视为业务管理者和项目管理者，被期待在这两个领域都做出决策。
- 项目价值的测量更多地体现在商业方面而不仅仅在技术方面。
- 项目管理如今被应用到传统上没有使用项目管理的业务部分。

最后一条需要进一步阐述。项目管理在“传统”类型的项目（如 PM1.0）中运转良好，它包括以下特征：

- 时间工期在 6~18 个月。
- 假设条件在项目期间内期望不会发生变化。
- 技术是已知的，并且在项目期间内不会变化。
- 项目启动时的人员将保持到项目结束。
- 工作说明书（SOW）被合理地良好定义。

就如 PM2.0 中所常见的，新型的项目更加非传统，并具有以下特征：

- 时间工期需要几年。
- 假设条件在项目期间内能够且必将发生变化。
- 技术在项目期间内将发生变化。
- 批准项目的人员不一定到项目结束时还在。
- 工作说明书定义不佳，要经受大量的变更。

非传统型项目清楚地说明了为何传统型项目必须要变化。以下三个领域必须改变。

新型项目已变为：

- 高度复杂，具有很高的风险，在项目批准时对这些风险可能尚未完全理解。
- 结果具有很大的不确定性，项目结束时的价值不能得到完全保证。
- 面临不顾风险追求上市速度的压力。

工作说明书：

- 并非总是良好定义的，特别在长期项目中。
- 基于可能有缺陷、非理性、非现实性的假设条件。
- 不考虑未知的和快速变化的经济和环境条件。
- 基于固定而非移动的最终价值目标。

管理成本和控制系统［企业项目管理（EPM）方法论］聚焦于：

- 一个理想的情景（如同《PMBOK®指南》）。
- 理论而非对工作流的理解。
- 不灵活的流程。
- 定期报告完工时间和完工成本，而不是完工价值（或收益）。
- 当价值有限或全无时，项目继续开展而非被取消。

多年来，我们已经对非传统型项目中使用项目管理采取了一些小的步骤，包括：

- 为项目经理提供更多业务知识，并允许他们在项目选择过程中提供输入。
- 基于上一项，项目经理在项目启动阶段的早期而非结束时就被带入项目决策层。
- 项目经理如今似乎更多是技术理解者，而非技术指挥者。

要从商业价值上来定义项目成功从来都不是易事。定义的焦点在于三重制约或竞争性制约因素。今天，在PM2.0中，我们相信对于成功的价值定义有四大基石，如图4-2[①]所示。

---

① A more detailed discussion of Figure 4-2 will appear in Chapter 8.

图 4-2　项目价值的分类

其中每个象限可以定义如下。

内部价值：具有持续地成功管理能够创造商业价值的项目，并且通过使用 EPM 方法论，定期进行持续改进的能力。该能力也包括维持范围变更控制流程，以及在企业内部建立关系。

财务价值：创造长期收入流以满足相关方财务需要的能力。这也包括一些从业者要求维护监管机构的需求［如职业安全与健康管理局（Occupational Safety and Health Administration，OSHA）、美国环保署（U.S. Environmental Protection Agency，EPA）］，以及展示道德伦理行为。

未来价值：产出一系列可交付成果以支持企业未来商业价值需要的能力。这包括维持技术优势和过程改进。

客户价值：满足客户商业价值需要，并不断向客户提供重复业务的能力。客户已经把你视为伙伴，而不只是承包商或供应商。重点在于客户满意度和建立关系。

有些项目可以支持图 4-2 中的多个象限。例如，使用你公司的专有技术来开发一个在市场上广受欢迎的产品，这能带来财务、未来和客户价值。另一个例子是建立一个 EPM 方法论，虽然这被认为是内部价值，但该方法论能带来长期的客户关系及最终的财务价值。因此，项目的成功和最终实现的价值可以影响到一个以上的象限。

图 4-3 显示了实现的价值与为实现该价值而付出的投资或发现成本之间的关系。例如，改进公司流程（内部价值）在短期内可能是低发现成本，但是在长期内维护客户满意度又是一个潜在的高成本。长期价值支持财务成功和未来成功。

实现价值终将完成，但可能要付出非同寻常的高成本。高管层必须仔细衡量相对于该价值的实际所值，获得所需价值的成本。花费 200 万美元却只获得价值 100 万美元的可交付成果并不是一个好的商业决策。当然，用美元来表述价值会有些困难，如果不可能来表述，至少在合理的准确度上如此。

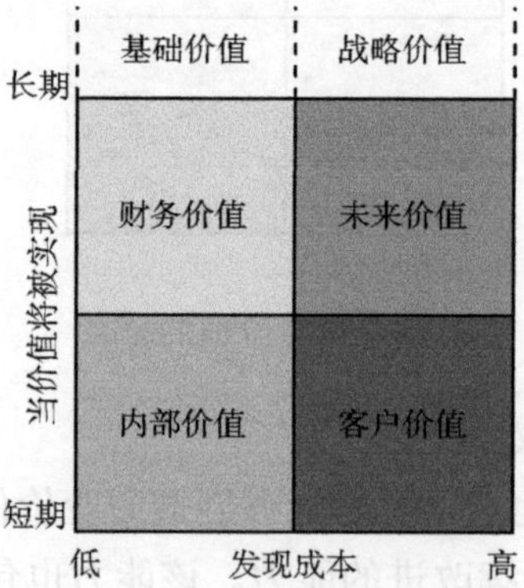

图 4-3　价值分类的改进

在图 4-3 中，我们还确定了另外两个价值分类：基础价值和战略价值。基础价值可以分为内部价值和财务价值，而战略价值更加与未来价值和客户价值保持一致。

基础价值是那些为了企业短期内日复一日地持续运营而必须实现的价值。这包括支持持续活动的方法论和流程，现金流也需要持续运营，因此一些提供财务价值的活动是必需的。

战略价值或创新价值是那些为了企业长期生存而必须实现的价值。这包括维护一份强大的客户名单，尤其是那些把你作为潜在伙伴的客户，以及筹备中的支持企业未来产品和服务的新项目。

决定把给定的项目置于哪个象限是非常主观的。有些项目可以包含多个象限甚至所有四个象限。因为这种主观性，我们可以把某些项目或活动放置在它将要或能够实现的最大价值所在的象限。例如，考虑一家成功地改进了产品商业化流程的公司。我们可以说这是内部价值，因为流程改进了。但也可以说这是财务价值，因为它提高了我们的利润率。另外，也可以说这是客户价值，因为我们能更快提供客户所需的产品；或者也可以说这是未来价值，因为它的设计目的是改进未来所有潜在产品或服务。不过在我们脑海里，它只归入内部价值。

4.4　基于价值的权衡

图 4-4 和图 4-5 说明了在 PM1.0 和 PM2.0 中权衡是如何发生的。

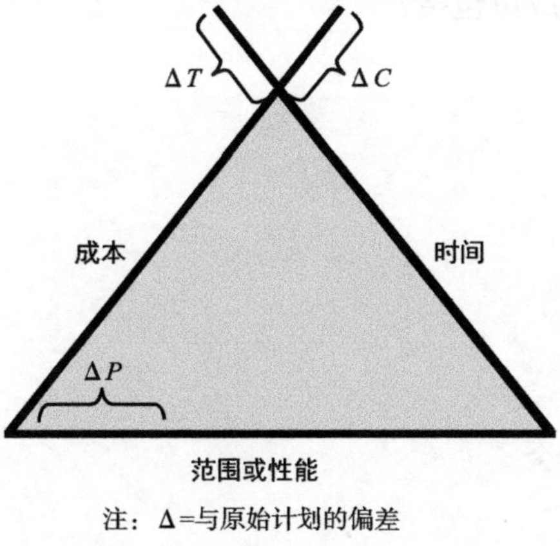

图 4-4　PM1.0 的权衡

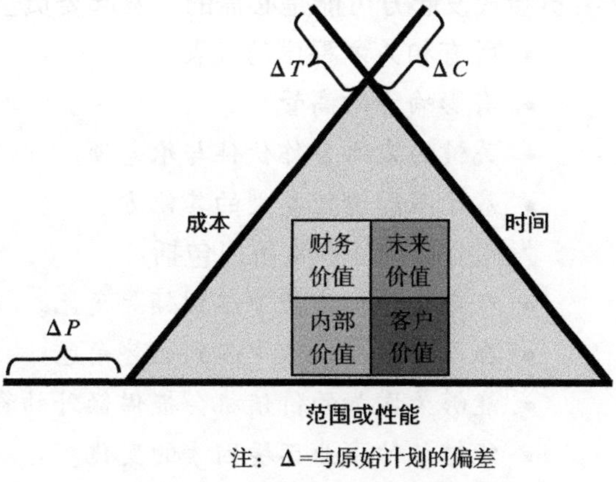

图 4-5　PM2.0 的权衡

在 PM1.0 中传统的权衡里，我们往往会降低性能以满足其他需求。权衡的决策是在项目发起人同意之后由项目经理做出的。客户可能参与或不参与权衡决策。在 PM2.0 中通常要基于价值做出权衡，我们往往会增加性能以期提供增值，但这往往会比传统的权衡导致更大的成本超支和进度延误。项目经理通常不具有价值权衡中范围/性能增加或减少的唯一授权。这些决策可能涉及整个治理委员会。项目经理必须具有为 PM2.0 权衡所需的良好的商业知识，理解这种需求很重要。

对于价值驱动型项目，所有或者大部分相关方可能需要参与到权衡决策中。这会产生更多的问题，例如：

- 在项目启动时也许不可能获得所有相关方对价值目标的同意。
- 随着项目的进展，对于范围变更、额外成本和进度延长达成一致的难度显著加大。
- 项目启动时和项目进展时相关方必须获得持续的告知，即没有意外惊喜。

相关方之间的权衡冲突有可能发生，例如：

- 在项目启动时，相关方的冲突通常以有利于最大的财务出资人的方式加以解决。

- 在项目执行期，对于未来价值的冲突会更加复杂，尤其如果主要出资人威胁要退出该项目时。

对于有大量相关方的项目，项目发起方未必比单个发起人更有效。因此，委员会式发起方可能是必需的。发起委员会成员包括：

- 所有相关方群体的代表。
- 有影响力的高管。
- 关键的战略合作伙伴与承包商。
- 基于不同价值类型的其他方。

发起委员会的职责可以包括：

- 在定义目标价值中起到领导角色。
- 在承诺实际价值中起到领导角色。
- 能够为增加的价值机会提供额外的资金。
- 能够评估事业环境因素的变化。
- 能够验证和再验证假设条件。

相较于项目经理，发起委员会在定义和评估项目价值方面可能更为专业。

4.5 价值度量的需要

在 PM2.0 中，创建不仅聚焦于业务（内部）绩效，而且聚焦于客户满意度绩效的度量指标必不可少。如果客户在项目中看不到价值，那么该项目可能被取消，并且重复的商机将不再有。好的价值度量指标也能导致较少的客户和相关方对项目的介入与干扰。价值度量指标能够测量商业论证恶化情况，以及价值是否被创造或破坏。

对于聚焦于基于价值的度量指标的有效度量指标管理计划（将在第 5 章讨论）的需求是显而易见的：

- 必须有一个客户/承包商/相关方就一套度量指标如何应用于定义成功或者失败的协议，否则你有的只是最好的猜想。那些显示随着工作的进展而项目价值在增加的度量指标，将促进更好的协议及各方的合作。
- 度量指标选择必须覆盖整个项目的现实情况。这可以由在价值度量指标支持下的一组核心度量指标加以完成。
- 有效度量指标管理的失败，尤其价值度量指标的失败，会导致相关方的挑战及信誉的丧失。

我们需要开发基于价值的度量指标，从而能够预测相关方价值、可能的相关方价值，以及最确定的项目价值。创建这些度量指标的大多数模型是高度主观的，并且是基于各方一致同意的假设条件下的模型。

4.6　创建价值度量指标

理想的情况是创建一个单一的价值度量指标，让相关方可以用它来确定项目是否达到或超出每个相关方对于价值的期望。这个价值度量指标可以是传统的度量指标和 KPI 的结合。讨论单一的价值度量指标的含义也许比讨论单个组件更有意义，整体通常大于各部分之和。

创建一个价值度量指标的概念需要获得相应的支持。根据一家全球性 IT 咨询公司的说法：

> 必须从价值度量指标的重要性和实质作用两方面加以认同，它不能只是最新的流行——它必须理解成一种跟踪项目价值的方式。

典型的价值度量指标可能是：

- 每个项目至少有一个价值度量指标或价值 KPI。在某些行业，不可能仅仅使用一个价值度量指标。
- 作为价值度量指标一部分的价值属性可能有数量上的限制，如五个。当我们成熟地运用价值度量指标时，属性的数量可以增加或减少。并非所有我们打算使用的属性都是适当的或有实际用处的。
- 每个组件将分配权重因子。
- 权重因子和组件测量技术将由项目经理和相关方在项目刚开始时建立，在分配权重因子时有可能要根据公司政策。
- 度量指标的目标边界盒将由项目经理与可能的 PMO 来建立。如果 PMO 不存在，则有可能由项目管理委员会来负责完成，或者由提供资金的组织来建立。

假设你为你的相关方执行 IT 项目，那么价值度量指标的属性将是：

- 质量（针对最终软件包）
- 成本（针对开发）
- 安全协议（针对信息安全）
- 特性（针对功能）
- 进度或时间（针对交付或实施）

这些属性由你、客户和相关方在项目开始时达成一致，它们可能来自你的度量指标/KPI库，或者是新的属性。必须注意，要确保你的组织过程资产能跟踪、测量和报告每个属性，否则有可能产生额外的成本，这些成本必须做预先处理，以便能够包含在合同价格中。虽然不强烈推荐，但是某些属性在项目生命周期中会发生变化，特别在复杂项目或面临巨大未知状况和有可能发生大量范围变更的项目中。

时间和成本通常是每个价值度量指标的属性。然而，在以下特定情况下，可能时间、成本或二者都不是价值度量指标的属性：

- 项目必须根据法律完成，如环境项目，未履行将招致严厉的处罚。
- 项目陷入困境但又是必需的，我们必须不惜任何代价加以拯救。
- 我们必须不计成本引入一个新的产品以保持竞争力。
- 安全、审美价值和质量比时间、成本或范围更加重要。

其他属性几乎总是包含在价值度量指标中以支持时间和成本，然而，时间和/或成本并不一定是价值度量指标的一部分，因为有其他属性被认为比时间和/或成本更为重要。但时间和成本仍然被单独地跟踪和报告，尽管它们不是价值度量指标报告中的一部分。

下一步是为每个属性或组件设立临界值。如图4-6所示，如果属性是成本，那么我们可能说，在成本基准的±10%中实施项目是普通绩效。超过20%的预算来实施项目可能是灾难性的，低于20%的预算来实施项目则堪称优异的绩效。然而，也存在+20%的成本偏差可能是好的，而–20%的成本偏差可能是坏的情形。

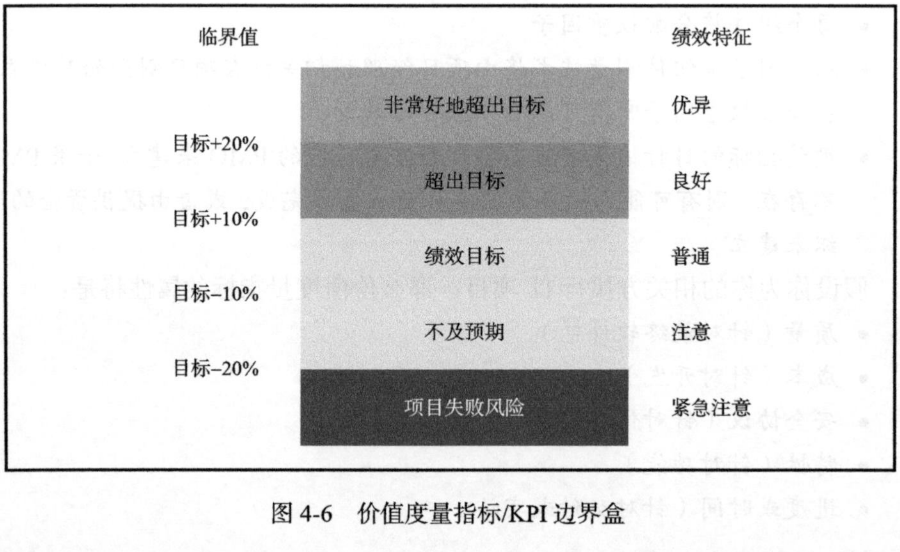

图4-6 价值度量指标/KPI边界盒

如果公司有标准化要求，绩效特征确切的定义或范围可以由 PMO 建立，或者也可由客户与相关方达成一致。无论如何，目标和临界值必须建立。

下一步是为图 4-6 中的每个单元分配价值点，如图 4-7 所示。在这个案例中，价值点 2 被分配到标签为“绩效目标”的单元。标准的分配方法随后是按线性方式为目标单元上面和下面的单元进行分配。非线性分配应用也有可能，特别是超出临界值的情况。

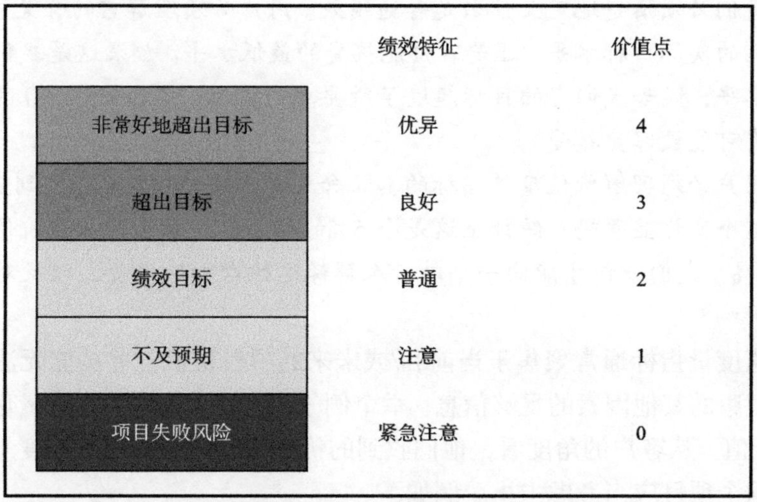

图 4-7　边界盒的价值点

在表 4-3 中，权重因子被分配到每个价值度量指标的属性。之前，权重比例可以由 PMO 建立，或者通过客户（如提供资金的组织）和相关方达成一致。PMO 可能使用公司标准化的权重因子。然而，当权重因子被允许任意变化时，这将会是危险的先例。

表 4-3　价值度量指标的测量

价值组件	权重因子（%）	价值测量	价值贡献
质量	10	3	0.3
成本	20	2	0.4
安全	20	4	0.8
特性	30	2	0.6
进度	20	3	0.6
			总计：2.7

现在，我们可以把权重因子和价值点相乘，然后再相加，得到总的价值贡献。如果所有价值测量表明我们达到了绩效目标，那么 2.0 将是价值度量指标的计算结果。然而，在本例中，我们在质量、安全和进度方面超出了绩效目标，因此最终的价值度量指标值为 2.7。这意味着相关方收到了最有可能达到或超出期望的额外价值。

当使用该技术时，还有以下几个问题需要考虑：

- 我们必须清楚地定义什么是普通绩效。用户必须理解它的含义。这是我们的实际目标水平，还是客户能接受的最低水平。如果这是我们的目标水平，假如我们定的目标超过了所要求的需求，那么低于 2.0 的值仍然有可能被客户接受。
- 用户必须理解价值度量指标的真正含义。当度量指标从 2.0 到 2.1 时，这个变化显著吗？统计上这是个 5%的增量，这是否意味着价值增加了 5%？我们如何才能向一个外行人解释这种增加的意义，以及对价值的影响？

价值度量指标通常聚焦于当前和/或未来的项目价值，并可能无法提供影响项目健康的其他因素的足够信息。举个例子，假设价值度量指标量化评估在 2.7 这个值。从客户的角度看，他们收到的价值超出预期。但其他度量指标可能表明这个项目应当考虑中止。例如：

- 价值度量指标是 2.7，但开发的剩余成本如此之高，产品可能高出市场价格。
- 价值度量指标是 2.7，但进入市场的时间太晚了。
- 价值度量指标是 2.7，但剩余工作包的很大一部分具有非常高的关键风险设计。
- 价值度量指标是 2.7，但项目已不再满足客户的需求。
- 价值度量指标是 2.7，但你的竞争对手已经推出一款更高价值和质量的产品。

在表 4-4 中，我们减少了交付特性的数值，这使我们能够提升质量和安全并加快进度。虽然价值度量指标的值为 2.4，但我们仍然为相关方提供了额外的价值。

表 4-4　减少特性的价值度量指标

价值组件	权重因子（%）	价值测量	价值贡献
质量	10	3	0.3
成本	20	2	0.4
安全	20	4	0.8
特性	30	1	0.3
进度	20	3	0.6
			总计：2.4

在表 4-5 中，我们增加了额外的特性，同时提升了质量和安全。然而，要做到这一点，我们造成了进度延误和成本超支。价值度量指标的值为 2.7，意味着相关方仍然收到了额外价值。相关方由于额外的价值而可能愿意承担额外的成本和进度延误。

表 4-5　提升质量、特性和安全的价值度量指标

价值组件	权重因子（%）	价值测量	价值贡献
质量	10	3	0.3
成本	20	1	0.2
安全	20	4	0.8
特性	30	4	1.2
进度	20	1	0.2
			总计：2.7

每当我们面临预算超支或进度落后时，我们可以改变权重因子，并对那些面临困境的组件增加权重。举个例子，表 4-6 显示了权重因子如何被调整。现在，如果使用调整后的权重因子计算出的总的价值度量指标值超过 2.0 的话，相关方可能仍然认可该项目的延续。有时候，公司确定每个组件的最小与最大权重，如表 4-7 所示。然而这存在风险，管理层可能无法调整并接受权重因子在项目间甚至一个项目内发生变化。另外，当改变权重因子时，解决方案的标准化和可重复性将可能消失。

表 4-6 改变权重因子

价值组件	普通权重因子（%）	如果我们有显著进度延误下的权重因子（%）	如果我们有显著成本超支下的权重因子（%）
质量	10	10	10
成本	20	20	40
安全	20	10	10
特性	30	20	20
进度	20	40	20

表 4-7 权重因子范围

价值组件	最小权重值（%）	最大权重值（%）	普通权重值（%）
质量	10	40	20
成本	10	50	20
安全	10	40	20
特性	20	40	30
进度	10	50	20

一旦项目在运行，公司通常不愿意允许项目经理改变权重因子，并且可能建立政策阻止发生不必要的改变，所担心的是项目经理可能改变权重因子，只是为了让项目看起来不错。然而，有些情形下，改变是必需的：

- 客户和相关方可能要求改变权重因子，以便为项目持续提供资金作证。
- 项目的风险已经改变了后续的生命周期阶段，权重因子的改变势在必行。
- 随着项目进展，新的价值属性添加到价值度量指标中。
- 随着项目进展，一些价值属性不再适用，必须从价值度量指标中删除。
- 事业环境因素发生变化，要求权重因子做出改变。
- 假设条件随着时间发生改变。
- 关键制约因素的数量随着时间发生改变。

我们必须记住项目管理度量指标和 KPI 能够在项目生命周期中加以改变，因此价值度量指标的权重因子同样可能受影响而改变。

有时，由于这种方法的主观性，当信息被呈现给客户时，我们应当识别对每个目标所使用的测量技术。如表 4-8 所示，测量技术可以是项目开始时的谈判主题。

表 4-8　权重因子和测量技术

价值组件	权重因子（%）	测量技术	价值测量	价值贡献
质量	10	采样技术	3	0.3
成本	20	直接测量	2	0.4
安全	20	模拟	4	0.8
特性	30	观察	2	0.6
进度	20	直接测量	3	0.6

几十年来，我们一直使用度量指标和 KPI，但是使用价值度量指标相对较为新颖。因此，使用这种技术的失败依然常见，这可能包括：

- 没有向前看。价值测量指标聚焦于现在而不是未来。
- 没有超越财务度量指标，没有考虑知识获取、组织能力、客户满意度和政治影响等方面的价值。
- 相信其他公司使用的价值度量指标（以及结果）也将和你的公司一致。
- 没有考虑客户和相关方如何定义价值。
- 允许权重因子过于频繁地改变，以使项目结果看起来更好。

与任何新技术一样，额外的问题总会浮现出来。我们现在试图回答关于使用价值度量指标的典型问题：

- 例如，在项目生命周期阶段的早期，五个组件中只有三个能够被测量时该怎么办？
- 在只有某些组件能被测量的情形下，这些权重因子是否应该改变，或者归一化为 100%，或者留下不管？
- 在价值度量指标具有任何实际意义之前，项目是否应该有一定的完成百分比？
- 项目在其生命周期阶段的进展中，谁将做出改变权重因子的决策？
- 对于给定组件的测量技术能否在每个生命周期阶段中加以改变？还是在整个生命周期中维持不变？
- 我们能够减少过程的主观性吗？

4.7 在仪表板上显示价值度量指标

在第 1 章中，我们指出书面报告将被仪表板所取代。因此，正确地显示价值度量指标势在必行。这很可能是 PM2.0 的一个非常重要的特征。图 4-8 表明了价值度量指标是如何显现在仪表板上的。右上角的价值属性和评级表反映了 4 月的价值。在 1 月，价值度量指标的数量级约为 1.7，在 4 月，该数值为 2.7。

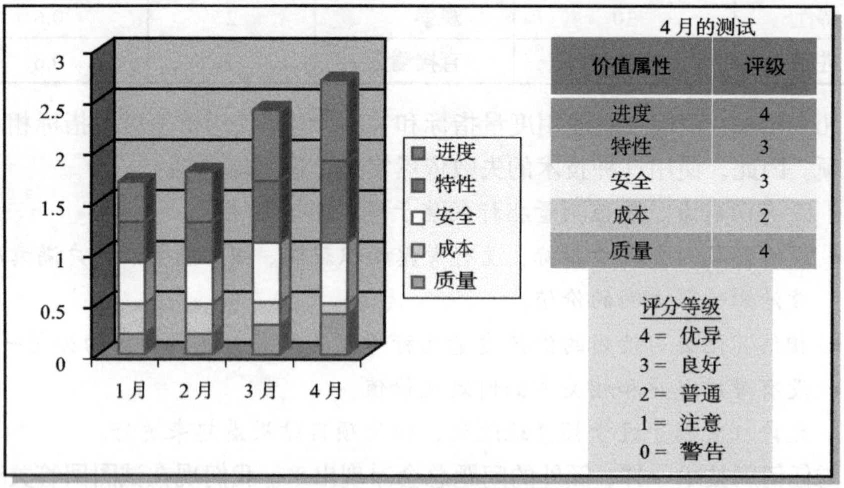

图 4-8　项目价值属性

相关方可以很容易看到过去 4 个月价值的增长。他们也可以看到五个属性中的四个在这期间获得价值增长，反之，成本属性显示出价值的减少。

最终，当我们在使用价值度量指标的过程中变得更加有知识时，我们可能最终会拥有一个单一的价值度量指标，并通过客观和自动化过程来获取该指标。然而在短期内，我们可以基于我们所选择的价值属性，做出价值度量过程会更加定性化而非定量化，并且会高度主观化的预期。

4.8 选择价值属性

选择正确的价值属性并不容易。客户可以根据他们自己或者他们的客户的最佳利益来选择价值属性。客户可能有对于他们特别重要的或者对于项目经理并没有直接意义的特定价值属性。客户优先属性如表 4-9 所示。

表 4-9　客户优先属性

价值度量指标属性	可能的竞争优势
生产的可交付成果	效率
产品功能	创新
产品功能	产品差异
支持响应时间	服务差异
员工和雇员支付等级	人员差异
质量	质量差异
系统的行动事项与时长	问题解决与决策的速度
生命周期时间	上市速度
失败率	质量差异和创新差异

即使项目经理和客户就价值属性达成一致，也可能有对于属性的实际含义的不同解释。例如，表 4-10 显示了各种比较简单的属性也会有不同的解释。

表 4-10　价值属性的解释

通用价值属性	项目经理的解释	客户的解释	消费者的解释
时间	项目工期	上市的时间	交付日期
成本	项目成本	销售价格	购买价格
绩效	质量	功能	可用性
技术与范围	符合特征	战略一致性	安全购买且可靠
满意度	客户满意	消费者满意	所有权的尊重
风险	客户不再有业务	丧失利润和市场份额	需要技术支持及淘汰风险

4.9　价值度量指标的额外复杂性

传统上，商业计划确定了项目的预期收益。如今在 PM2.0 中，组合管理技术要求如同确定收益一样确定价值。然而，从收益向价值进行转换并不容易。与 PM2.0 中的任何新技术一样，在从收益向价值转换的过程中所具有的缺点会使得转换困难，如图 4-9 所示。

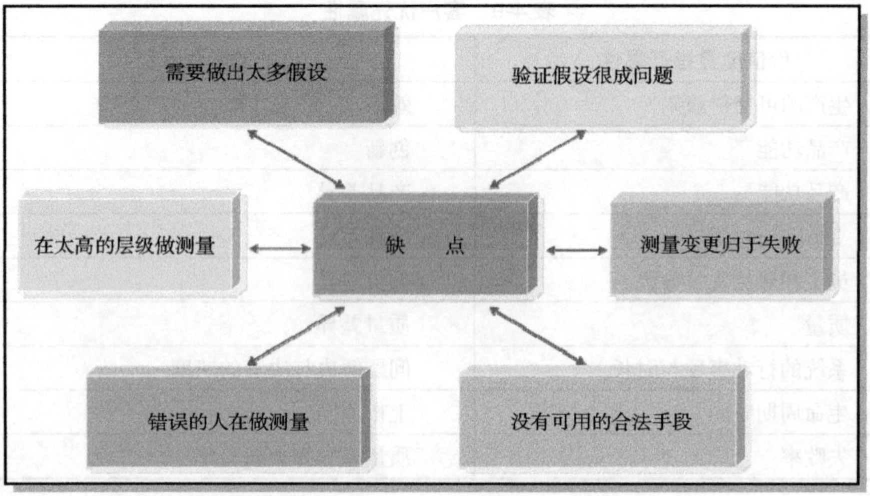

图 4-9　收益向价值转换过程中的缺点

KPI 是评估价值的度量指标，是事先同意的反映项目或企业的成功因素的量化测量。价值 KPI 测量项目和组织目标的进展。它们测量战略绩效属性并可能是商业智能（BI）系统的一部分。价值反映型 KPI 帮助我们减少不确定性以做出更好的决策，导致积极的项目管理。

在传统的项目管理中，度量指标由 EPM 方法论建立，并且在整个项目生命周期中保持固定。但是在 PM2.0 中，度量指标可以在每个生命周期阶段随着时间推移，在不同项目之间因为以下情况而改变：

- 公司内部定义价值的方式。
- 客户和承包商在项目启动时联合定义成功和价值的方式。
- 客户和承包商在项目启动时就某个特定项目中应该使用哪些度量指标达成协议的方式。
- 新的或更新版本的跟踪软件。
- EPM 方法论的改进和相应的项目管理信息系统。
- 事业环境因素的变化。

即使有最好的度量指标，测量价值都可能是困难的。有些价值容易测量，而其他价值就非常困难。容易的价值测量通常被称为软价值或有形价值，硬价值则经常被视为无形价值。

这些无形元素如今被一些人认为比有形元素更为重要。这似乎正发生在 IT 项目中，高管层对于无形价值明显给予了更多的关注，这种价值的测量与其说是科学，不如说是艺术。无形价值的关键问题不一定在于最终的结果，而在于无形价值的计算方式。有形价值通常是定量表达的，而无形价值是通过定性评估进行表达的。

价值测量的时间绝对关键。在一个项目的生命周期中，可能需要从定性到定量评估来回切换，并且如前所述，实际的度量指标和 KPI 也会改变。在 PM2.0 中，这种灵活性是必要的。某些关键问题必须加以解决：

- 在项目生命周期中，我们何时以及以何种程度来创建具体的度量指标（假设这完全可以做到）？
- 价值能被简单地感知吗？并且因此价值度量指标毫无必要？
- 即使我们有价值度量指标，它们是否足够具体，以合理地预测实际价值？
- 我们是否将被迫在所有项目中使用价值驱动型项目管理实践，或者有些项目中没有必要使用这种方法？
- 良好定义需求与不佳定义需求的对比。
- 战略项目与战术项目的对比。
- 内部客户与外部客户的对比。

对于某些项目，在结束时评估价值可能是困难的。我们必须为愿意花多长时间的等待来测量项目的价值或收益而建立一个时间框架。如果直到项目完成之后的一段时间，实际价值都不能被确定，该时间框架就尤为重要。因此，如果真正的经济价值不能在将来的某个时间实现的话，就不可能在项目结束时评价它的成功。

有些价值测量从业者质疑是否使用边界盒比生命周期阶段能更好地进行价值测量。对于 PM2.0，潜在的生命周期阶段问题包括：

- 度量指标可以在阶段之间甚至一个阶段内发生变化。
- 也许不可能导致事业环境因素的变化。
- 焦点也许在于阶段末的价值，而非项目结束时的价值。
- 团队成员可能因不能定量计算价值而变得沮丧。

边界盒如图 4-6 所示，一定程度上类似于统计过程控制图，建有上下战略价值目标。只要 KPI 表明项目仍处于上下价值目标之间，项目目标与可交付成果将不会发生任何范围变更或权衡。

大多数 PM2.0 项目比 PM1.0 项目更为复杂。因此，项目必须进行价值健康检查，以确认该项目将为公司贡献价值。价值度量指标，如 KPI，表明了当前的价值。同时还需要的是当前对未来的推测。使用传统项目管理，结合传统的 EPM 方法论，我们能计算出项目的完工时间和完工成本。这些是出现在挣值测量系统中的有帮助的常用术语。但是如前所述，按时、按预算并不能保证感知的价值在项目完成时依然存在。

因此，替代使用聚焦于挣值测量的 EPM 方法论，我们可能需要修改现有的方法论来创建一个强调价值变量的价值管理方法论（VMM）。在 VMM 中，完工时间和完工成本依然被使用，当时我们引入一个新术语：完工价值（或收益）。确定完工价值必须在项目全程中定期进行。然而，定期的完工收益和价值再评估可能很困难，这是由于：

- 可能没有复审过程。
- 管理层没有承诺，并相信复审过程是不切实际的。
- 管理层对于现有绩效过于乐观和自满。
- 管理层被其他项目的非正常高利润所蒙蔽。
- 管理层相信过去是未来的指示。

完工价值的评估能告诉我们价值权衡是否有必要。价值权衡的原因包括：

- 事业环境因素的变化。
- 假设条件的变化。
- 更好方法的发现，可能具有更低的风险。
- 高度熟练劳动力的可用性。
- 技术的突破。

如前所述，大多数价值权衡伴随着进度的延长。在进度延长发生之前，两个关键因素必须考虑：

- 为期望或增加的价值而延长项目可能导致风险。
- 延长项目将消耗可能已经在项目组合中承诺给其他项目的资源。

传统的工具和技术可能无法在价值驱动型项目中良好运作。为实现期望的结果创建 VMM 很有必要。VMM 可以包括 EVMS 和 EPM 的特性，如表 4-11 所示。但是必须包括额外的变量以捕获、测量和报告价值。

表 4-11　EVMS、EPM 和 VMM 之间的比较

变　量	EVMS	EPM	VMM
时间	✓	✓	✓
成本	✓	✓	✓
质量		✓	✓
范围		✓	✓

续表

变　量	EVMS	EPM	VMM
风险		✓	✓
可见性			✓
非可见性			✓
收益			✓
价值			✓
权衡			✓

我们必须记住，PM2.0 还只处于婴儿期。为了收获它的好处，还要面临巨大的挑战。测量和报告价值的过程将是挑战之一。

讨论题

以下讨论题供课堂使用，用以激发小组对 PM2.0 的思考。大多数问题的答案不存在对错之分。

1. 关于项目“价值”的定义是什么？
2. 谁定义项目的价值？
3. 在项目中工作的人，无论他是团队成员还是治理人员，能否具有对价值的不同定义？
4. 我们如何确定价值的属性？
5. 谁来确定价值属性？
6. 项目领导力如何受到我们对价值定义的影响？
7. 项目完成后，项目的实际价值是否有可能还没有确定？
8. 测量技术和价值之间是否存在关系？
9. 项目价值能否以合理的精确度被测量并显示在仪表板中？
10. 未来价值度量指标是否有可能取代传统的时间、成本和范围度量指标？

第 5 章

日益重要的 PM2.0 度量指标

5.0 简介

项目管理度量指标可能是 PM2.0 最重要的组件。作为项目管理信息系统（Project Management Information System，PMIS）的一部分，它包含了项目审批、启动、规划、排程、执行、监控和收尾的所有基本的支持信息。虽然 EVMS 是 PMIS 的关键组件，但当今的 PMIS 包含了远超时间和成本的更多度量指标。如果设计得当，PMIS 能提供显著的好处，诸如：

- 及时满足各种相关方所需的信息。
- 为明智决策提供正确信息。
- 具有恰到好处数量的信息，不多也不少。
- 降低收集正确信息的成本。
- 为项目与持续业务中各种新的举措之间如何互动提供信息。
- 为项目与直线经理支持的其他项目之间如何互动提供信息。
- 为公司提供价值。

作为 PM2.0 的一个特征，好的 PMIS 能阻止项目因为沟通脱轨而陷入失败。PMIS 也使得团队成员和职能经理为有效状态报告而输入必要的信息变得更加容易。

5.1　企业资源计划（ERP）

几十年来，PMIS 被视为提供项目时间、成本及剩余工作信息的报告生成器。时间和成本是两个主要的被跟踪的度量指标。今天，在 PM2.0 中，这已经发生了改变。度量管理计划成为 PM2.0 背后的驱动力。

公司已经开始认识到人们在公司里所做的每件事情都可以被视为一个项目。我们通过项目的方式管理业务。因此，决策制定者需要同时获取业务和项目管理过程中的信息，这二者如今相互关联。此外，我们现在除时间和成本外，还需看更多新的度量指标。

信息是有效决策的关键。公司开发企业资源计划（Enterprise Resource Planning，ERP）系统，旨在设计企业级的信息系统，以协调完成各种业务和项目流程所需的所有资源、信息和任务。ERP 支持供应链管理、财务会计、人力资源管理和项目管理。PMIS 如今是 ERP 系统的一部分。

集成 PMIS 和 ERP 的一个最重要原因是能力规划。职能经理必须为项目和运营业务提供资源。在这方面，ERP 系统是无价的。例如，某 ERP 系统显示某特定职能部门具有 15 名员工可供工作分配，其中 10 名已经承诺给运营工作。ERP 系统于是传递信息给 PMIS，说明其余 5 名员工可用于项目工作分配。信息中还可以包含这些员工的薪酬等级，以及可供某些项目选择的特定技能等级。

5.2　对更好的项目度量指标的需要

度量指标保证相关方被告知了项目的状态。相关方必须确信使用的是正确的度量指标，并且测量描绘了清楚的和真实的状态表现。在项目开始时，项目经理和适当的相关方必须就使用哪些度量指标及如何进行测量达成一致。我们如今使用不仅限于时间和成本的更多度量指标，这部分归因于 PMIS 和 ERP 技术的发展，同时相关方如今对于项目管理拥有更深入的理解。使用 Web2.0 技术并把它结合进 PM2.0，允许项目团队成员使用移动设备即刻访问所有的度量指标，信息将实时得到显示。

在 PM2.0 中，项目经理可以容易地访问度量指标。

如今，在 PM2.0 中，项目经理的一部分新角色是理解哪些被所有相关方视为项目成功的关键度量指标的指标需要被识别和管理。让相关方一致认同度量指标是困难的，但这必须在项目中尽早达成。

不同于财务度量指标，基于项目的度量指标在不同项目之间，以及项目生命周期的不同阶段中都可能改变。因此，建立和测量度量指标是验证关键成功要素（Critical Success Factors，CSF）和维持客户满意度的必需品。许多人相信未来将是度量指标驱动型项目管理。

虽然大多数公司使用某种类型的度量指标供测量，不过他们似乎并不太了解度量指标的构成，至少在项目管理中的使用上是如此。如果你没有度量指标和相应的测量能力为你提供完整或几乎完整的信息，你便不能有效地管理项目。因此，度量指标的最简单的定义是它能被测量。考虑以下关于测量和度量指标的事实：

- 如果它不能被测量，就无法被管理。
- 所测即所得。
- 你无法真正了解任何事情，除非它可以被测量。

如果你不能提供给相关方可测量的东西，你怎么能许诺满足他们的期望？你不能控制你所不能测量的东西。如果度量指标是及时和有益的，那么好的度量指标将会导致事先主动式项目管理而非事后反应式项目管理。

PM2.0 已经向我们展示了使用有效度量指标管理计划的众多好处。其中一些好处是：

- 度量指标告诉我们，如果击中目标/里程碑，要么变得更好，要么变得更糟。
- 度量指标允许你在其导致其他错误之前抓住错误——早期问题识别。
- 好的度量指标导致明智的决策，而不当的或不准确的度量指标导致错误的管理决策。
- 度量指标允许及时的主动管理。
- 度量指标提升未来的估算。
- 度量指标提升未来的绩效。
- 度量指标使得在最小化中断情况下验证基准和维持基准变得更加容易。
- 度量指标能够更加精确地评估成功和失败。
- 度量指标能提升客户满意度。
- 度量指标是一种评估项目健康的方法。
- 度量指标跟踪了符合项目关键成功要素的能力。
- 好的度量指标允许使用有别于传统三重制约的因素来定义项目成功。

很明显，如今存在即刻访问度量指标信息的要求。即使可能存在初期的实施成本，但是使用度量指标显然利大于弊。然而，正如后面我们会看到的，要实现这种好处还需要克服不少障碍。

虽然度量指标最常用于验证项目的健康，不过它们也可以用于发现项目管理过程中的最佳实践。捕获最佳实践和经验教训是长期持续改进的必需条件。没能有效地利用度量指标，公司就有可能花费多年的时间来试图实现持续改进。在这方面，度量指标不仅是克服某些 PM1.0 缺点的必需条件，也是改变某些项目审批流程复杂性的必需条件，例如：

- 项目审批往往基于不足的信息和糟糕的估算。
- 项目的审批基于不切实际的投资回报率（ROI）、净现值（NPV）、内部收益率（IRR）和回收期计算。
- 项目审批往往基于最好的场景。
- 在项目审批流程中，真实的时间和成本需求可能要么被隐藏，要么没有被完全理解。

5.3　度量指标管理缺乏支持的原因

即使公司认识到需要好的度量指标，度量指标管理程序也可能失败。最常见的失败原因是：

- 糟糕的治理，特别在相关方方面。
- 缓慢的决策过程。
- 过于乐观的项目计划。
- 试图在太少的时间内做太多的事。
- 糟糕的项目管理实践和/或方法论。
- 对于度量指标如何使用的不当理解。

为什么建设公司级的度量指标管理计划这么困难？

有时度量指标管理的失败要归因于糟糕的相关方关系管理。典型的这类问题包括：

- 未能解决相关方之间的分歧。
- 未能解决相关方之间的不信任。
- 未能定义 CSF。
- 未能就项目成功的定义达成一致。
- 未能就支持 CSF 和成功定义的度量指标达成一致。

- 未能看到 CSF 得到实现。
- 未能就如何测量度量指标达成一致。
- 未能理解度量指标。
- 未能正确使用度量指标。

过去几年里，有效的度量指标管理的驱动力已经在复杂项目中获得增长。项目越大、越复杂，测量和确定项目成功的难度就越大。因此，更大、更复杂的项目对于有效度量指标的需求就更强烈。

但是，确定度量指标需要回答某些关键问题：

- 测量。
  —需要测量什么？
  —何时测量？
  —如何测量？
  —谁来测量？
- 收集信息并报告。
  —谁将收集信息？
  —何时收集信息？
  —信息在何时以及如何报告？

对很多公司来说，尤其在复杂项目中，回答这些问题是个挑战。结果，度量指标由于很难定义和收集，经常被忽略。

其他缺乏支持的原因包括：

- 度量指标管理被视为浪费生产时间的额外工作。
- 不能保证正确的度量指标被选中。
- 如果选择了错误的度量指标，我们就在浪费时间收集错误的数据。
- 度量指标管理被认为昂贵且收不抵支。
- 度量指标被认为昂贵且无用。

度量指标管理经常被视为项目团队已有工作的附加事项。但是没有这些度量指标，我们往往侧重于反应式管理而非主动式管理。结果是专注于完成单个工作包，而忽视了专注于为客户完成业务解决方案。

每个人都理解使用度量指标的价值，但是在团队成员之间仍然存在固有的恐惧，视度量指标为“监视你的大兄弟”。员工对看起来像间谍机器一样的度量管理工作当然不会加以支持。

5.4 度量指标的特征

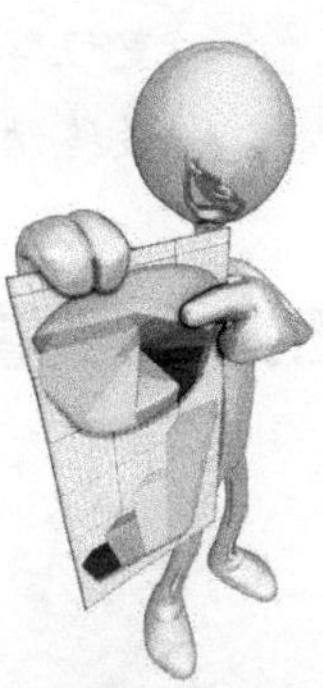

好的度量指标的特征是什么？

建立度量指标要求存在对度量指标基本需要的知识。度量指标需要：

- 需求或目的。
- 目标、基准或参考点。
- 测量的手段。
- 解释的手段。
- 绩效报告结构。

当然，度量指标应当具备基本的特征，包括：

- 有需求或目的。
- 提供有用的信息。
- 聚焦于目标。
- 在合理的精确度下加以测量。
- 反映项目的真实状态。
- 支持主动管理。
- 协助评估成功或失败的可能性。
- 相关方接受其为做明智决策的工具。

不同于长期的商业环境，项目环境时间更短，因此更容易受度量指标变化的影响。在项目环境里，度量指标可以在不同项目之间，在项目生命周期的每个阶段中，以及任何时间中发生改变。这是因为：

- 公司内部定义价值的方式。
- 在项目启动时客户和承包商共同定义成功和价值的方式。
- 在项目启动时客户和承包商就特定项目所用的度量指标达成一致的方式。
- 新的或版本更新的跟踪软件。
- EPM 方法论和相伴的 PMIS 的改进。
- 事业环境因素的改变。
- 项目商业论证假设条件的改变。

度量指标可以做分类。例如，下面是可能出现在度量指标库中的七种度量指标或度量指针：

- 定量度量指标（规划的总劳动量的美元或小时数的百分比）。
- 实践度量指标（提升效率）。
- 直接度量指标（风险评级变好或变差）。

- 可操作的度量指标（非工作小时数的影响变更）。
- 财务度量指标（如利润率、ROI）。
- 里程碑度量指标（按时进展的工作包数量）。
- 最终结果或成功度量指标（客户满意度和后续工作）。

5.5 度量指标选择

为什么为项目选择正确的度量指标这么困难？

找到正确数量的度量指标并不容易，但对于特定项目，我们必须确定到底需要多少度量指标。

- 当度量指标过多时。
  —度量指标管理占用了其他工作时间。
  —我们最后给相关方提供了太多的信息，而他们并不能确定哪些信息才是关键的。
  —我们最后提供的信息的价值有限。
- 当度量指标过少时。
  —没有提供足够的关键信息。
  —明智的决策变得困难。

当然，我们可以建立基本规则作为度量指标选择过程的一部分：

- 确保度量指标值得收集。
- 确保我们使用所收集的度量指标。
- 确保度量指标包含有用信息。
- 培训团队使用并评价度量指标。

当你拥有可供测量的合格基准时，选择度量指标将更为容易。当基准不断经历变化时，有效使用度量指标管理将非常困难甚至不可能。对于没有计划好的工作，标杆和标准可以用来替代基准。

度量指标自身只不过是测量结果的数字或趋势。除非度量指标能被相关方或主题专家，以及如果有必要而制订的纠正计划所解释，否则它们没有真正的价值。知道谁将从每个度量指标中受益很重要。重要性的程度因相关方而异。

选择度量指标时，有一些问题需要解决：

- 项目管理中相关方的知识水平如何？
- 度量指标管理中相关方的知识水平如何？

- 我们拥有度量指标测量所需的组织过程资产吗？
- 项目期间基准和标准会经历变化吗？

选择度量指标时，两个额外的因素必须加以考虑。首先，实施测量会有成本，根据测量的频率，成本可能非常高。其次，我们必须认识到度量指标需要更新。度量指标有点类似于最佳实践，它们一旦过期，可能就不再提供预期的价值或信息。因此有一些定期评审这些度量指标的理由：

- 客户可能希望实时报告而非定期报告，从而使得一些度量指标不合适。
- 测量的成本和复杂度可能使得某个度量指标不适合使用。
- 度量指标与某个精确测量所用的组织过程资产不匹配。
- 项目资金有限可能限制了可用度量指标的数量。

评审这些度量指标，会有三种可能的结果：

- 更新度量指标。
- 搁置该度量指标直到下一次评审。
- 放弃该度量指标。

最后，度量指标应当在项目被选择并且获得审批之后确定下来。根据现有的容易使用的度量指标来选择项目，往往导致要么选择了错误的项目，要么度量指标提供了无用的数据。

5.6　关键绩效指标

正如上节所述，项目经理的一部分角色是要了解哪些关键度量指标需要被识别、报告和管理，使得项目尽可能被所有相关方都视为成功。术语“度量指标”是通用的，而“KPI”是特定的。KPI 作为早期预警信号，如果存在不利的条件并且没法处理，结果将是糟糕的。KPI 和度量指标可以显示在仪表板、计分卡和报告中。KPI 将担任 PM2.0 的关键组件。

定义正确的度量指标或 KPI 是项目经理、客户和相关方之间的联合成果，并且很有必要让相关方达成一致。一个成功项目的关键是有效和及时的信息管理，这包括 KPI。KPI 给我们提供了通过减少不确定性而做出明智决策所需的信息。

获得相关方对 KPI 的同意是困难又必要的，所有相关方必须意见一致。如果你提供 50 个度量指标供相关方选择，他们将设法证明这 50 个全都需要。如果你提供 100 个度量指标，他们也会找出这 100 个都需报告的理由。所以最困难的部分是从度量指标库中选择那些最关键的度量指标，它们可以作为 KPI。

选择 KPI 之后，有三个额外的问题需要相关方回答：

- 是否有一个测量 KPI 的系统？
- 是否有一个沟通结果的系统？
- 是否有当有必要时能帮助我们采取纠正措施的流程？

多年来，度量指标和 KPI 主要用作商业智能技术的一部分。当应用到项目中时，KPI 回答了“什么是不同相关方监督项目的真正重要性”这个问题。在商业中，一旦建立了 KPI，它就成了事业环境因素，由于担心丢失历史比较数据而很难做出改变。但作为标杆的行业 KPI 仍有可能，因为 KPI 是长期的。在项目中，由于项目的独特性，加上 KPI 的时间跨度相对更短，标杆会更为复杂。

KPI 的需要

通常，同时出现在仪表板和报告中的事项是客户和项目经理都要跟踪的要素。这些事项也称为 KPI，根据埃克尔森（Eckerson）①的说法：

> KPI 是测量组织或个人执行一个运营、战术或战略活动运作状况的度量指标，这些活动对于组织当前和未来成功至关重要。

虽然埃克尔森的观点更适合业务导向而非项目导向的度量指标，但项目环境中的应用依然存在。KPI 是显示项目朝预定目标进展的高层级快照。有些人把 KPI 和领先指标混淆。领先指标实际上是一个衡量你现在所做的工作将影响未来的 KPI。KPI 可以作为指标，但不一定是领先指标。

虽然某些度量指标看上去可能是领先指标，但对于如何解释它们要特别当心。对于度量指标的错误解释或者错误相信它是领先指标可能导致错误的结论。

KPI 是 EVMS 的关键组件。一些术语，如成本偏差（Cost Variance，CV）、进度偏差（Schedule Variance，SV）、进度绩效指数（Schedule Performance Index，SPI）、成本绩效指数（Cost Performance Index，CPI）、完工时间/成本，如果使用得当的话，实际上是 KPI，尽管并非总是如此。对这些 KPI 的需求其实很简单：所测即所得。如果绩效测量系统的目标是提升效率和效果，那么 KPI 必须反映可控制的因素。如果用户不能改变其结果，那么测量一项活动没有意义。

---

① W. W. Eckerson, *Performance Dashboards: Measuring, Monitoring and Managing Your Business*, Wiley, Hoboken, NJ, 2006, p . 294.

40 多年来，我们唯一看重的 KPI 是时间和成本，或者时间和成本的衍生物。今天，我们意识到真正的项目状态不能仅仅测量时间和成本。因此，对额外的 KPI 的需要得到增长。项目经理可能使用的典型 KPI 包括：

- 遵循进度的工作包比例。
- 遵循预算的工作包比例。
- 分配资源对比计划资源的数量。
- 实际对比计划基准完成日期的比例。
- 实际对比最佳实践的比例。
- 项目复杂度因素。
- 实现价值的时间。
- 客户满意度评级。
- 关键假设条件生效的数量。
- 关键假设条件发生变化的比例。
- 成本修改的数量。
- 进度修改的数量。
- 范围变更评审会议的数量。
- 关键制约因素的数量。
- 关键风险指定的工作包比例。
- 净营业利润。
- 分配资源对比计划资源的级别。

项目经理必须向相关方解释度量指标和 KPI 之间的区别，以及为何只有 KPI 应该在仪表板中报告。例如，度量指标聚焦于工作包的完成、里程碑的实现，以及绩效目标的达成。KPI 则聚焦于未来的结果，这是相关方做出明智决策所需的信息。无论是度量指标还是 KPI 都不能真正预测项目将会成功，但是 KPI 提供了如果现有趋势继续下去，将来会发生什么的更为准确的信息。度量指标和 KPI 都提供有用的信息，但是都不能告诉你要采取什么行动，或者是否一个困境中的项目能够被拯救。一个度量指标可以作为某个项目的传统度量指标，但在另一个项目中可以作为一个 KPI。决定什么是或者不是 KPI 是非常主观的，经常要基于项目的类型和所提供的信息。

一旦相关方理解了对正确 KPI 的需要，其他问题必须加以讨论，包括：

- 需要多少 KPI？
- 它们需要间隔多长时间测量？
- 要测量什么？

- KPI 有多复杂？
- 谁将对 KPI 负责（KPI 责任人是谁）？
- KPI 将作为标杆吗？

我们前面说过所测即所得，这是通过测量而获得对信息的真实理解。如果一个度量指标测量系统的目标是提升效率与效果，那么 KPI 必须反映可控制的因素。测量一个用户不能改变结果的活动或 KPI 是没有意义的。这些 KPI 将不被相关方所接受。

使用 KPI

虽然大多数公司使用度量指标来进行测量，但他们似乎不了解项目 KPI 的构成以及它们应该如何使用。一些通用原则是：

- KPI 需事先达成一致并反映在项目的 CSF 中。
- KPI 表明了实现项目目标过程中的进展如何。
- KPI 不是绩效目标。
- KPI 的最终目的是测量那些与绩效直接相关的事项，并且提供适合决策的可控制因素的信息，以导致积极的结果。
- 好的 KPI 驱动变更，但并不指定行动做法。它们指出你离目标有多近，但并不告诉你必须做什么以纠正与目标的偏差。
- KPI 协助建立目标，以有针对性地实现要么增加项目价值，要么实现指定价值的最终目的。

有些人认为 KPI 的高层级目的是鼓励有效的测量。在这方面，三个高层级目的是：

- 测量导致激励团队。
- 测量导致遵守使用组织过程资产和保持业务目标的一致性。
- 测量导致绩效改进和捕获经验教训与最佳实践。

有些公司把 KPI 信息贴在公告板中、公司餐厅里、会议室的墙壁上，或者在公司简讯中发送，显示走向目标的进展，以此作为一种激励组织的手段。然而，不利的 KPI 对于士气会产生相反的效果。

KPI 的解剖

一些度量指标，如项目盈利能力，可以告诉我们事情看上去是好还是坏，但并不需要提供我们必须做什么以提升绩效的有意义信息。因此，典型的 KPI

必须比仅仅作为度量指标的功能做得更多。如果我们仔细分析 KPI，我们将看到以下内容。

关键：对项目成功或失败的关键贡献者。一个 KPI 度量指标只有“关键”能够让项目成功或失败。

绩效：能够被测量、量化、调整和控制的度量指标。这个度量指标必须是可控的，以提升绩效。

指标：合理地代表当前与未来的绩效。

KPI 是可测量目标的一部分。如果你开始就定义好 CSF，那么定义和选择 KPI 就更为容易。KPI 和 CSF 不要混淆，CSF 是为实现目标而必须做的事情。KPI 不是 CSF，但是可以提供领先指标，让 CSF 可以满足。

选择正确的 KPI 和正确数量的 KPI 将：

- 允许最佳决策。
- 提升项目绩效。
- 帮助更快识别问题领域。
- 加强客户-承包商-相关方关系。

大卫 · 帕门特（David Parmenter）[1]定义了度量指标的三种类型：

- 结果指标（Results Indicators，RI）——我们完成了什么？
- 绩效指标（Performance Indicators，PI）——为提升或达到绩效，我们必须做什么？
- 关键绩效指标（KPI）——什么是能够大大提升绩效或达成目标的关键性绩效指标？

大多数公司使用这三者的不恰当的搭配，并给它们贴上 KPI 的标签。拥有太多的 KPI 会由于过度的测量和报告需求而减缓项目。太多的 KPI 会模糊一个人对于实际绩效的感觉，而太少的 KPI 又可能因为缺乏关键信息而导致延误。典型情况下，我们最终会有更多而非更少的 KPI。

KPI 的数量在不同项目间差异很大，并且可能被相关方的数量所影响。有些人基于帕累托准则来选择 KPI 的数量，即总指标的 20%将影响项目的 80%。大卫 · 帕门特称，10/80/10 法则通常被应用于选择 KPI 的数量[2]：

- RI——10
- PI——80

---

① D. Parmenter, *Key Performance Indicators*, Wiley, Hoboken, NJ, 2007, p. 1.
② Ibid, p. 1.

- KPI——10

典型情况下，6~10 个 KPI 是标准的。影响 KPI 数量的因素包括：

- 项目经理使用信息系统的数量。
- 相关方的数量和他们的报告需求。
- 测量信息的能力。
- 收集信息的组织过程资产。
- 测量和收集的成本。
- 仪表板报告的限制。

KPI 的特征

文献中有大量的文章定义了度量指标和 KPI 的特征。作者们都一再使用“SMART”规则作为识别特征的方法。

S——具体的（Specific）：明确的且专注于绩效目标或商业目的

M——可测量的（Measurable）：可定量表述

A——可实现的（Attainable）：目标是合理的且能实现。

R——现实的或相关的（Realistic or Relevant）：KPI 直接与项目所做的工作相关。

T——基于时间（Time Based）：KPI 在一定时间内是可测量的。

SMART 规则最初是为建立有意义的项目目标而开发的，后来才适用于识别度量指标和 KPI。虽然使用 SMART 规则有一些优点，但它应用于 KPI 还存在一些疑问。

KPI 最重要的属性是可操作的。如果度量指标的趋势是不利的，使用者应当知道为纠正这种不利趋势应采取何种必要行动。这是使用 SMART 规则来选择 KPI 的不足。

韦恩・艾尔克森（Wayne Eckerson）制定了一套更复杂的 KPI 特征。相比项目导向的 KPI，这个特征列表更加适用于业务导向的 KPI，但也能适应项目管理的使用。表 5-1 显示了艾尔克森的 12 个特征[①]。

业务或财务度量指标通常是多种因素共同作用的结果，因此它可能很难分离出哪些必须做以实施变更。对于项目导向的 KPI，下面六个特征很可能是足够的[②]。

---

① Ibid., p. 9.

② W. W. Eckerson, *Performance Dashboards: Measuring, Monitoring and Managing Your*

表 5-1 有效 KPI 的 12 个特征

1	一致性：KPI 总是与公司战略和目标保持一致
2	所有性：每个 KPI 都被业务中对其结果负责的个人或群体所拥有
3	预言性：KPI 测量商业价值的驱动因素，因此它们是组织所期望的“领先的”绩效指标
4	可操作：KPI 用定期的可操作的数据进行填充，因此使用者能够在为时已晚之前进行干预以提升绩效
5	数量少：KPI 应该让使用者专注于高价值任务，不要在太多的事情上分散注意力和精力
6	易理解：KPI 应该直截了当和简明易懂，而不是基于让使用者都不知道如何直接下手的复杂指数
7	平衡和链接：KPI 应该彼此平衡和相互加强，不破坏彼此以及局部优化的过程
8	触发变更：测量 KPI 的行动应该在组织中触发积极变更的链式反应，尤其当它由 CEO 在监测时
9	标准化：KPI 是基于标准的定义、规则和计算，所以它们能够在整个组织中跨越仪表板而集成
10	场景驱动：KPI 通过运用目标与临界值，把绩效置身于场景中，让使用者能够随时判断它们的进展
11	强化激励：组织可以通过在 KPI 上附加补偿或激励以扩大 KPI 的影响。然而，这样做要当心，激励只有在充分理解和稳定的 KPI 上才好运用
12	关联性：KPI 会随着时间的推移而逐渐降低影响，因此它们必须定期评审和更新

可预测的：能够预测这种趋势的未来。

可测量的：能够定量表达。

可操作的：触发器变更时就可能采取纠正措施。

相关的：KPI 直接与项目的成败相关。

自动化：报告最小化人为犯错的机会。

数量少：只用必需的数量。

有时 KPI 根据它们的指示意图进行分类，类似于前面章节讨论的度量指标类别：

- 定量 KPI——数值。
- 实践 KPI——与公司流程的接口。

Business, Wiley, Hoboken, NJ, 2006, p. 201.

- 直接 KPI——变好或变差。
- 可操作 KPI——导致变更。
- 财务 KPI——绩效测量。

另一种分类方法是可以是提前或滞后的指标或 KPI：

- 滞后 KPI 测量过去的绩效。
- 提前 KPI 测量未来绩效的驱动。

大多数仪表板对于提前和滞后度量指标都有个妥协。

KPI 失败

有些原因解释了为何在项目中使用 KPI 经常会失败。原因如下：

- 人们相信跟踪 KPI 止于一线经理层。
- 对于不利迹象而采取调整行动超出了执行监测或跟踪的员工的控制范围。
- KPI 与执行监测的员工的行动或工作没有关系。
- KPI 变更的速率太慢，从而使得它们不适合用于管理员工的日常工作。
- 花了太长时间才去采取纠正不利于 KPI 的措施。
- KPI 的测量没有提供足够的意义或数据使得它们有用。
- 公司识别了太多的 KPI，让做测量的人们到了无所适从的地步。

几年前，一些公司使用的度量指标仅仅是那些在 EVMS 中已确认的一部分指标。该度量指标通常只专注于时间和成本，却忽略了相对于项目成功的业务成功相关的度量指标。同样，测量度量指标在每个项目以及项目的每个生命周期阶段中都相同。今天，度量指标可以在项目与项目之间、阶段与阶段之间发生改变。难点很明显在于决定使用哪个度量指标。必须当心的是，无论建立何种度量指标，并没有结束苹果与橘子的比较。幸运的是，在市面上有几本好书①，能帮助我们识别适当的或有意义的度量指标。

---

① Three books that provide examples of metric identification are: P. F. Rad and G. Levin, *Metrics for Project Management*, Management Concepts, Vienna, VA, 2006; M. Schnapper and S. Rollins, *Value-Based Metric for Improving Results*, J. Ross Publishing, Ft. Lauderdale,FL, 2006; D. W. Hubbard, How to Measure Anything, 3rd. ed., Wiley, Hoboken, NJ, 2014.

5.7 仪表板和计分卡

我们试图无纸化项目管理，这是 PM2.0 的一个重要特征，强调要给予视觉显示，如仪表板和计分卡。高管层和客户期望在最少量的空间中做最关键的项目绩效信息的视觉显示。简单的仪表板技术，如交通灯报告，可以传达关键绩效信息。例如：

- 红灯——存在可能影响时间、成本、质量或范围的问题，发起方的参与有必要。
- 黄或琥珀色灯——这是个警告。如果没有监测，也许在将来潜在问题可能存在。发起人被告知，但此时发起人无须采取行动。
- 绿灯——工作按计划在进展。发起人没有参与的必要。

虽然使用三色的交通灯仪表板最常见，不过也有些公司使用更多的颜色。一家零售商的 IT 小组针对 IT 项目使用了八色仪表板。琥珀色意味着目标结束时间已经过去，但项目仍未完成。紫色意味着该工作包正经历变更，并可能对三重制约造成影响。

有些人混淆了仪表板和计分卡。仪表板和计分卡的区别可以参考艾尔克森[①]的观点：

- 仪表板是用于以运营为导向的绩效测量系统的可视化显示机制，使用适当时间的数据来测量相较于目标和临界值的绩效。
- 计分卡是用于以战略为导向的绩效测量系统的可视化显示机制，通过比较相较于目标和临界值的绩效，记录朝向实现战略目的和目标的进展。

无论是仪表板还是计分卡，都是供传递关键信息的绩效测量系统中的可视化显示机制。它们之间的主要区别是仪表板监测操作过程，如那些项目管理中使用的过程，计分卡则记录了战术目标的进展。表 5-2 展示了艾尔克森如何比较仪表板和计分卡的特性[②]。

---

① W. W. Eckerson, *Performance Dashboards: Measuring, Monitoring and Managing Your Business*, Wiley, Hoboken, NJ, 2006, pp. 293, 295.Chapter 12 provides an excellent approach to designing dashboard screens.

② Ibid., p. 13.

表 5-2 仪表板和计分卡的特性比较

特 性	仪 表 板	计 分 卡
目的	测量绩效	记录进展
使用者	主管、专家	高管、经理和员工
更新	适时反馈	定期快照
数据	事件	概括总结
显示	可视化图表、原始数据	可视化图表、注释

仪表板很像汽车面板，让运营专家和他们的主管监控关键业务过程产生的事件。但又不像汽车面板，大多数业务仪表板并不“实时”显示发生的事件，它们在使用者需要查看它们时“适时”显示。这可以是每秒、分、小时、日、周或月，取决于业务流程、波动性，以及业务的关键程度。然而，仪表板的大多数元素以日为基础做更新，对于分与小时为基础的测量会有所延迟。

仪表板通常使用图表和简单的图形，如量尺与计量表，来可视化显示绩效。然而，仪表板图形经常更新，导致图形闪烁或动态变化。具有讽刺意味的是，监测运营过程的人经常发现视觉的浮华分散注意力，并喜欢用原始的形式查看数据，如数字或文字，也许还伴随着可视化图形。

计分卡从另一方面看起来更像用于跟踪实现目标进展的绩效图表。计分卡通常显示汇总数据的每月快照，这些数据主要供业务高管层跟踪战略与长期目标。计分卡或许也显示每日与每周的数据快照给经理层，他们需要记录他们小组或项目在实现目标道路上的进展。这两种情况下，数据被适当地概括总结，以便使用者能一目了然看到他们的绩效状态。

如同仪表板，计分卡也利用图表和可视化图形来直观显示绩效相较于目标的状态、趋势和偏差。越是组织的高层使用者，越是看重对绩效的可视化编码。然而，大多数计分卡也包含（或应该包含）大量的文本注释以解释绩效结果，描述采取的行动，并且预测未来的结果。

归根结底，无论你使用仪表板还是计分卡，重要的是这个工具能帮助你专注于使用者和组织真正紧要的事情。无论是仪表板还是计分卡，都需要在单个屏幕上显示关键的绩效信息，以便使用者能够一目了然地监测结果。

尽管术语交替使用，但大多数项目经理更喜欢使用仪表板和/或仪表板报告。艾尔克森定义了如表 5-3 所示的三种类型的仪表板，描述如下①。

① Ibid., pp. 17–18.

表 5-3 绩效仪表板的三种类型

项 目	运 营 型	战 术 型	战 略 型
目的	监测运营	测量进展	执行战略
使用者	主管、专家	经理、分析师	高管层、经理、员工
范围	运营	部门级	企业级
信息	具体	具体/概要	具体/概要
更新	当天	每日/每周	每月/每季
重点	监测	分析	管理

运营型仪表板监测核心的操作运营过程，主要供一线员工和他们的主管使用，他们直接与客户打交道，或者管理组织产品与服务的创造或交付。运营型仪表板主要提供仅被轻度概括的详细信息。例如，一家在线网络商户可以在产品层级而非客户层级跟踪交易。此外，大多数运营型仪表板的度量指标在当天之内更新，具体是分还是小时取决于应用要求。作为结果，运营型仪表板的重点在于监测，而非分析和管理。

战术型仪表板跟踪部门级流程和项目，体现一部分组织或一组有限人群的利益。经理和分析师使用战术型仪表板，与预算计划、预测或最新一期的结果相比较，来看他们所在领域或项目的绩效。例如，一个减少客户数据库错误数量的项目可以使用战术型仪表板来显示、监测和分析在过去 12 个月内的进展，以期在 2007 年实现 99.9%的客户数据无缺陷率。

战略型仪表板监测战略目标的实施，虽然全面质量管理、六西格玛以及其他方法论都被使用，但我们最频繁使用的还是平衡计分卡。战略型仪表板的目标是保持组织围绕战略目标的一致性，并使得每个群体保持同一前进方向。为此，组织推出定制化的计分卡到组织的每个群体，并且有时会落到每位个体。这些“瀑落”式计分卡通常每周或每月更新，给予高管层强有力的工具来沟通战略，获得可视化运营，识别绩效和商业价值的关键驱动因素。战略型仪表板的重点在于管理，而非监测和分析。

使用仪表板时有三个关键的步骤必须加以考虑：仪表板的目标受众，使用仪表板的类型，以及数据将被更新的频率。一些项目仪表板专注于作为挣值测量一部分的 KPI。与公司财务健康有关的仪表板可以每周或每季更新。

5.8 商业智能

公司使用商业智能（BI）的概念已经超过了 20 年。近年来，商业智能应用已经被战略智能（Strategic Intelligence，SI）应用所取代，后者受到更多有意义的度量指标和更多的 PM2.0 的原则所支持。这两种应用围绕监测和监视业务度量指标而设计。参考 Corine Cohen①的观点：

通常的监测领域涵盖了观察、扫描、情报、竞争情报、警戒、商业智能、经济情报、经济和战略等概念。

SI 在这里被定义为研究、收集、信息处理和分配对战略管理有用的知识的一套正式流程。除了信息功能，SI 的主要目的是预测环境威胁和机会（预期功能），帮助战略决策和提升组织的竞争力和绩效。它需要组织网络结构和人力技术和财务资源。

战略观测和 SI 之间的区别必须明确。SI 超越了战略观测是由于它的积极主动和对战略决策流程的深度参与。观察可以（必须）表明一个检测到的事件的影响。然而，当它产生建议并给接收方提供指示时（尤其当这些建议或指示获得实现时），它将成为智能。

BI 和 SI 应用告诉我们试图去监测和控制项目的方式必须改变。在项目管理环境中，BI 可以由度量指标所代表，而 SI 可以由 KPI 所代表。KPI 是“战略的”度量指标，能提供给我们做明智决策所需的关键信息。BI 度量指标只是简单的监测指标，而 SI 度量指标，或 KPI，提供了将来而不仅仅是现在的信息，并且指示了可能需要的变更。既然项目经理今天和未来将成为更加以业务为导向的管理者，度量指标与 BI 和 SI 之间的关系将变得更加重要。

我们需要多少仪表板？

5.9 仪表板信息系统的增长

也许每位项目经理对 PM2.0 最大的恐惧是相关方可能要求度量指标库中所有的度量指标都要显示在仪表板屏幕上。库里面有 50~100 个度量指标，就可能造成“信息共享头痛症”。

① C. Cohen, *Business Intelligence*, Wiley, Hoboken, NJ, and ISTE Publishers, Washington, DC, 2009, p. xiii.

正如将在后面章节所讨论的，项目管理不再由一个单一发起人来处理。我们如今有治理委员会，每个治理委员会拥有 10 名或更多的成员。每位委员会成员可能根据他的利益，要求在他的仪表板上有不同的度量指标。他们需要向他们的上级报告信息，而且他们也必须做出决策。

项目中可以有三种信息系统：

- 一种是为项目经理的。
- 一种是为项目经理的母公司的。
- 一种（或者更多）是为相关方、治理委员会及客户的。

这些信息系统中的每个都可能有不同的度量指标和 KPI 集合。重要的是避免“度量指标狂热”，它相信所有度量指标都需要显示。如果有可能，项目经理应该试图限制创建仪表板的数量。

5.10　选择信息图表设计师

度量指标、KPI、仪表板和商业智能应用的重要性增加毋庸置疑。遗憾的是，结果往往变成信息过载，尤其是仪表板报告系统。今天，我们趋于增加超出我们所需的艺术性，这种趋势导致一个新术语：信息图表（Infographics）。信息图表的增加会导致一些问题：

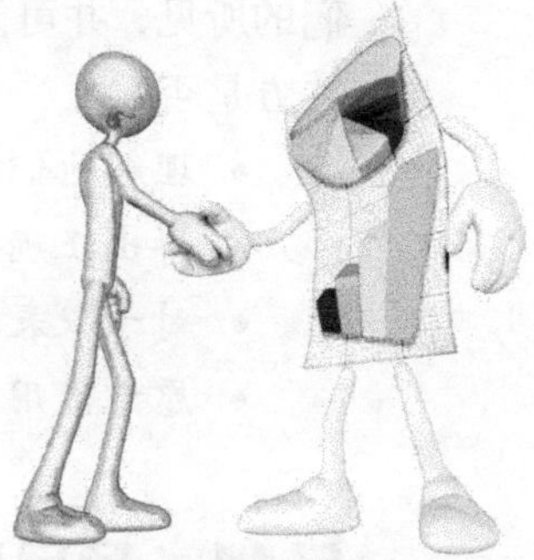

什么是选择正确的信息图表设计师的标准？

- 过于关注设计、色彩、图像和文字，而非所展示的信息的质量。
- 信息质量的下降使得相关方难以正确地使用数据。
- 太多漂亮的图形可能引起误导并难以理解。
- 仪表板从项目管理绩效工具转变为营销/销售工具。
- 一些图形艺术家不了解或利用信息可视化的最佳实践。
- 一些仪表板设计师使用大量绚丽效果，妨碍了清晰的沟通，并聚焦于也许是错误的目标上。
- 一些设计师根本就不理解正确地设计项目仪表板需要多少时间。

对于我们所选择的度量指标，以及它们将如何使用，我们必须有更好的和更清晰的展现。不是所有图形设计师都胜任做项目仪表板设计。项目仪表板设计师选择的典型标准是，他们必须对以下内容有所理解：

- 项目管理基本知识。
- 仪表板的受众。
- 数据的目的。
- 观众如何使用数据。
- 数据将如何以及多久更新。
- 数据显示周围的安全性。

当从仪表板度量指标上能显而易见地判断项目的状态时，仪表板便成功实现。仪表板设计师必须了解：

- 数据的可视化必须以易懂的方式出现。
- 首要的关注点在于数据是明智决策的需要，而非显示的需要。
- 仪表板的观众必须能够快速识别那些需要立刻注意的事项。
- 如果仪表板观众需要在仪表板上翻屏或不断改变屏幕，那么仪表板的整体目的就没有达到。

无论是多好的仪表板设计师，都必须理解一个仪表板的新观众可能曲解他们的所见，并可能得出错误的结论。有些公司设立仪表板试点运行，以验证相关方是否：

- 理解他们所见到的。
- 得出正确的结论。
- 对于仪表板概念具有信任。
- 愿意使用该信息做决策。

5.11 项目健康检查度量指标

项目看上去进展很快，直至完成了 60%~70%。在这段时间里，每个人鼓掌相庆项目工作按计划进展。然后，也许没有警告，真相便显现出来。可能由于显著的范围蔓延，我们发现项目已陷入麻烦中。这种情况的发生是由于：

- 我们不相信正确使用项目度量指标的价值。
- 选择了错误的度量指标。
- 我们害怕项目健康检查可能揭示什么。

一些项目经理对于项目度量指标和数字具有难以置信的迷恋，认为度量指标是决定状态的圣杯。这在 PM1.0 和 PM2.0 中都是真实的。PM1.0 的大多数项目看上去聚焦于两个度量指标：时间和成本。这些是所有的 EVMS 中的主要度量指标。虽然这两个指标“可能”对于你的当前状况给予合理的描述，但是使用这两个度量指标对于将来的预测是“灰色”区域，并且可能不会指出将来的问题区域，而这个问题区域可能妨碍项目成功地按时完成。另一个极端是我们的管理者对于度量指标没有信任，因此专注于愿景、战略、领导力和祈祷。与其单独依靠度量指标，不如采取最简单的解决方案，如对项目进行定期的健康检查。这样做，有四个关键问题必须解决：

- 谁将实施健康检查？
- 受访者在他们的回答中诚实吗？
- 我们需要看比当前正在使用的还要更多的度量指标吗？
- 管理层和相关方将对真相过度反应吗？

以前未知的或隐藏的问题浮出水面可能导致失业、降职或项目取消。然而项目的健康检查为采取早期纠正措施以挽救潜在的失败项目提供了最大的机会。健康检查还可以发现未来的机会。

人们倾向于把审计和健康检查作为同义词。二者都是为确保成功的、可重复的项目成果而设计的，都必须在项目中加以实施，无论是看上去朝着成功前进的项目，还是走向命中注定的失败的项目。无论是成功还是失败，都可以从中发现经验教训与最佳实践。同时，对在某一刻看上去成功的项目进行具体分析，也许会带来浮出水面的问题，显示出该项目其实已陷入麻烦中。

仅仅因为项目按时和/或在分配的预算内并不能保证成功。最终的结果可能是交付成果的质量低下，因此客户不能接受。除了时间和成本，项目健康检查的重点在于质量、资源、收益和需求，这些还只是其中一部分。项目未来成功的真正测量着眼于项目完成时客户所看到的价值。健康检查因此必须以价值为中心。审计则有所不同，通常并不注重价值。

健康检查可以作为一个持续的工具，在不同的生命周期阶段中按需要随机实施或者定期实施。然而，特定的情况表明健康检查应该迅速完成。这包括：

- 显著的范围蔓延。
- 成本上升，伴随价值和收益的恶化。
- 进度延误到不能纠正。
- 错过了交付成果的最后期限。
- 士气低落，伴随关键项目人员的变化。

定期的健康检查如果做得正确，将消除含糊其词，从而使得真实的状态能被确定。健康检查的好处包括：

- 确定项目现状。
- 尽早识别问题，以便有足够的时间来采取纠正措施。
- 识别支持成功结果的 CSF，或者会阻碍成功交付的关键问题。
- 识别能够在未来项目中使用的经验教训、最佳实践及 CSF。
- 评估合规性和 EPM 方法论的改进。
- 识别哪些活动可能需要或有益于额外的资源。
- 识别当前和未来的风险以及可能的风险减轻策略。
- 确定项目完成时是否存在收益或价值。
- 确定是否需要采取"安乐死"方法，让项目从痛苦中解脱。
- 开发或推荐修复计划。

存在对于项目健康检查的误解。其中一些是：

- 做项目健康检查的人不了解项目或企业文化，因此是浪费时间。
- 健康检查太花成本，超过了我们做它所得到的价值。
- 健康检查在访谈中束缚住了关键资源。
- 等到健康检查结果出来，要么再做出变更已经太迟，要么项目的性质已经发生改变。

公司面临的一项挑战是健康检查应该是由内部人员还是由外部顾问来实施。使用内部人员的风险是他们可能出于对项目团队中的人员的忠诚或关系，而有可能不能完全诚实地确定项目的状态或者谁有过错。使用外部顾问或者引导师通常是更好的选择。外部引导师能把以下内容摆上桌面：

- 曾用于其他公司和类似项目的各种表格、指南、模板与核对单。
- 对于公平与保密的承诺。
- 只专注于事实，并希望摆脱政治。
- 人们可以畅所欲言和发泄个人感情的环境。
- 相对于其他日常事务更加自由的环境

项目健康检查有三个生命周期阶段：

- 评审商业论证和项目历史。
- 研究和发现事实。
- 准备健康检查报告。

评审商业论证和项目历史可能需要健康检查负责人访问产权知识与财务信息。该负责人可能需要在被允许实施健康检查之前签署保密协议和竞业禁止条款。

在研究和发现阶段，负责人准备一份需要回答的问题清单。清单可以根据《PMBOK®指南》过程组或者知识领域而制备。问题可以来自顾问公司的知识库，可能以模板、指南、核对单或表格的形式出现。问题可以根据项目不同与行业不同而改变。

一些必须调查的关键的领域是：

- 相较于基准的绩效。
- 满足预测的能力。
- 收益与价值分析。
- 治理。
- 相关方参与。
- 风险减轻。
- 应急规划。

如果健康检查需要一对一的访谈，受访者对于项目的状态会有不同的解释和结论，健康检查的负责人必须能够从受访者那里提取出事实真相。有些人很诚实，而其他一些人要么说他们认为访谈者想听的话，要么歪曲事实作为自我保护的手段。

最后阶段是准备报告。这包括：

- 问题清单。
- 根本原因分析，可能包括识别引起问题的个人。
- 差距分析。
- 采取纠正措施的机会。
- 一份改进或修复计划。

项目健康检查不是“老大在看着你”的活动。相反，它是项目监督的一部分。没有这些健康检查，项目失败的机会将显著增加。项目健康检查也向我们提供了如何保持风险受控的见解。实施健康检查并采取早期纠正措施当然比管理一个令人苦恼的项目要好很多。

在 PM2.0 中，我们试图确定一组核心度量指标，可用于测量项目进展中的健康度。表 5-4 显示了目前在使用的六个核心度量指标。

表 5-4　核心度量指标

度量指标	测　量
时间	进度绩效指数
成本	成本绩效指数

续表

度量指标	测　量
资源	与计划相比的员工质量或薪酬等级和实际人数
范围（或范围蔓延）	范围变更请求批准、否决和未决的数量
质量	相较于用户验收标准的缺陷数量
行动事项	仍处于开放状态的行动事项

然而，根据项目的复杂性，这六个核心度量指标可能不够，我们可能需要额外的度量指标，例如：

- 可交付成果（进展中）——延误与按时。
- 可交付成果（已完成）——接受与拒绝。
- 管理储备——可用数量与已使用数量。
- 风险——在每个度量指标类型中风险的数量。
- 行动事项——在每个核心类型中的行动事项数量。
- 过期行动事项——超过 1 个月、2 个月、3 个月的行动事项的数量。

一个离散的度量指标并不经常提供项目健康的清晰图景。连续的数据才能说明趋势或识别真正的问题。

5.12 维持项目方向

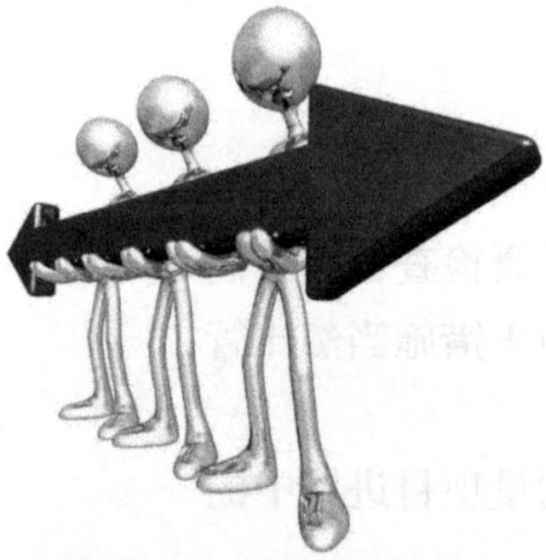

相关方会一直同意项目的方向吗？

度量指标可以告诉我们项目正朝着在项目启动时建立的商定好的方向前进。遗憾的是，能够达成这种协议只是在项目得以开始时。在出发之后，有些相关方可能试图改变方向。高级经理、客户和相关方通常可能有关于项目的隐藏议程。即使他们可能在最初的方向达成一致，一旦项目开始，他们可能就试图改变项目的方向。并非所有相关方都希望项目成功。有些相关方可能把项目的成功完成视为削减他们的帝国规模，损失未来的权力和权威，或者对他们的年终奖有负面影响的事情。

随着项目变得更大和更复杂，存在更大的范围变更风险，有可能导致范围、时间和成本基准的修改。具有决策权的人可能视此为机会窗口，可以根据他们自己的个人欲望来改变项目的方向。有些其他因素会使得项目方向很难维持。其中的一些是：

- 事业环境因素的变化。
- 治理委员会成员的高周转。
- 最有影响的财务相关方的个人欲望。
- 最有影响力的相关方撤资的威胁。
- 东道国的政治不稳定。
- 选举产生的新的领导人没有就项目方向达成一致。
- 政治干预。
- 劳动力短缺和工会谈判的影响。
- 某些关键供应商的财务偿付能力。
- 采购政策的变化。
- 政府法规的变化。
- 没有针对变化的合适的熟练劳动力。

决策制定者往往不了解项目中的变更的影响。对于 PM2.0，理想的情况是针对所有治理相关方举办一次短期课程。然而，要让他们参加可能只是一厢情愿的想法。

5.13　度量指标和虚拟团队

历史上看，项目管理处于一个面对面的环境，团队会议涉及的所有成员一起聚集在一间屋子里，团队本身可能都是集中办公的。如今，由于项目的规模和复杂性，不可能让所有的团队成员都置身于一个屋檐下。团队成员可以位于世界上任何地方，项目使用虚拟团队的方式加以管理。

当使用虚拟团队时，度量指标的重要性如何？

在虚拟团队中，项目经理可能从来就没有面对面见到过团队中的许多成员，因此必须依靠有效的沟通技能来创建一个有凝聚力的团队。沟通管理在使用虚拟团队时很可能就成为最重要的技能。度量指标随之也成为非常重要的沟通工具。

文化和技术可以对虚拟团队的绩效产生重大影响。文化的重要性不能被低估。杜拉特（Duarte）和辛德尔（Snyder）确定了关于在虚拟团队中的文化影响需要记住的四个重点①：

- 存在民族文化、组织文化、职能文化和团队文化。懂得如何利用文化差异来创造协同，这是虚拟团队竞争优势的来源。团队领导和成员对文化差异的理解和敏感，相比于那些思想和行动类似的同质化团队的成员，可以创造出更好的结果。文化差异如果被团队理解和以积极的方式运用，就能够创造出独特的优势。
- 理解和运用文化差异的最重要方面是创建团队文化，使得问题能够浮出水面，并在建设性和尊重的态度中加以讨论。
- 有必要区分文化差异所造成的问题和基于绩效的问题。
- 商业惯例和商业伦理在世界各地有所不同。虚拟团队需要清晰地表达这些方法，让每位成员理解并遵守。

当与集中办公的团队或人员一起面对面工作时，我们往往在度量指标上忽视文化的影响。然而，随着虚拟团队文化的考虑变得重要，某些颜色可能具有政治和宗教上的后果，我们也可能不知道他们是否正确解释了数据。有时，我们甚至不知道是否有虚拟团队成员以外的人将评审度量指标数据。如果没有这些知识，在考虑仪表板上包含哪些专有信息时就要特别当心。

5.14 度量指标狂热症

我们能阻止“度量指标狂热症”吗？

度量指标狂热症就像一种疾病。它的病征是有人如此迷恋度量指标，他们努力创建尽可能多的度量指标，即使大多数度量指标可能没有实用或信息价值。另一种形式的度量指标狂热症发生在信息图表设计师身上，他们更多地迷恋各种色彩、图像和炫目效果，而忽视了需要表达的信息的质量。

也许控制度量指标狂热症的最好办法是通过PMO。有些公司正在考虑在PMO中设立一位头衔为首席绩效官的人员。此人将控制所有使用的度量指标的质量和价值，以及它们是否应该成为永久度量指标

① D. L. Duarte and N. T. Snyder, *Managing Virtual Teams*, Jossey-Bass, San Francisco, CA, an imprint of John Wiley & Sons, New York,2001, p.70. Reprinted by permission of John Wiley & Sons.

库中的一部分。

最难控制的度量指标狂热症的形式是相关方或客户度量指标狂热症。正如本章前面所述，公司要创建度量指标库。在项目开始时，我们与相关方一起定义项目的成功，然后察看库中的哪些度量指标对测量成功有价值。相关方度量指标狂热症意味着即使每个相关方只需要使用几个仪表板，相关方都想要库中所有的度量指标都显示在这几个仪表板屏幕上。且无论维护多个仪表板的成本，信息过载到了这种地步，相关方可能无法识别哪些信息对于明智决策才是关键的。

5.15　度量指标培训会议

无论组织在项目管理中知识如何丰富，度量指标管理中的培训计划也应当被采纳。没有培训，人们就不能区分度量指标的好坏，最终只能从自己的错误而非别人的错误中吸取教训。组织有可能最终采用了坏的度量指标而提供没有意义的信息，并且疏远了相关方，使得对于度量指标管理的支持可能脱离轨道。在大多数人都认为他们对于度量指标有很好的理解时，事实往往恰恰相反。

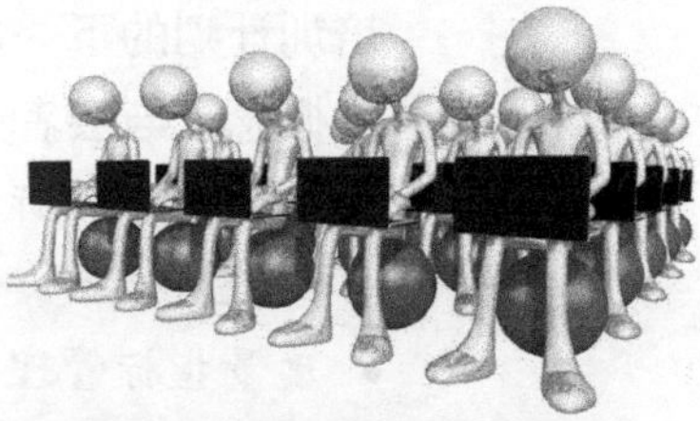

有效的项目管理需要哪些教育？

有效的度量指标管理培训计划所做的不仅仅是教人度量指标，还讨论培养度量指标文化的重要性，并开始识别高级管理层支持的需要。在培训的开始，可能需要包括以下事项：

- 一些高管不愿意承担度量指标管理系统的所有权，因为如果度量指标报告系统没有被员工接受或者没有提供有意义信息的话，他们担心会被同事看不起。获得高管的支持是必要的。
- 高管层不愿支持度量指标管理系统，因为看上去对于高管层的绩效支付会影响他们的奖金和升职机会。高管层于是可能只鼓励使用那些使他们看上去不错的度量指标。
- 必须对度量指标管理计划抱有制度化的信念。
- 该信念必须得到高管层的明确支持。
- 度量指标必须被高管层和经理们用于做明智决策。
- 度量指标必须与公司目标和项目目标都保持一致。

- 人们必须心态开放并乐于接受变化。
- 组织必须认可绩效改进。
- 组织必须愿意支持识别、收集、测量和报告度量指标。
- 组织必须理解有效的度量指标管理基于员工的参与，而非通过购买软件或雇用咨询顾问。
- 高管层必须确保他们不会在无意中破坏度量指标管理的实施。
- 高管层必须愿意看到或改变不好的习惯，这习惯可以使用度量指标管理来纠正。
- 度量指标管理的实施必须聚焦于最需要改进的部分。
- 如果数据不可靠，度量指标管理的实施可能失败。
- 然而，由于人为失误，期待100%的可靠性可能不切实际。

培训计划的下一部分是强调在识别、测量、跟踪和报告度量指标信息背后的核心概念。与会者必须了解：

- 识别度量指标需要"数据挖掘"，并且发现的信息必须以容易理解的格式进行显示。
- 度量指标管理的目的不仅是提供信息，也是鼓励发现持续改进机会。

人们必须明白为每个项目创建一组完美的度量指标是不可能的。错误会在最初时犯下，获得每个人包括相关方的参与比寻找完美更为重要。

5.16 度量指标负责人

我们能区分度量指标的好坏吗？

在度量指标管理上的自满会导致糟糕的结果。一旦一个项目完成了，员工往往忘记他们使用的度量指标，以及这些度量指标是否可以改进。其结果是在度量指标方面缺乏持续改进。区分度量指标的好坏并不容易。人们可能并不知道他们在使用错误的度量指标，或者还存在更好的度量指标技术。

如今的公司正在创建一个称为度量指标负责人的岗位。大多数时候，度量指标负责人已经参加了度量指标管理课程培训，并且以志愿者的形式作为度量指标负责人。这个人要对给定的度量指标的持续改进负责，这可以通过寻找更好的方式以测量该度量指标，报告绩效并在项目仪表板上显示该度量指标来达成。企业度量指标负责人应该：

- 理解公司文化。
- 受到员工的尊敬。
- 能够增强对度量管理的支持。
- 知道如何克服阻力。

度量指标负责人通常是职能部门的员工，对度量指标的更新向 PMO 做虚线汇报，并定期参加度量指标的再评估。

5.17 回答度量指标问题

有些人错误地相信一个有效的度量指标管理计划将减少项目团队必须解决的一堆问题。长远来看，问题会越来越少。但在短期内，会明显面临更多的问题，这是由于：

度量指标管理需要我们回答一堆问题吗？

Copyright © Scott Maxwell/LuMaxArt/Shutterstock

- 项目变得更加复杂，需要更多的信息。
- 项目治理如今是委员会治理，每个委员会成员可能有不同的信息需求。
- 并非所有的治理委员会成员都理解度量指标管理。
- 并非所有的治理委员会成员都理解项目管理。
- 治理委员会成员可能带来他们隐藏的议程，需要回答与度量指标信息无关的问题。
- 项目团队必须验证仪表板的所有初次观众都理解了他们的所见。
- 由于项目工期更长，事业环境因素的变化、假设条件的变化以及识别新的制约因素的风险将导致更多的问题。
- 从 PM1.0 到 PM2.0 的变化将必然产生额外的问题。
- 新的度量指标管理系统的内部使用者将有额外的问题。

随着人们熟悉 PM2.0 并使用更多度量指标，问题的数量将很可能下降。但是短期内，或许项目经理超过 90%的时间将花在沟通上。

讨论题

以下讨论题供课堂使用，用以激发小组对PM2.0的思考。大多数问题的答案不存在对错之分。

1．企业资源计划与项目人员计划有何不同？

2．度量指标和KPI之间的区别是什么？

3．项目与项目之间KPI的定义会发生变化吗？

4．谁最后决定什么度量指标将显示在仪表板中？

5．谁应该被分配为度量指标负责人？

6．实施健康检查需要使用度量指标或KPI吗？

7．谁应该成为回答关于项目度量指标问题的首要来源？

8．测量技术和价值之间是否存在关系？

9．与虚拟团队沟通需要使用度量指标、KPI或二者兼有吗？

10．度量指标狂热症能被控制吗？如果可以的话，应怎么做？

第 6 章

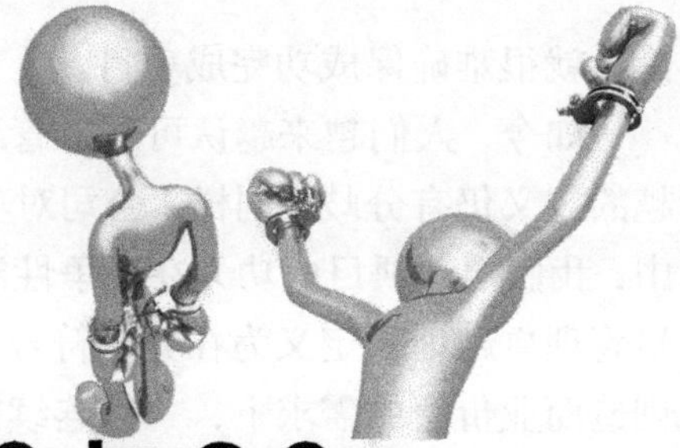

项目管理方法论：1.0 与 2.0

6.0 简介

良好的方法论的重要性不容小视。它不仅可以提高项目执行时的绩效，还能建立良好的客户关系和客户信心。良好的方法论对于 PM2.0 是必需品，也将导致采用唯一来源和单一来源采购合同。

创建一套实际可行的项目管理方法论并非易事。公司最常犯的错误是为每类项目建立不同的方法论。其次是没有对项目管理方法论和项目管理工具进行单独开发，尤其当两者的开发工作是串联进行的时候。分别对项目管理方法论和工具进行开发有四大好处：第一，减少在项目实施过程中发生的范围变更。第二，这种开发方式能将对日常业务运营的干扰最小化。第三，如果度量指标使用得当，方法论可以不断产生出切实有效的成果。第四，方法论所包含的退出关口或退出匝道，能够中止表现不佳的项目或对其做重新定向。

PM1.0 中刚性的方法论使得项目经理很难为特定客户定制方法论，PM2.0 则允许项目经理在如何运用方法论上发挥更大的自由。这样的灵活性并不会妨碍方法论为满足项目需求提供指导。

6.1 PM 2.0 对项目管理卓越的定义

项目管理卓越往往被视为项目成功的原动力。如果脱离了项目管理方法论，就很难确保成功完成项目。

如今，人们越来越认可项目管理方法论的必要性。然而，对于项目管理卓越的定义仍有分歧。同样，公司对项目成功的定义也各不相同。在前面的章节中，我们定义项目成功为在竞争性制约因素下创造商业价值。在PM2.0中，项目管理卓越则被定义为在完全符合竞争性制约因素，并满足所有内外部相关方创造商业价值的需求下，一组连续的成功管理的项目流。

6.2 方法论的必要性

如果只是简单地遵循项目管理方法论，并不能确保项目成功和项目管理卓越。对系统的持续改进需求才是关键。外因对公司项目管理方法论的成败有极大影响。当今的商业形势变幻莫测，未来亦是如此。过去的20多年中，技术的快速变化驱使项目管理也不断做出变化，而且这种趋势还将继续下去。另外，消费者和客户会愈加精明，成本和质量控制实际上已成为各行业面临的共同问题。其他外部因素还包括快速兼并和收购，以及实时沟通的需求。

项目管理方法论是个有机过程，需要与组织一道为应对风云变幻的商业环境而改变。这就要求各级管理人员顺应变化，拓宽视野，并同组织的其他业务系统一道开发并运用项目管理系统。

如今，公司都以项目形式管理业务。实际上，无论是项目驱动型组织还是非项目驱动型组织，组织内的所有活动都可被视为某种项目。因此，管理良好的公司将项目管理方法论视为一种管理整体业务的方法，而非仅仅管理项目的方法。项目管理流程和业务流程会被整合，因此项目经理将被视为某块业务的经理，而不仅仅是项目经理。

并非每家公司都适合开发标准化项目管理方法论。对于专注于小型或者短期项目的公司，标准化的项目管理方法论也许并不符合成本效益或者成本控制。但对于专注于大型或者长期项目的公司而言，开发一套可行的项目管理系统是必要的。

例如，一家生产家用灯具的公司有几个开发原型项目在同时进行。当他们决定对这几个项目进行系统性管理时，却发现公司现有的管理方法过于复杂。公司使用的是基于项目类型的并行开发方法论，这就给员工造成了十分尴尬的局面，他们不得不对每个项目套用不同的方法论。后来，公司决定创建一套全面而通用的方法论，以适用于所有类型的项目。新的方法论极具灵活性。该公司一位发言人称：

> 我们特意设计不把项目管理方法与特定的系统开发方法论相关联。我们认为使用一套（标准的）通用项目管理方法论，要比根据项目类型选择该用哪一套特定的项目管理方法论更好。现在我们已经着手为本组织开发一套指导性的系统开发方法论。到目前为止，我们已经概括了项目成功的先决条件，罗列如下：
>
> - 一套完善的方法论。
> - 一个明确的目标集。
> - 良好理解的项目期望。
> - 详尽的问题定义。

在 20 世纪 80 年代末，兼并的狂潮席卷了银行业。规模效益带来了成本的降低，但同时竞争愈加激烈。银行业意识到采用项目管理的方式对银行间的兼并与收购进行管理的重要性。因为企业文化越快融合，对于效益的冲击就越小。这使对于优秀方法论的需求变得越加明显。一家银行的发言人称：

这套方法论的意图在于使得从提案，到优先级排序，再到审批，包括最后实施，这一整套项目管理的流程变得更有效。这套方法论并非为类似于系统开发或者硬件组装那样的特定项目类型或项目级别而定制。相反地，这套方法论用一种常识性的方式帮助对工作进行优先级排序并成功实施。

1996 年，一家银行的信息服务部（Information Services，IS）成立了一个 IS 流程再造团队，专门负责开发和部署与项目管理和系统开发相关的流程和工具。IS 流程再造团队的使命是改进 IS 项目的绩效，从而提高生产力、生命周期时间、质量以及客户满意度。

该银行的一位发言人透露，其原来的流程如下：

首先审查该银行当前和先前采用的方法论的信息，所有以往工作中的最佳实践都被纳入文档中。无论对于何种项目，项目方法论的阶段划分几乎都遵循标准模式。所有项目按照相同的步骤，根据项目的复杂性、规模和类型，严格遵照与之对应的方法论执行。这套方法论强调的是通过项目控制，以及可交付成果与控制之间的关联达成目标。

为了确定以往项目管理方法论存在的弱点，IS 流程再造团队实施了各种焦点小组会议。这些焦点小组会议的结论如下：

- 缺少管理承诺。
- 缺乏反馈机制，导致项目经理无法确定是否需要对方法论进行更新或者修订。

- 组织没有适合采用的方法论。
- 缺乏针对项目经理的方法论培训课程。
- 缺乏对方法论实施进展做持续与定期的沟通。
- 缺乏对项目管理工具和技术的专注。

基于这些反馈，IS 流程再造团队成功开发并部署了项目管理和系统开发方法论。该银行出色地创建了一套方法论，这套方法论反映的并不是政策或者程序，而是能适用于银行所有项目的行动指南。

虽然这些案例都发生在 PM 1.0 的环境中，不过我们认识到在 PM2.0 的环境下应该继续做得更多。

6.3 企业级方法论的需求

如今，大多数企业似乎已经认识到需要拥有一个或多个项目管理方法论，但是创建错误方法论或误用方法论的情况仍时有发生。很多时候，公司在对自身需求还一无所知的情况下，就直冲去开发或者购买方法论，而原因只是发现他们的竞争对手有一套方法论。杰森·查瓦特（Jason Charvat）[①]指出：

将使用项目管理方法论作为一种商业战略，能帮助公司为组织最大化实现项目价值。方法论必须根据公司发展重心或方向的变化而发展和微调。对组织的整体流程按照销售和营销、产品设计、规划、部署、招聘、财务以及运营支持的结构进行重组，这俨然已经成了一种思维模式。虽然这种做法对很多组织来说是对企业文化的完全颠覆，但是如果一个组织的方法论没有跟着行业和公司的变化而改变，那他们将失去商机。

如同上一节中银行的例子那样，PM1.0 中的方法论往往建立在刚性的政策和程序上。项目经理就如同被方法论戴上了枷锁，不得分毫偏离政策和程序。个中缘由，简言之，就是高管层不信任项目经理也能做出正确决策，而使用严格的方法论作为控制的手段。PM2.0 的方法论则是一套能应用在特定项目或环境中的表格、指南、模板和核对单。客户总是希望承包商的方法论能够灵活地适应自己的商业模式。如果方法论不具备这样的灵活性，就无法像客户预期那样实现价值最大化。PM2.0 方法论则为项目经理卸下了枷锁，允许他们根据客户商业模式或者需求灵活地选择最匹配的表格、指南、模板和核对单。

---

① J. Charvat, *Project Management Methodologies*, Wiley, Hoboken, NJ, 2003, p. 2.

然而，即便给方法论赋予了灵活性，仍无法保证方法论能够适用于企业中所有项目。虽然一些公司成功推行了单一方法论，但是仍有很多公司保留了多个方法论。除非项目经理能够根据自己的需要剪裁企业项目管理方法论，否则多个方法论还是必要的。

好心却做了坏事可能有许多原因。在高管层面，方法论也会面临失败，原因是高管们不能很好地理解方法论，或误以为方法论是：

- 速战速决的方法。
- 万灵药。
- 临时解决方案。
- 成功项目操作指南①。

在执行层面，如果方法论有以下问题，可能也导致失败：

- 方法论过于抽象或宏观。
- 没有对方法论做足够的描述。
- 不实用或者未针对关键领域。
- 忽视行业标准和最佳实践。
- 看起来令人印象深刻，但缺乏与业务的真正整合。
- 使用非标准的项目约定和专业术语。
- 争夺共有资源而不去解决问题。
- 没有任何绩效度量指标。
- 官僚主义和繁复的行政体系导致耗时过长②。

为项目选择使用何种方法论实非易事，要考虑很多因素，例如：

- 本公司的整体战略——我们公司的竞争力如何？
- 项目团队与/或项目范围的规模。
- 该项目的优先级。
- 该项目对于公司的关键性。
- 该方法论及其组件的灵活性③。

项目管理方法论是围绕着公司项目管理成熟度水平和企业文化创建的。如果公司在项目管理上相当成熟，并且具有促进协作、有效沟通、团队合作、特别是相互信任的企业文化，那么就能够基于表格、指南、模板和核对单创建高

① J. Charvat, *Project Management Methodologies*, Wiley, Hoboken, NJ, 2003, p. 2.
② Ibid., p. 5.
③ Ibid., p. 66.

度灵活的方法论。信任是 PM2.0 的主要特点，这给予项目经理根据特定客户的需求从方法论中自主挑选合适组件的权力。之所以有些组织不具备上述特点，是因为他们很大程度上依赖于由刚性的政策和程序所构成的方法论。这不仅导致大量文书工作，还导致成本增加，同时也使得项目经理无法依据客户需求灵活运用方法论。

杰森·查瓦特将这两种方法论类型称为轻型方法论和重型方法论[①]。

轻型方法论

不断增加的技术复杂度、项目延迟和客户不断变更的需求，给方法论开发领域带来了一场小革命。于是一套全新的方法论横空出世。它具有敏捷性和适应性，并且能顾及客户的方方面面。很多“重量级”方法论抗拒引荐这些“轻量级”或者“敏捷”的方法论（富勒，2001[②]）。有别于“重量级”方法论，这些“轻量级”或“敏捷”的方法论采用一种非正式的沟通方式。“轻量级”项目只有很少的一些规则、实践和文档。项目在与客户面对面的讨论、会议和信息交流的过程中就完成了设计和构建。在“轻量级”与“重量级”方法论的使用过程中，最显著的区别在于：在“轻量级”方法论中，文档导向非常少见，它通常强调的是更少量的项目文档。

重型方法论

传统的项目管理方法论[如系统开发生命周期法（SDLC）]往往被戴上官僚主义或“预测”的帽子，被认为是许多失败项目的罪魁祸首。这些方法论逐渐被冷落。重型方法论在设计、开发、部署的每步都大费周章而进展缓慢——最终一事无成。项目经理试图预测每个项目里程碑，因为他们希望洞察每处技术细节（如软件代码或者工程细节）。因此项目经理开始要求提供各种各样的规格说明书、计划、报告、检查点和进度计划。重型方法论试图制订一个时间跨度长又事无巨细的庞大项目计划。只要不出现变更，一切都将顺利进行，所以项目经理对变更有着本能的抗拒。

企业级项目管理方法论能够在提供某种程度的标准化和一致性的同时，强化项目规划过程。公司已经意识到当 EPM 方法论是基于模板而不是刚性的政策和程序时最有效。国际学习集团（IIL）已经根据《PMBOK®指南》（第 5 版）

---

① J. Charvat, *Project Management Methodologies*, Wiley, Hoboken, NJ, 2003, pp. 102–104.
② M.Fowler,*TheNewMethodology,ThoughtWorks*,2001,available:www.martinfowler.com/articles.

的知识领域创建了一套带有分类模板的统一项目管理方法论（UPMM™）①。

沟通：

项目章程

项目过程文档

项目变更请求日志

项目状态报告

项目管理质量保证报告

采购管理概要

项目问题日志

项目管理计划

项目绩效报告

成本：

项目进度计划

风险应对计划和登记册

工作分解结构（Work Breakdown Structure，WBS）

工作包

成本估算文档

项目预算

项目预算核对单

人力资源：

项目章程

工作分解结构

沟通管理计划

项目组织图

项目团队名录

责任分配矩阵（Responsibility Assignment Matrix，RAM）

项目管理计划

项目程序文档

启动会议核对单

项目团队绩效评估

---

① Unified Project Management Methodology (UPMM™) is registered, copyrighted, and owned by the International Institute for Learning,Inc. . ©2014. Reproduced by permission.

项目经理绩效评估

整合：

项目程序综述
项目建议书
沟通管理计划
采购计划
项目预算
项目程序文档
项目进度计划
责任分配矩阵
风险应对计划和登记册
范围说明书
工作分解结构
项目管理计划
项目变更请求日志
项目问题日志
项目管理计划变更日志
项目绩效报告
经验教训文档
项目绩效反馈
产品验收文档
项目章程
收尾过程评估核对单
项目存档报告

采购：

项目章程
范围说明书
工作分解结构
采购计划
采购计划核对单
采购工作说明书
建议邀请书文档大纲

项目变更请求日志
合同内容核对单
采购管理概要
质量：
项目章程
项目绩效概况
工作质量计划
项目管理计划
工作分解结构
PM 质量保证报告
经验教训文档
项目绩效反馈
项目团队绩效评估
PM 过程改进文档
风险：
采购计划
项目章程
项目程序文档
工作分解结构
风险应对计划和登记册
范围：
项目范围说明书
工作分解结构
工作包
项目章程
时间：
活动持续时间估算表
成本估算文档
风险应对计划和登记表
工作分解结构
工作包
项目进度计划

项目进度计划评审审核对单

相关方管理：

相关方登记册

相关方管理计划

权力/利益方格

相关方参与评估矩阵

6.4 标准化方法论的收益

许多公司已经充分认识到了标准化方法论的重要性。对他们来说，虽然实施标准化方法论的时候，在某种程度上会抑制灵活性，但是瑕不掩瑜。标准化方法论的收益可以分为短期效益和长期效益。短期效益如一家公司以下所述：

- 缩短项目生命周期时间，降低成本。
- 制订出既能满足所有制约因素，又切实可行的计划。
- 能与相关方群体就“哪些”和”何时”等期望进行更有效的沟通。
- 更高的客户满意度。
- 更有可能得到后续业务。
- 更有可能创造商业价值。
- 反馈：经验教训。

可以看到，以上这些短期效益关心的是度量指标/KPI，或简言之，项目管理的执行。长期效益则更关注 CSF、商业价值创造和客户满意度。如果开发和实施一套世界级的方法论，将会获得以下的长期效益：

- 通过更有效的范围控制加快“上市时间”。
- 降低整体计划的风险。
- 更好的风险管理，以做出更好的决策。
- 更高的客户满意度和信任度，使得第一级供应商增加业务量和扩展责任。
- 重视客户满意度和附加值，而不是职能部门之间的内部竞争。
- 客户将承包商视为“合作伙伴”，而不只是产品提供方。
- 承包商能在战略规划方面给予客户更多协助。

也许世界级的方法论所带来的最大好处就是来自客户的接受和认可。如果你的一位关键重要的客户自己开发了一套方法论，“迫使”你接受并使用它，以保全你的供应商地位；但是假如你能够向客户展示你的方法论是优于或与客户的方法论一样好时，你的方法论将可能被接受，而信任感就自然而然地建立起来了。

一家承包商最近发现，他的客户非常尊重和信任他的方法论，甚至邀请他参与到客户自己的战略规划活动中。他发现客户把他当作合作伙伴，而不仅仅是产品提供方或者某个供应商。最终这家承包商拿到了唯一来源采购合同。

开发一套能够覆盖公司绝大部分项目，又略带灵活性的标准方法论，还要被整个组织接受，是一项艰巨的任务。要确保方法论能够同时支持企业文化和管理层制定的目的和目标则更是难上加难。组织不太可能接受方法论对于改变企业文化的要求，而这种不支持态度又可能毁了看似很好的项目管理方法论。

在 20 世纪八九十年代，一些咨询公司开发出他们自己的项目管理方法论，这些方法论通常针对的是信息系统项目。然后，这些咨询公司说服他们的客户购买方法论，而不是帮助他们的客户开发更符合客户实际需要的方法论。当然会有一些成功案例，但显而易见，失败案例占了大多数。一家医院花了 13 万美元买了一套项目管理方法论，以期满足信息系统的需要。遗憾的是，高层在没有咨询该系统的实际使用人员的情况下就做出了采购决定。最终，这个软件包被束之高阁，从未使用过。

还有一家公司在购买了类似的软件包之后才发现该软件包不够灵活。但为时已晚，整个组织，特别是企业文化不得不为了使项目管理方法论发挥效力而做出改变。这类方法论特别刚性，而且建立在政策和程序上。没人会为特定的项目和企业文化定制方法论。逐渐地，这些方法论就会被扔到一边——不过厂商已经获得了巨大利润。好的方法论一定是具有灵活性的。当然，这要看在问题出现前能够承受得起多大程度的灵活性。

6.5　关键组件

如果没有一套世界级的方法论做支撑，要想在项目管理方面成为世界级的公司几乎不可能。多年前，也许只有很少的公司真正拥有世界级的方法论。但如今，面对日益激烈的竞争，为了生存，已经有相当多的公司配备了良好的方法论。

世界级方法论包括以下特征：

- 最多有六个生命周期阶段。
- 生命周期阶段相交叠。
- 阶段末关口评审。
- 整合其他流程。
- 持续改进（倾听客户的声音）。
- 以客户为导向（与客户的方法论相对接）。
- 获得全公司的接纳。
- 使用模板（三层 WBS）。
- 关键路径法进度规划（三层 WBS）。
- 有效利用仪表板报告系统。
- 最小化文书工作。

一般来说，项目管理方法论的生命周期中的每个阶段都有文书工作、控制点以及或许出现的特殊管理需求。如果生命周期的阶段太少，可能招致灾难；而如果生命周期的阶段太多，又会增加管理和控制成本。很多公司倾向于不多于六个生命周期阶段。而控制点对于判断项目是否应该继续进行是绝对必要的。当方法论按照 PM 2.0 的要求创建时，就能拥有如前所述那样的灵活性。项目经理的控制点（或决策点）就能确保和客户要求的控制点保持一致。

一直以来，生命周期各阶段都是连续的。由于现今对进度压缩的需要，生命周期阶段往往会交叠。交叠程度由项目经理对风险的承受力决定。交叠程度越高，风险就越高。当失误发生在交叠过程中时，通常需要比发生在连续的阶段过程中花费更高昂的代价去进行纠正。交叠型生命周期阶段要求优秀的前期规划。

阶段末关口评审对于控制目的和验证中期里程碑非常关键。交叠型生命周期阶段在每个阶段末仍然设有关口评审，但是它们也支持生命周期各阶段中间的评审。

世界级的项目管理方法论通常会与很多管理流程相结合，如变更管理、风险管理、全面质量管理以及并行工程。也因此产生了一系列协同效应：最小化文书工作，项目需要占用的资源也降到最低，而且组织能够通过实施产能规划来确定组织所能承受的最大工作负荷。

世界级的方法论能通过度量指标/KPI 评审、经验教训更新、标杆对照和客户建议而不断自我强化。方法论本身就能成为甲乙双方的沟通渠道。有效的方法论能够培养客户信任，并且尽可能减少客户对项目的干扰。

项目管理方法论必须能够让员工快速上手，并能涵盖项目中可能出现的绝大多数情况。要做到这点，也许最好的办法就是把方法论写进用户友好的手册中。

优秀的方法论会使制订项目计划和安排项目进度变得更方便，而这是通过使用 WBS 的顶部三层模板做到的。简而言之，采用 WBS 三层模板，用现有的标准术语使报告标准化，而项目间的区别将会在 WBS 的更低层级出现（4~6 级）。这样做也使得文书工作减少了。

如今，项目章程的概念，作为方法论的组成部分，似乎已经在公司间得到了推广。但是并非所有公司都会在相同的项目生命周期节点上创建项目章程。项目章程可以在以下三个时间点准备：

- 可行性研究完成后，项目章程的准备工作紧接着马上开始。在这个时间点上，项目章程包含了可行性研究的结果，以及那些已经被仔细研究过的假设条件和制约因素。这可以成为项目组合创建活动的一部分。一旦项目被选中和工作开始进行时，项目章程将会再次被回顾和更新。
- 在项目被选中并且分配好项目经理后，开始着手准备项目章程，是最常见的做法。项目章程中包含项目经理被授予的权力，但该权力仅限于该项目中。
- 项目章程在详细计划完成之后再开始准备。项目章程中将会包含在项目组合选择过程中制订出的详细计划。只有在详细计划被高级管理层批准之后，管理层才会签署项目章程。在此之后，项目才算得到了公司的正式认可。一旦管理层签署了项目章程，项目章程就成了项目经理和相关直线经理之间关于可交付成果以及何时交付的法定协议。

6.6　从方法论到框架

多年以来，《PMBOK®指南》已经被众多公司视为项目管理的福音书。但是我们必须牢记《PMBOK®指南》只是一本指南，而不是知识实体。想要构建完善的知识体系，还需要考量公司项目的规模、性质和复杂度，所在行业的竞争类型，以及公司中必须使用到项目管理的工作比例。甚至一些项目管理教育人士提出管理项目一共有三种方式：正确的方式、错误的方式和《PMBOK®指南》的方式。虽然公司都基于《PMBOK®指南》创建项目管理方法论，但是鲜少有方法论能够真正完全遵循该指南。这些方法论也许已经运用了该指南中的大部分知识领域，但重点应集中于与过程组而非知识领域保持一致。过程组可能比知识领域更重要。过程组极其注重框架，这使得项目经理能拥有 PM2.0 所需的灵活性。

项目管理软件确实有必要。但是争议在于：我们应该先选一套项目管理软件工具，然后再根据这套工具设计我们的项目管理方法论，还是应该先设计方法论，再选一套适合该方法论的项目管理工具？后者当然是更好的选择。软件只是一种工具。项目是由人而非工具来管理的。人管理工具，工具无法管理人。开始实施项目管理时必须正确理解项目管理软件及其能力，但不应将项目管理软件视为良好过程的代替品。

在项目管理方法论颇受推崇的今天，用灵活的框架模型替代方法论的做法有日益增多的趋势，框架模型使得为特定项目定制过程成为可能。诚然，方法论也是存在缺陷的，那些只了解并拥有过一个所谓他们自己的方法论的公司认识到其中的缺陷非常困难。但是那些接触过不同行业中的各式方法论的管理咨询顾问，往往对方法论的局限性会有更好的理解。

6.7 生命周期阶段

在开发一套项目管理方法论时，通常很难确定生命周期的最佳阶段数量。我们以 IT 为例。20 世纪 80 年代，随着软件行业的爆发，很多 IT 咨询公司喜欢将 SDLC 阶段用在 IT 方法论的开发上。咨询顾问总是向他们的客户保证，如果客户购买软件包并辅以培训和咨询，一定会得到显著成效。直至花掉了数十万美元后，客户还不得不读着晦涩难懂的打印精美的方法论使用说明书。咨询公司完全没有为客户定制方法论的打算。换言之，客户必须改变公司以适应买来的方法论，而不是相反。当然，大多数采取这种方式的 IT 咨询公司现在已经消失了。

对于单个公司来说，一开始就要对生命周期阶段数量达成一致意见是很难的。不过协议一旦达成，所有的员工就应遵循统一的生命周期阶段。当然，今天的 IT 咨询公司也不会再兜售万能软件包这样的概念了。无论他们创建什么方法论，都必须包含灵活性，这样为客户定制才能成为可能。要做到这点，也许最好聚焦于过程而非阶段，或者聚焦于包含了每种最佳特性的框架方法。

以前，我们通常将项目的第一个阶段定义为启动阶段。这一阶段包括在委员会中分配项目经理，交予他项目预算和进度计划，并告诉他们开始执行项目。如今，生命周期上多出了一个准备阶段，鲁斯·艾奇巴尔德（Russ Archibald）

和他的同事们将其称为第八阶段：项目孵化/可行性阶段①。在该阶段，我们会察看项目的收益，项目完成后的预期价值，是否有充足的合格资源可供该项目使用，以及项目等待队列中的与其他项目相比的相对重要性。所以项目有可能根本到不了启动阶段。

过去，项目管理开始于项目启动阶段，因为项目经理在这个阶段被分配。如今，项目经理被期望能够更好地理解整体业务，并且公司发现如果将项目经理早于启动阶段就带入委员会，帮助做出业务决策而不是单纯的项目决策，会更加有益。

同理，我们总是习惯性地把生命周期的最后阶段看作项目收尾。这其中包括实施合同收尾、行政收尾和财务收尾。待这些完成后，项目经理将会被重新分配给另一个项目。

而如今，我们在生命周期的最后加上了项目后评估阶段。有些公司将其称为客户满意度管理阶段。在该阶段，那些被选出的项目团队成员和销售/营销人员，以及治理委员会成员，将与客户会面，共同就如何改进用于执行项目的方法论或者过程进行讨论，以及在未来的针对客户的项目中还能有哪些不同的做法，以改进将来与客户、承包商和相关方的工作关系。

6.8　PM2.0 的以客户为本灵活性的驱动力

当你在做公司内部项目的项目管理时，方法论运用得灵不灵活也许并不重要。但是当面对外部的客户时，灵活性就成为必需条件。客户希望你的方法论能够与他的商业模式相匹配。如果你的方法论有着与客户不同的关口、不同的生命周期阶段，以及其他刚性需求，客户以后也许就会找其他供应商。灵活性的需求基于：

- 你对客户业务的理解。
- 对不断变化或偏移的目标做规划的能力。
- 你和客户的生命周期阶段相匹配的能力。
- 重新验证客户和你的假设条件的能力。

我们对客户的业务有多了解？

① R. D. Archibald, I. Di Filippo, and D. Di Filippo have written an excellent paper on this topic, "The Six-Phase Comprehensive Project Life Cycle Model Including the Project Incubation/Feasibility Phase and the Post-Project Evaluation Phase," *PM World Journal*, December 2012.

- 对客户和你自身满意度进行权衡的能力。
- 对项目成功的定义达成共识的能力。
- 建立便于客户理解并用于决策的度量指标的能力。

你越能贴近客户的商业模式，客户的满意度就会越高。然而前路总有荆棘。PM2.0 对项目经理有更进一步的要求，他们不仅要做项目决策，还要进行业务决策。为此，项目经理仅仅熟悉自身业务是不够的，对客户的业务也必须有很好的理解。当然，项目经理要面对的困难还有很多，如客户可能不愿意对你公开任何与他们战略有关的知识产权信息，但仍要求你做出的决策和他们的战略保持一致。也许你还会被限制与客户公司的人接触。也许客户公司会有专人与你的团队对接，你必须在他们对你建立信任之前就向他们证明你自己。遗憾的是，建立信任需要时间，而时间对于项目经理来说恰恰是最宝贵的。

做新客户的第一个项目通常是最困难的。如果客户向你提供了后续工作，随着信任关系的发展，你最终可能被客户当成战略伙伴，如我们在第 2 章中谈到的那样。最理想的情况是，客户将你当成他们公司的一员，授权你访问战略信息。无论如何，你都要尽可能多地收集关于客户商业模式和未来规划的信息。

6.9 理解目标偏移

我们该如何掌控持续的目标偏移？

当我们管理项目时，我们假设 SOW 已被定义好，并且在项目过程中是不变的。在 PM2.0 的世界里，我们必须能够适应目标偏移。项目时间越长，目标偏移的机会就越大，原因在于：

- 客户的业务基础将有变化。
- 事业环境因素发生改变。
- 很多假设条件已经改变或者不再有效。
- 项目被加上了新的制约因素。
- 制约因素的优先级发生改变。

项目经理必须能够预料到最糟的情况，并愿意在必要时不断对项目进行重新规划。重新规划中最难的部分就是尽量将对项目造成的损失降到最小，并尽可能多地挽回残值。可以想象，客户当然希望经过所有这些变化，项目还是按照原来的预算和进度完成。

如今，我们已懂得在客户改变商业论证和 SOW 之后申请变更项目目标的必要性。不过，要是治理委员会经常改变目标的话，会导致更严重的问题。特别是很多时候，改变目标基于一己私欲，而非真正的需求。如果治理委员会成员不断变化，这一情况还可能进一步加剧。

6.10　客户专属度量指标的需求

在第 2 章中，我们谈到，客户和承包商将会在项目成功的定义上达成一定共识，然后在承包商的度量指标库中找出支持的度量指标。但如果承包商的度量库中没有客户想要的度量指标怎么办？

项目经理必须随即做两个关键评估。第一，这些度量指标在方法论报告系统中的重要性如何？第二，如果按照这些度量指标跟踪、测量和汇报，会产生哪些额外的成本？如果这些度量指标还是保证客户业务战略一致的必要指标，那么度量指标就必须被包含在方法论中。项目经理必须掌握新的度量指标，如何使用这些度量指标，特别是客户计划如何运用这些度量指标作为知情决策的一部分。

虽然这一切听起来还不错，但 PMO 必须对接下来将要发生的事情有充分了解。PMO 必须处理好以下事项：

- PMO 要像审计一样定期对项目进行健康检查。PMO 必须确认客户专属度量指标已被使用。
- 通常 PMO 负责管理度量指标库。PMO 必须明白这些度量指标可能是客户公司的专有知识，项目完成后不能被纳入度量库。
- 当用到一些公司专属度量指标这样的附加度量指标时可能必须签署保密协议。

使用客户专属度量指标是一种获得客户满意和更多后续业务的垫脚石。就算这是个让人头疼的过程，仍然值得为之付出。如果能有一位在第 2 章中提到那样的参与项目经理和经理一起工作，则很多问题可以在项目早期就解决。

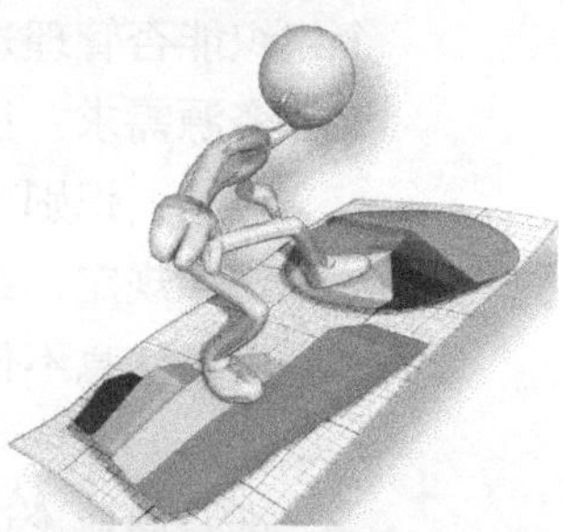

我们该如何处理客户专属度量指标？

6.11　商业论证开发

PM2.0 的一大特征是项目经理可能在项目组合选择阶段就安排上任了。这样，项目经理可以积极参与到商业论证的准备之中，而不是理所当然地觉得别人会准备好一份正确且现实的商业论证。外部客户也许期望项目经理能够完全理解客户的商业模式，以帮助他们准备商业论证。

商业论证是一份论证为什么应该启动一个项目的文档。以前，商业论证一般是一份小型文档或演示，而项目启动决策很大程度上基于提出请求的人员的级别。如今，商业论证已经成为一份能满足特定业务需求的非常结构化的书面文档。每份商业论证都应该足够详细，能够让决策者据此判定预期商业价值，并得出项目收益将会超出执行该项目的成本的结论。

商业论证应该包含可量化和不可量化的信息，为项目的投资提供论证。商业论证通常包含以下典型信息。

商业需求：识别目前现状和投资需求之间的差距。

机会选项：识别该项目如何与战略商业目标建立联系。

收益实现计划：识别能够获得的价值/收益（而非产品或者可交付成果），无论它是来自成本节约、额外利润还是机会。

所做的假设条件：识别所有用于证明该项目合理性的假设条件。

评估建议：识别评估所需使用的技术，如效益成本比、现金流考虑、战略选择、机会成本、投资回报率、净现值和风险。

项目度量指标：识别用于跟踪项目绩效的财务或非财务度量指标。

退出策略：识别在必要时取消项目的标准。

项目风险：通过将业务、法律、技术等方面的项目风险列出简要清单来帮助决策者对项目做评估。

项目复杂度：识别项目可能的复杂程度。甚至可能从风险的角度来看，一个组织能否管理这样的复杂度，以及能否用现有技术来实现项目。

资源需求：识别人力或非人力资源需求。

时间：识别项目的主要里程碑。

法律规定：识别所有必须遵守的法律规定。

以上信息不仅用于批准项目，也能为项目队列中所有其他项目排定项目优先级。

准备商业论证的人可能并不拥有以上所有信息，因此这可能很有必要在正式提交之前让项目经理或 PMO 参与到商业论证的准备工作中。

6.12　验证假设

规划是从理解假设条件开始的。项目规划是建立在根据过去经验推导出未来业绩的期望上的。如果缺乏经验或者推导会产生出误导性信息，那么必须提出假设条件来对未来的结果做预期。

很多时候，假设条件由营销和销售人员提出，然后由高级管理层审批，以作为项目选择和批准过程的一部分。对最终结果的预期是基于假设条件做出的。

为什么往往项目的最终结果不符合高级管理层的预期？在项目开始，就不可能保证高层期望的收益将在项目完成之时实现。尽管项目时间长度是一个关键因素，但真正的罪魁祸首是假设条件的变化。

假设条件可以对那些不是在项目团队直接控制之下，但可以影响项目结果的事项而做出。项目经理通常围绕着事业环境因素和组织过程资产而做出假设条件。

事业环境因素：这是对可能影响项目成功的外部环境条件做的假设，如利率、市场条件、不断变化的客户要求和需求、客户参与、技术变化、政治气候，甚至政府政策。

组织过程资产：这是对那些会影响项目成功的现在和未来公司资产的假设。例如，你的项目管理方法论的能力、项目管理信息系统、表格、模板、指南、核对单、捕获和使用经验教训数据与最佳实践的能力、可用的资源和技能等级。

在项目开始时，所有的假设条件都要接受挑战，以验证其有效性。根据项目流程，假设条件必须被跟踪并得到重新验证。正如本章开头所述，假设条件的变更可以有很多原因，如业务和技术。如果假设条件变化或不再有效，那么也许这个项目应该被重新定向甚至取消。遗憾的是，很多项目经理并不会对假设条件的有效性进行跟踪，虽然之后项目最终在规定时间和成本中完成，但项目没有为公司或客户增加商业价值。 PM2.0 要求所有假设条件当可能发生变化时都应被跟踪。

也许不能给假设条件增加任何程度的精确性。即便假设条件被证明是错误的，也不应阻碍在假设条件和应急计划的创建中进行风险管理。

假设条件的类型

假设条件有几种类型。两种最常见的假设条件类型是显性和隐性假设，以及关键和非关键假设。关键和非关键假设也被称为首要和次要假设。这两类假设并不相互排斥。

显性假设可以被量化，而且能够毫不含糊地精确表述。隐性假设可能是隐藏的，或难以察觉的。显性假设往往包含隐藏着的隐性假设。例如，我们可以做出一个显性假设：项目需要五个全职人员才能完成。隐含的隐性假设是所分配的人员时间均可用，并具备所需的技能。如果隐性假设被证明是错误的，则可能发生严重后果。

关键假设就是那些即使一点小变化都会对项目造成严重破坏的假设条件。关键假设必须被紧密跟踪，相反，非关键假设不用被跟踪，而且只要它们不成为关键假设，都不需要采取任何行动。项目经理必须就如何对关键假设进行测量、跟踪和报告制订计划。测量意味着假设可以量化。由于假设是对未来成果的预测，直至真正的未来到来之前，或者除非一些风险触发器的出现，测试和测量都可能无法进行。确定风险触发器可能需要敏感度分析。

在敏捷的总价合同中，项目经理和客户一道工作来识别假设条件。协议必须在关键假设上达成一致，特别是关于商业价值、风险和成本的假设；也必须对于哪些关键假设会触发范围变更有充分的理解。这就要求项目经理和客户在整个项目的生命周期都保持密切合作。

有一些假设条件，项目经理可能从来没见过，甚至都没听说过，那就是战略假设。战略假设由决策者在批准项目或选择项目组合时设定。此类假设条件可能包含高管们不希望项目团队知晓的公司专有信息。

记录假设

在项目启动时，必须将假设条件记录在案并形成文件，项目章程是个合适的选择。在整个项目中，项目经理必须重新验证并挑战这些假设条件。假设条件的变化可能令项目终止或将项目重新定向到新的项目目标。

项目管理计划是建立在项目章程中描述的假设条件之上的，但项目团队也会补充假设条件并输入项目管理计划中。公司使用项目章程的首要原因之一，是项目经理往往在项目选择和批准过程完成后才走马上任。作为结果，项目经理需要了解哪些假设条件进行了考虑。

要想追踪变化，将假设条件进行记录就必不可少。假设条件很可能在项目的生命周期过程中改变，尤其是长期的项目，例如：

- 贷款的成本和项目财务将保持不变。
- 采购成本将不会增加。
- 技术上的突破将如期出现。
- 具备必要技能的资源随时可用。
- 市场将乐意接受该产品。
- 竞争对手无法赶超自己。
- 风险低，且易减轻。
- 项目所在国政治环境稳定。

本身就带有错误的假设条件会导致错误的结论、不良后果和客户不满。对不当假设的最好防御措施是在项目启动前做好充分的准备，其中包括制定风险减轻策略。一种可行的办法是采用假设验证核对单，如表 6-1 所示。

表 6-1　假设验证核对单

假设验证核对单	是	否
假设条件在项目掌控之外吗？		
假设条件在相关方掌控之外吗？		
假设条件能被验证为正确吗？		
假设条件的变化可加以控制吗？		
假设条件并非致命？		
假设条件正确的概率是非常明确的？		
假设条件的推论对项目构成严重的风险吗？		
假设条件的不利变化对项目是致命的？		

6.13　设计冻结

设计冻结是项目中的一个节点，即产品设计已经定型，任何更改都会造成财务风险和/或进度延误。冻结的设计节点通常出现于特定生命周期阶段的末尾。设计冻结有多种类型，且可能出现在任何类型的项目中。但是，最常见的是出现在新产品开发（New Product Development，NPD）项目中。

在新产品开发项目中，通常同时具有规格冻结和设计冻结。规格表明了最终设计必须遵循的一组要求。紧随规格冻结之后的便是设计冻结，尔后，最终的设计交付制造。设计冻结对于长周期物品的及时采购十分必要，如用于最终产品制造的零部件和工具。设计冻结的时机往往取决于交货期，并且可能并不受公司控制。如果设计冻结节点脱节，将会对制造产生比工程设计更为严重的影响。

设计冻结具有控制下游范围变更的附加收益。然而，尽管设计变更的成本代价高昂，但出于安全原因，或保护企业免遭可能的产品责任诉讼，以及满足客户特殊需求等方面的考虑，设计变更经常显得非常必要。

在产品的设计已移交并进入制造阶段后再对产品做出变更的代价不菲。一般情况下，在设计冻结之后的生命周期阶段的更正代价是 10 倍于原先生命阶段的执行代价，如图 6-1 所示。如果在设计冻结节点之前出错，则更正代价为 100 美元。但如果差错未被察觉，而进入制造阶段，此时的更正代价为 1 000 美元。当客户收到产品后再察觉，同样的差错，这次的更正代价为 10 000 美元。虽然更正代价以 10 倍递增看起来有点夸张，但这确实反映了下游更正代价的趋势。

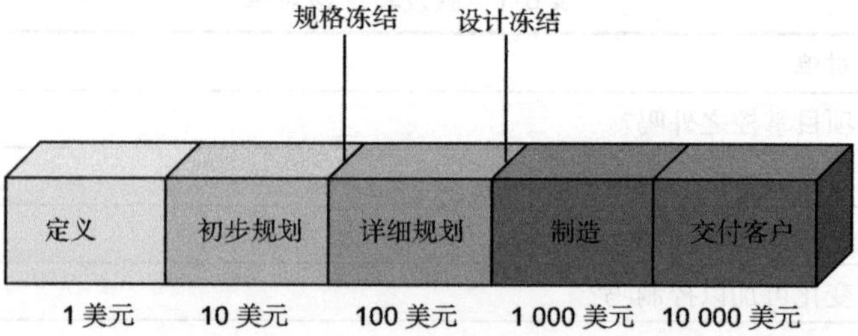

图 6-1　更正代价

由此看来，似乎设计冻结对新产品开发起到了十分有利的作用。但运用敏捷方法论时项目需求是逐渐明确的，这就给设计冻结节点的决策造成了难题。面对这样的挑战，需要运用 PM2.0 加以应对，当然也要求客户和承包商密切协作并识别随之而来的风险。

6.14　客户批准

项目经理经常忽略了在项目进度基准中包含为客户审批设置里程碑或留出时间工期，他们错误地相信客户审批流程会进行得很快。项目经理所在公司的内部审批流程一定程度上可以被合理预估，但客户审批流程是另一回事。PM2.0 的项目会有不少相关方和虚拟项目管理团队，批准过程可能相当长。采用良好的项目管理度量指标和仪表板可减轻该问题。

影响审批速度的因素可能包括：

- 参与审批流程的人员数量。
- 是否参与审批人员中存在刚接触项目的新人。
- 何时所有必要的参与人员能商定统一开会时间。
- 参与人员评审、理解相关数据并判断他们决策的影响所需的时间。
- 审批人员的项目管理知识。
- 对审批人员自己或他人以前所做的项目决策的评审。
- 审批人员对延迟决策的影响的理解程度。
- 审批人员是否需要额外信息再做决策。
- 决策是以口头还是以书面报告形式做出的。

只是简单地在进度计划中添加里程碑并标注“客户批准”并不能解决问题。项目经理必须掌握客户要多长时间来做出决策，这表明将客户批准作为一项活动要比作为里程碑更好。对于基于敏捷方法论的项目或需要快速开发流程的项目，我们应该在项目早期就确保所有的决策者都明白延迟决策会给项目带来什么样的影响。

6.15 敏捷项目管理方法论

当项目管理实践开始被采用时，许多公司怀疑这种管理的有效性。高管们要求所创建的方法论能使项目的规划、进度、监督和控制实现标准化和连贯性，于是将方法论建立在更为刚性的政策和程序之上，并相信以此便能够应对固定的预算和进度约束。如果范围定义明确，只要预算和进度符合实际，应对固定的成本和进度制约因素并不困难。这些传统的方法论通常具有结构化的生命周期阶段，便于客户和相关方的参与。

当项目管理开始趋于成熟时，高管和客户们表达出对项目经理更加信任。于是，项目经理在如何运用项目管理方法论方面就拥有了更多的自由度。政策和程序被表格、指南、模板和核对单所取代。项目经理如今还能自由决定项目应采用哪种流程。

当项目管理的使用开始扩展到整个企业时，项目管理实践便继而运用于非传统项目。这些非传统项目的一些特征如下：

- 项目成果会发生变化。

- 伴随着可能的项目成果变化，会出现大量的范围变更。
- 需要客户和相关方更为频繁地参与，而不仅仅在每个生命周期阶段结束时才参与。
- 预算和进度不再固定不变。
- 项目成功能以创建的价值来衡量，而非仅仅以时间和成本来衡量。
- 项目团队必须具备创新的能力。

敏捷项目管理技术被创建出来以适应非传统项目的特点，这在 IT 项目中相当常见。并非所有项目均可采用敏捷方法，也并非所有客户在明知要牺牲固定的成本和进度作为代价，还乐意接受更加灵活和价值驱动的方法论。

敏捷项目中变化来得很快，所以客户的持续参与极为必要。持续的客户参与可以使文档工作量最小化。项目管理的灵活性极为重要。潜在的范围变更和持续的重新规划有助于减少项目的风险并防止灾难出现。敏捷方法论使得项目团队能够对变化的商业环境做出迅速反应，以应对变化或演变的需求。

传统的项目管理方法论通常像图 6-2 所示的瀑布图与敏捷图，所有的生命周期阶段都是按顺序实施的。基于项目经理愿意接受的风险程度，部分生命周期阶段可以相互交叠，这样就出现了改进的瀑布图（敏捷图）。瀑布图展示了结构、控制、有限的生命周期阶段以及明确定义的决策节点。按照敏捷方法，工作可平行开展，这就需要更多的重新规划，同时要增加客户的参与度。

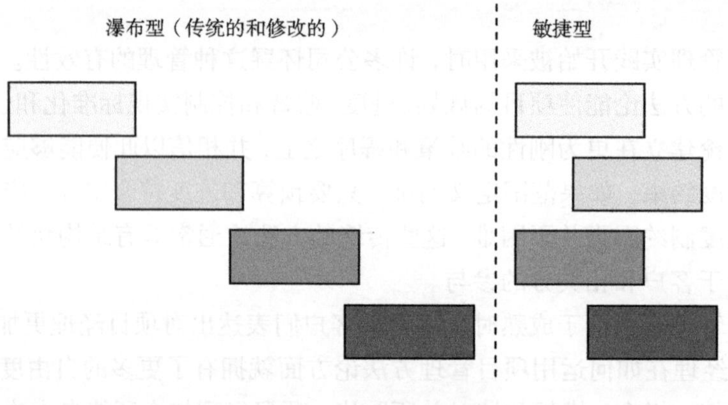

图 6-2　瀑布图与敏捷图

在第 1 章中，我们讲述了因复杂性、风险和 PM2.0 环境的不确定性等因素，很多与 PM2.0 相关的合同最终会是成本补偿合同。然而敏捷开发，特别是 IT 项目，由于需要平衡承包商和客户之间的利益，合同会是总价合同。但敏捷的总价合同是合作性合同，其中的进度和成本是固定的，但范围在不断演变。传统的瀑布方法的范围是固定的或明确定义的，并且成本和进度可允许随着项目进展做出修改。安德鲁·奥佩尔特（Andreas Opelt）①指出：

> 向敏捷方式转型的主要特征是，与传统的瀑布模型相比，IT 项目的范围从一开始就不再把细节固定。相反，成本和时间根据在项目进程中商定的原则进行定义，服务范围在逐步的短期迭代循环中进行开发和实施。这意味着对范围做具体预测的假设条件被省略了。这一模型在合同中就体现为，敏捷总价合同并不定义确切的范围，而支持实证的过程。
>
> 敏捷总价合同定义了一种合同框架，在商定的时间和成本内，以结构化方法，通过已定义的可控的过程，将范围掌控在边界之内。因此，敏捷总价合同的合同模型反映出两种不确定性。一方面，在项目一开始你并不确切知道所需的细节。另一方面，你并不一定需要原本认为重要的每样东西。这也许只有在项目的进展中或项目完成后才显露出来。因此，敏捷总价合同包含范围控制，这使得对于一项特性的复杂程度应该是多少，或者在实际开发过程中该特性是否需要生产这样的情况下做出决策成为可能。
>
> 但这并不意味着，在项目的启动阶段，客户对投资的收益毫无所知。根据项目启动阶段对商业需求的适当细节程度的定义，客户从一开始就清楚地知道为达到商业需求所需的花费。

6.16　实施方法论

一套存在的方法论并不会自己变成世界级方法论。方法论不过是一叠文件而已。一套标准的方法论要想转化成世界级方法论，取决于组织文化及方法论实施和使用的方式。

世界级方法论并不是靠其自身就构成了项目管理的卓越。在公司范围内接受并使用才会成就卓越。正是通过卓越的执行，一个普通的方法论才能成为世界级方法论。

一家公司开发了一套优秀的方法论用于项目管理，但只有 1/3 的员工使用方法论，并认可其真正的长期收益。公司另 2/3 的员工并不支持该方法论。公

① A. Opelt, B. Gloger, W. Pfarl, and R. Mittermayr, *Agile Contracts*, Wiley, Hoboken, NJ, 2013, pp. 47–48.

司总裁最终不得不对组织结构进行重组，并强制要求使用该方法论。

执行的重要性不能低估。运用世界级项目管理方法论的公司的特征之一，就是在其整个组织内拥有世界级的经理人才。

世界级方法论的迅速发展需要依靠执行领军人，而非仅靠执行发起人。从需求的角度而言，执行发起人是排在首位的。而执行领军人从另一方面讲是身体力行的高管，自上而下驱动着组织开发并实施方法论。绝大部分公司认识到执行领军人的必要性，然而许多公司并没有认识到执行领军人的职位需要终身经验。底特律的一家公司将已经运用方法论获得多次成功的执行领军人重新分配岗位。结果，没有人再持续推动方法论的改进工作。

良好的项目管理方法论让你能够管理客户及其期望。如果客户相信你的方法论，而且方法论符合客户的商业模式，那么当你告知他们一旦进入了特定的生命周期阶段，将不能再发生范围变更时，他们通常会予以理解。一家汽车承包商将信任的概念发挥到了极致。该承包商邀请客户参加他们的阶段末评审会议，这促进了客户和承包商之间的极度信任。然而，在阶段末评审会议的最后 15 分钟讨论到项目的财务问题时，客户还是被要求离场。

项目管理方法论是一个“有机”的过程，这意味着其受变化和改进所影响。方法论改进的典型领域可能包括：

- 改进与供应商的对接。
- 改进与客户的对接。
- 更好地解释子过程。
- 更清晰地定义里程碑。
- 更清晰地界定高级管理层角色。
- 识别额外模板的需求。
- 识别额外度量指标的需求。
- 为指导委员会参与而开发模板。
- 改进项目管理指导手册。
- 培训客户项目管理方法论如何工作的方式。
- 寻找缩短基准评审会议的方式。

6.17 实施的错误

即使公司意识到需要项目管理改进的驱动力，但实际上并不愿意为此投资，直至出现危机或公司资产负债表出现了可观的财务赤字。识别需求总比行动容易得多，因为行动需要时间和金钱。很多时候，高管层拖延行动指令的发布，而寄希望于奇迹的发生，这样就不必改进项目管理。然而就因为他们的耽搁，情形常常变得更加恶化。

在项目管理能力上延误投资，如没有及时在 PM2.0 上投资，仅是众多错误之一。另一常见错误是，即便优秀企业也可能未将项目管理视作一个专业岗位。在一些公司，项目管理可能是在自己的主要角色之外兼职完成的。职业路径的机遇来自主要角色，而不是项目管理。在其他公司，项目管理仅被作为使用进度工具的专业技能而已。

6.18　克服开发和实施障碍

做出公司需要项目管理方法论的决策远比实际行动要容易得多。当设计和实施团队开始工作时，若干障碍和问题便会显露出来，典型问题包括：

- 我们是应该开发自己的方法论，还是将其他公司的最佳实践作为标杆对照，并尝试在自己公司使用他们的方法论？
- 我们能否获得整个组织对适用于所有项目类型的单一方法论的认同，或者必须拥有多种方法论？
- 如果我们开发多种方法论，推进持续改进的难易程度如何？
- 公司仅有部分人员认为采用该方法论可以获益，而其余人员漠不关心，我们面对这一情形该如何处理？
- 我们如何说服员工相信项目管理是战略竞争力，而项目管理方法论是支持这一战略竞争力的方法？
- 对跨国公司而言，我们如何使其全球组织运用统一方法论？是否必须以局域网为基础？

在方法论的开发过程中，公司常常被上述典型问题所困扰。上述挑战是可以被克服，并获得极大的成功的。这将在之后的章节中用公司案例来说明。

6.19　在方法论中使用危机仪表板

当方法论服务于一个可行的目标，在项目陷入困境时，即便灵活的方法论也可能不灵验，这时必须迅速采取快速行动来挽救危难中的项目。除非方法论能以某种方式识别危机态势，否则问题的解决很可能被拖延。

过去几年中，仪表板已被普遍使用以向项目团队、客户和相关方展示项目状态信息。仪表板旨在将原始数据转化为易于理解且有意义的信息，并用于知情决策。仪表板向观看者提供了“态势感知”，即如果当前的趋势继续下去，信息在现在和将来所具有的含义。作为通信工具的仪表板的功能使我们能进入无纸化的项目管理，减少会议并避免浪费。

今天环境下的项目显然较过去更为复杂。如今的项目治理是由治理委员会，而非仅由项目发起人来实施的。各相关方或治理委员会成员非常需要不同的度量指标和 KPI。如果每位相关方都想查阅 20~30 个度量指标，那么度量指标测量和报告的成本就相当可观，也无法达到无纸化项目管理的目的。

同相关方和治理团队建立有效沟通的方式是，在一个计算机屏幕页面中用 6~10 个度量指标或 KPI，向对方展示他们做知情决策最可能需要的所有关键数据。当然情况并非总是如此，有时候需要向下翻页。通常来说，一页计算机屏幕快照就够了。

如果在仪表板上的任何度量指标或 KPI 中出现了超标情况或危机态势，那么危机态势就应该高亮标示，让观看者容易察觉。假如危机发生时，屏幕上却没有出现度量指标会怎样？在这种情况下，观看者将被立刻定向到危机仪表板，在那里显示了所有超标的度量指标。

这时度量指标将保留在危机仪表板上，直至危机和超标情况得以消除和纠正。这时每位相关方将看到常规的屏幕快照，然后被指引去查看此次危机的屏幕快照。

理解目标

度量指标和 KPI 是目标相关的测量值。度量指标或 KPI 可以告诉我们低于或超出预定义目标的程度。符合目标则表明正给相关方提供他们所期望从项目中获得的价值。

度量指标或 KPI 的典型目标如下：

- 简单的量化指标。
- 基于时间的目标，以每月或一定时间间隔来测量。
- 完成时的目标，在工作包或项目完成时来测量。
- 延伸目标，如达到一流水平，或比规格需求更好的绩效。
- 愿景目标，对未来美好的前景展望，如该客户成为回头客。

简单的量化指标是最常见的，如表 6-2 所示。目标必须是现实的，并不一定要具有挑战性，否则员工可能试图避开目标。目标可能需要使用试错法的解决方案。

表 6-2　简单的量化指标示例

类　型	示　例
单值	完成 20 次测试
上限	≤20 万美元
下限	≥10 万美元
价值范围	40 万美元 ± 10%
可固定特定数量的百分比	报废系数不超过材料成本的 5%
可变更特定活动的百分比	计划预算不超过劳动成本总和的 35%
完成里程碑和可交付成果	每月需生产并发运至少 10 个可交付成果

恰巧达标从某种程度上来说要靠运气。无论是有利还是不利的目标偏差，只要在接受界限内，偏离目标也都能被接受。这种界限可表述为公差、阈值或完整性。因此，在为每个度量指标设立目标时，也要设定界限，这点非常重要。所设定的界限必须为项目团队、客户和相关方所接受。典型的界限可能是目标的±5%或±10%。

界限的幅度通常取决于所使用的测量技术的精度，不当的测量技术会导致较大的界限。然而一些公司维持了为每个度量指标定义公差的 EPM 方法论，这多见于项目管理成熟度高且具有度量指标管理经验的组织。尽管罕见，也可能采用项目的商业论证来识别关键的度量指标、目标及公差。

定义危机

危机可以被定义为一种事件，无论期望与否，都可导致不稳定或危险的态势，并影响项目的结果。危机意味着负面后果，可能损害组织、相关方和一般公众。危机会引起诸多改变，如公司经营战略，如何应对事业环境因素，企业的社会意识，以及如何维持客户的满意度。危机并不一定表示项目一定会失败，也不意味着项目应被终止。简单地说，危机就是项目的结果未按照所预期那样发生。

有些危机会逐渐显露，但事前有早期预警，这被称为“郁积”危机。度量指标和仪表板的意义在于识别趋势，表明危机正在逼近，以便给予项目经理足够的时间来制定应急预案，并采取纠正措施。越早意识到危机的临近，就有越多的补救方案。

有一类危机发生时甚至毫无预警信号，这被称为“突发”危机，如东道国的政治不稳定、发生自然灾害、拥有关键技能的员工突然辞职，都会影响项目。不可能为项目中所有可能存在的危机创立度量指标和仪表板。突发危机无法防止。

并非所有超标情况都是危机。例如，一个软件项目的进度落后情况可视为问题而不一定是危机。但如果进度落后发生在一家制造工厂的建设项目上，而工厂员工已经招聘完毕并将于商定日期开工，但工厂建设的延误触犯了向客户交付延期的惩罚条款，这就构成了危机。有时过度优于标准也会引发危机。例如，一家制造企业每月只要向客户交付 10 件产品即可，可是该企业每月生产了 15 件产品，但每月只能向客户发货 10 件产品。遗憾的是，该公司并没有存放额外产品的仓储设施，这便发生了危机。

当设定目标时，必须识别哪些超标的情况将会引发危机，哪些超标情况仅仅是问题。如图 6-3 所示，超出目标的公差 ± 10%内，被识别为潜在问题。图 6-4 中，我们为问题和危机都确定了阈值。

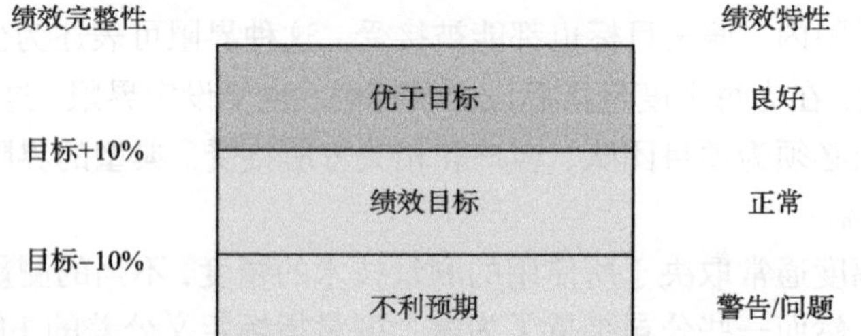

图 6-3　问题的阈值界限

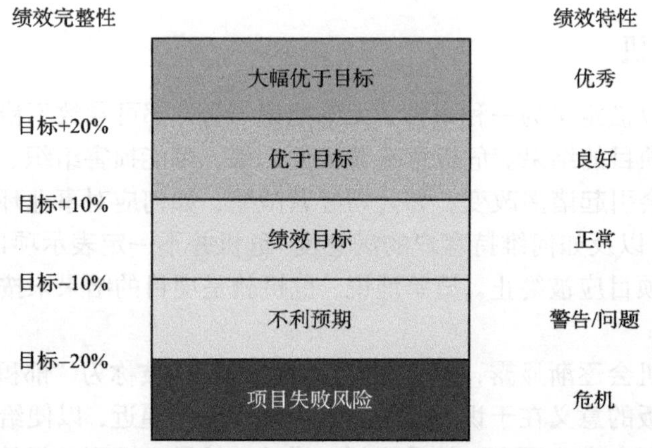

图 6-4　问题和危机的阈值界限

我们该如何识别超标情况是问题还是危机呢？答案是可能发生的潜在损害。如果下列情况发生，那么形势很可能被视为危机：

- 对项目的成果构成重大威胁。
- 对整个组织、相关方和一般公众构成重大威胁。
- 对公司的商业模式和战略构成重大威胁。
- 对员工健康和安全构成重大威胁。
- 有丧失生命的可能。
- 眼下有必要重新设计现行系统。
- 有必要进行组织变革。
- 公司的形象或声誉受损。
- 客户满意度的下降会导致公司现在和未来的收入严重受损。

了解风险管理和危机管理之间的差异很重要。根据维基百科的说明：

风险管理包括评估潜在的威胁并寻求最佳规避方法，而危机管理包括处理未发生、正发生和已发生的威胁。也就是说，危机管理是主动积极的，而不是被动的反应。广义上的管理理念由所需的技能和技术组成，用以识别、评估、理解并应对严峻的形势，特别是从威胁出现到开始恢复过程的那段时期。

危机经常需要即刻做出决策。有效的决策取决于信息。如果一个度量指标显现了危机状态，且显示在危机仪表板上，观看者也许觉得有必要查看其他度量指标，这些度量指标或许现在没有处于危机状态，亦没有显示在危机仪表板上，但也有引发危机的可能性。查看仪表板上的度量指标比阅读报告要容易得多。

问题和危机之间的差异对观看者来说犹如美貌取决于“情人眼里出西施”。有些相关方眼里的问题，在其他人看来却是危机。表 6-3 显示了对问题和危机的鉴别有多困难。

表 6-3　问题和危机的鉴别

度量指标/KPI	问　题	危　机
时间	项目延迟，但客户尚可接受	项目延迟，客户正考虑取消项目
成本	成本超支，但客户可提供补充资金	成本超支，但不提供补充资金，项目极有可能被取消
质量	客户对质量不满意，但勉强接受	可交付成果的质量不可接受。可能造成人身伤害，客户会取消合同，且不再合作

续表

度量指标/KPI	问　题	危　机
资源	项目人手不足，且所分配资源的技能勉强合格，进度可能延迟	质量或资源匮乏将导致进度严重滞后，工艺质量可能不被接受，项目可能取消
范围	多次范围变更导致基准变更，出现延迟和成本超支，但客户目前尚能接受	范围变更数量使客户觉得规划错误，且将会出现更多的范围变更。项目的收益不再高于成本，项目可能被终止
行动事项	客户对完成行动事项所花时间不满意，但对项目影响甚微	客户对完成行动事项所花时间不满意，且对项目有很大影响，治理决策延迟，对项目有严重影响
风险	存在重大风险等级，但项目团队能减轻某些风险	由于存在可能导致潜在损害的重大风险，客户不予接受
假设条件和制约因素	出现了新的假设条件和制约因素，可能对项目造成不利影响	新的假设条件和制约因素的出现，使项目的价值不复存在
事业环境因素	事业环境因素改变，可能对项目造成不利影响	新的事业环境因素将极大地削弱项目的价值和预期效益

危机仪表板的图像

关于仪表板图像有三个重要事项必须牢记：首先，为了清晰表明危机的存在，危机仪表板与传统仪表板对图像的显示方式有所不同。其次，用细体分界线隔开危机与非危机。再次，危机仪表板的观看者就是最终鉴定该情况是属于问题还是危机的决策者，即使也许已经超出了危机的阈值。

现假设你对一个项目定价，职能经理通报称项目强制性要求分配 7 级和 8 级员工进行该项工作。8 级员工的技能高于 7 级员工。从图 6-5 中可看到，所安排的几位 6 级员工并不够资格从事必要的工作。

图 6-5 对于仪表板的观看者来说，可能不会意识到这是一个问题或危机，但假如重新绘制图像，如图 6-6 所示，便容易发现危机的存在。粗体水平线表明若低于最低可接受薪酬等级的员工不超过 20%，则可不必将其视为可能的危机。纵向数字表示分配的低于最低可接受薪酬等级的员工数量。即便建立了最低可接受薪酬等级，一些相关方也可能不认为这是危机。如果工作被顺利完成

了，他们甚至也不会认为这是个问题。

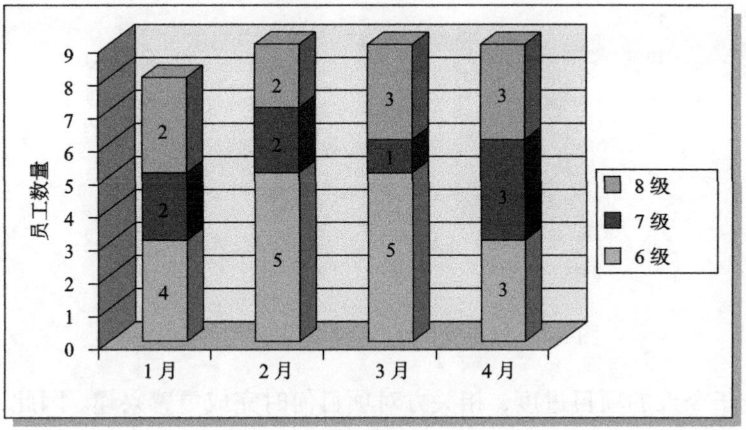

图 6-5 以薪酬等级安排员工

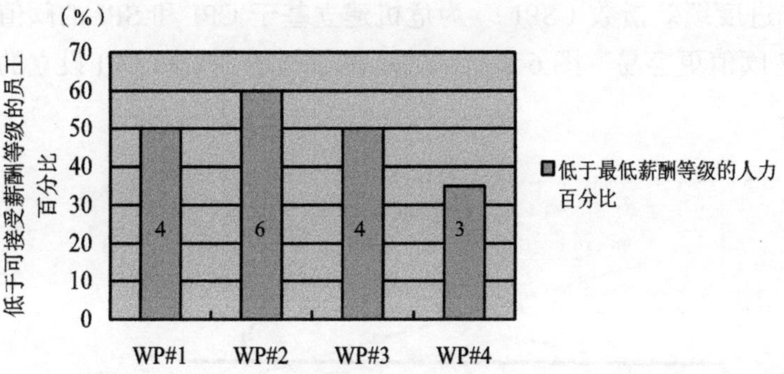

图 6-6 人力等级与阈值

有时因为危机仪表板的空间有限，需要合并图像。举个例子，在日常的仪表板上通常为按时或延误生产可交付成果，以及按客户接受或拒绝可交付成果创建独立的图像。当它们被合并且显示在危机仪表板上时，则如图 6-7 所示。假设公司可接受每月有一个可交付成果被拒绝或退回返工。这是 1 月和 2 月的情况，但 4 月两个可交付成果被客户拒绝，这就触发了可能的危机。但是再一次，客户可能仅将此视为问题，而非危机。

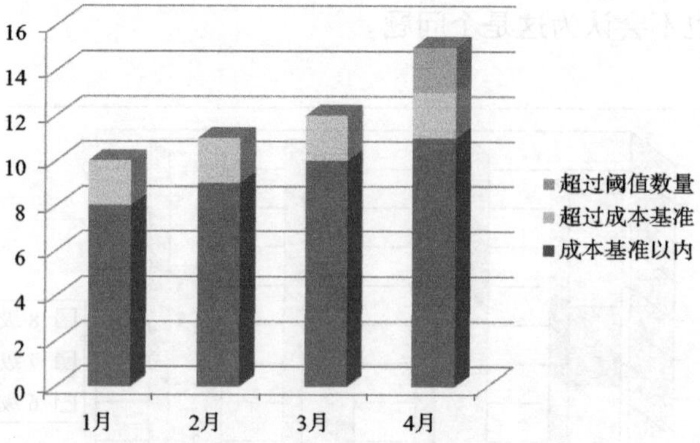

图 6-7　接受或拒绝可交付成果的度量指标

相较于今天的项目进度，相关方对项目何时完成更感兴趣。因此，在传统仪表板上应标出度量指标和 KPI 以便相关方查看，并以此对未来进行推测。换句话说，相较于成本偏差（CV）和进度偏差（SV），相关方更看重成本绩效指数（CPI）和进度绩效指数（SPI）。为危机建立基于 CPI 和 SPI 的阈值，比建立 CV 和 SV 阈值更容易。图 6-8 所示的示例中基于 SPI 和 CPI 设立的危机阈值均为 0.80。

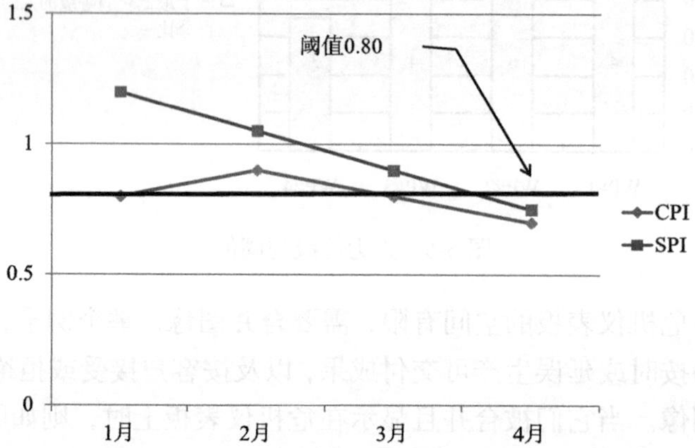

图 6-8　累计月末 CPI 和 SPI 数据

有时，趋势要比特定时间点上的指标的绝对值更为重要。近年来，风险管理已经上升到了十分重要的地位。为项目里每个工作包指定风险值已经成为趋势。风险和所掌握的知识成反比，所以在项目开始时风险通常是最大的。知识越丰富，风险越小。因此，当项目启动时，获得的知识越多，就能减少越多的风险。

若风险确实增加，将会如何？在这种情况下，其趋势极为重要。如图 6-9 所示的趋势表明，标示有临界风险的工作包数量正在增加。这虽然不一定是危机，但显然应加以监视，使一切都在掌握之中。

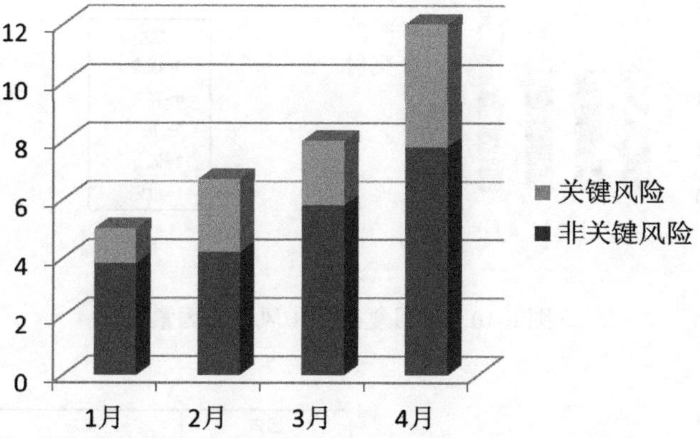

图 6-9　包含与不包含关键风险的工作包打开数量

图 6-9 可以被重新绘制成类似图 6-6 的图表，如果在任意月份中有关键风险的工作包数量超过 20%，那么就出现了危机。但是也可能造成混淆，因为可能一共只有 3 个工作包，而其中 1 个被标记为关键风险，但这并不会是场危机。如果有 100 个工作包，而其中 1 个被标记为临界风险，这种情况虽然没有达到 20%的危机触发点，但一个月就有 15 个工作包被标示为关键风险，这可真的是个危机了。换言之，某些情形无助于建立危机触发的量化阈值，而趋势较实际数字具有更多价值。

风险危机的临界阈值从工作包级别分析可能是不切实际的。同样，项目总体风险的临界阈值也是如此。举例来说，如图 6-10 所示，假设一家公司识别了三个主要的项目风险，分别为交付风险、商业风险和技术风险。如果三项风险都被认为具有很高的风险度，然而图例中每项风险都被评为 5 分（总分为 15）。当总分超过了最高值的 80%时，公司可能考虑为总体项目风险设定危机阈值。换言之，如果总分超过 80% × 15（最大值）=12 分，就已经进入了危机阈值。如图 6-10 所示，可见 3 月已达到危机阈值，而 4 月已突破危机阈值。

可能的危机的阈值现已被收入 PMO 维护的度量指标库中。从图 6-11 可看到上述讨论的风险因素示例。

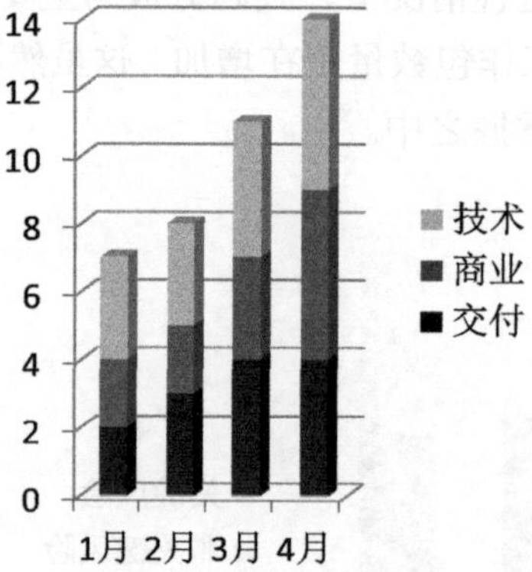

复杂度因素	等级
技术	5
商业	4
交付	3

表中
5=很高
4=高
3=中
2=低
1=很低

图 6-10　项目复杂度（风险）因素

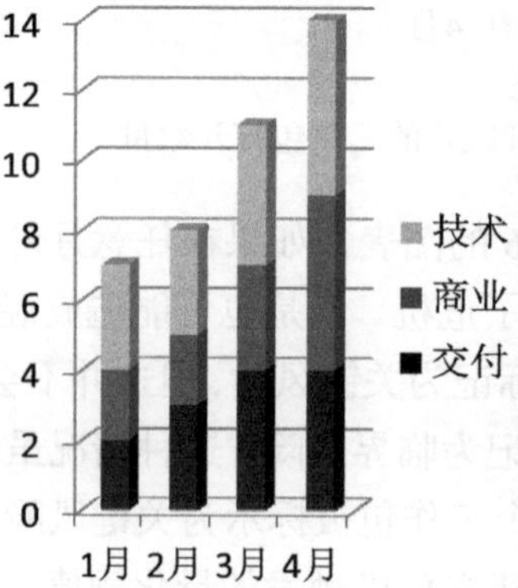

因素	信息
描述	在时间跨度上显示项目复杂度变更
度量指标负责人	艾伦・斯坦福
优势	直接同下游风险相关
劣势	极其主观
危机阈值	最大值的80%
度量指标或KPI	度量指标
价值属性	不适用
图像类型	堆叠柱形图
测量	人为判定
PMBOK®知识领域	风险管理
PMBOK®过程组	执行

图 6-11　图 6-10 所示的项目复杂度（风险）因素的度量指标库展示

总结

有关危机仪表板可得出如下结论：

- 观看者并不一定总是清楚对危机的定义。
- 并非所有的问题都是危机。
- 不利的趋势有时被视为危机并出现在危机仪表板上。
- 危机仪表板可能包含危机度量指标和问题度量指标的混合体。
- 为确保度量指标易于理解，当传统仪表板报告系统上的度量指标要放置到危机仪表板上时，可能需要重新绘制。
- 危机度量指标通常意味着必须密切监控情势或必须做出某些决策。

当我们掌握了更多有关危机仪表板的知识，它最终就能成为一门科学，而不是艺术。但现在，我们仅处于理解危机仪表板的初级阶段，必须尽我们所能做到最好。

6.20　终止项目

终止项目有多难？

Copyright © Scott Maxwell/LuMaxArt/Shutterstock

危机仪表板的存在目的是当项目遭遇困难时，能尽早识别预警信号，并制订拯救计划以摆脱困境。但如之前章节所述，并非所有项目都能够或应该被挽救。

方法论可通过决策节点和退出匝道来取消项目。遗憾的是，对高管来说最艰难的决策便是叫停项目，这无异于承认项目失败或当初的决策失误。项目经理、高管和相关方为了使自己的项目成功竭尽全力。但如果项目领军人和项目团队盲目相信项目会取得成功将会如何？如果强烈的信念和集体信仰漠视了迫在眉睫的危险预兆又会如何？倘若集体的信仰掩盖并压制了异议和反对还将会如何？

上述情形中，必须选派出一名撤退领军人，这位撤退领军人通常是来自项目之外的高层管理者，负责实施健康检查，做出公正的决策并向高管层建议项目是应继续还是终止。撤退领军人有时需要直接参与项目，以便获得公信力。当然也并非总是需要直接参与。撤退领军人必须愿意拿自己的声誉冒险，面对可能被逐出项目团队的尴尬局面。根据伊莎贝尔·罗伊（Isabelle Royer）的论述[①]：

> 有时候需要有人，而非增加的证据，来动摇项目团队的集体信仰。作为项目领军人的正当工作引发的意外产物，不受控制的狂热一旦开始，就需要一种反制力量——撤退领军人。他们就像撒旦的代言人。他们不是简单地指出项目问题，而是寻求客观事实和证据来证明问题的实际存在。他们会质疑不明确的现有数据，甚至会去重新确认项目

① I. Royer, “Why Bad Projects Are So Hard to Kill,” *Harvard Business Review,* February 2003, p.11. Copyright ©2003 by the Harvard Business School Publishing Corporation. All rights reserved.

的可行性。他们基于客观数据采取行动。

项目规模越大，公司的财务风险也越大，撤退领军人作为高级管理人员越应驻留。如果项目领军人恰巧是 CEO，那么董事会中某董事或乃至整个董事会应假设为撤退领军人的角色。遗憾的是，有可能整个董事会都笼罩在集体信仰中。在这种情况下，集体信仰会驱使董事会推卸监督责任。

大型项目容易招致巨大的成本超支和进度延误。项目一旦开始，要做出终止的决策是非常困难的。根据大卫·戴维斯（David Davis）的论述[①]：

> 要放弃一个已经投资了几百万美元的项目，最困难的往往是难以进行客观的审查和重新成本估算。面对这样的情况，理想的办法是引进一个未参与项目开发的独立管理团队来进行重新成本估算，如果可能，开展全面审查……如果数字不支持重新成本估算和审查的结果，公司就应放弃该项目。运营阶段中不良项目的数量就是支持者反对放弃项目决策的证据。
>
> ……高级管理层需创建一个嘉奖诚实和勇气的环境，并赋予部分项目经理更多的决策权。公司必须具有鼓励项目成功的氛围，但高管们也应允许失败。

项目越大，越需要撤退领军人和项目发起人确保商业计划具备“退出匝道”，能在投入和消耗大量资源之前尽早终止项目。遗憾的是，当集体信仰存在时，退出匝道会被故意从项目和商业计划中忽略。设立撤退领军人的另一个原因是可以尽快启动项目收尾过程。当项目接近完成时，团队成员往往关心起下一项任务，并试图延长现行的项目直至他们准备撤离为止。在这种情况下，撤退领军人可在不影响项目完整性的前提下，起到加速项目收尾的过程的作用。

一些组织委派项目组合评审委员会成员出任撤退领军人的角色。项目组合评审委员会对项目的选择和终止都具有最终决策权。通常一位项目组合评审委员会成员可以扮演撤退领军人的角色，向其他委员提交最终报告。

---

① D. Davis, “New Projects: Beware of False Economics,” *Harvard Business Review*, March–April 1985, pp.100–101. Copyright ©1985 by the President and Fellows of Harvard College. All rights reserved.

讨论题

以下讨论题供课堂使用，用以激发小组对 PM2.0 的思考。大多数问题的答案不存在对错之分。

1．方法论和项目计划有何区别？

2．采用基于刚性政策和程序的方法论有何优点？

3．方法论应多久进行一次持续改进？

4．设计冻结和规格冻结有何区别？

5．谁对项目的商业论证的批准具有最终发言权？

6．在整个项目生命周期中，哪些因素能够引发项目假设条件的变更？

7．在整个项目生命周期中，哪些因素能够引发项目制约因素的变更？

8．谁负责验证项目假设条件？

9．是否应该设立项目度量指标用于跟踪假设条件和制约因素？

10．结束项目的合理顺序是什么？

第7章

项目治理

7.0 简介

以往，项目经理仅与项目发起人一人对接。发起人的作用是协助项目经理做关键性决策，而该角色也将发起人与政治和相关方隔开。随着 PM2.0 的出现及日趋复杂的项目，相关方被要求在项目中发挥更为积极的作用。单凭一己之力很难做出获得全面必要支持的决策。

如今，项目经理期望相关方和有关各方都能积极参与项目。但政治性干扰、相关方的微观管理以及可能出现的项目方向变更往往会给项目造成风险。指望这些不要发生只能是痴人说梦。正因为如此，那些采纳了 PM2.0 理念的项目经理才会对项目治理、相关方关系管理以及项目政治有很好的认识。当然，有效的沟通技能也是必不可少的。

相关方协议有多重要？

7.1 项目治理的需要

所有项目都有可能陷入困境，即便在 PM2.0 环境中也是如此。在通常情况下，如果项目需求切合实际，同时项目经理未被施加过大压力，并且还有项目发起人会在项目出现问题时作为助手协助项目经理的话，项目管理是能够运营良好的。在今天纷乱复杂的环境中，项目管理的难度越来越大，其原因如下：

- 公司为了生存必须承受更大的风险，并接受高度复杂性的项目。
- 客户要求小批量、高质量的某种程度定制化的产品。
- 项目生命周期和新产品开发时间被压缩。
- 事业环境因素对项目执行构成更大的影响。
- 客户和相关方希望能更多地参与项目执行。
- 公司正发展同供应商的战略伙伴关系，各供应商的项目管理成熟度却各不相同。
- 全球竞争迫使企业接受客户的项目，客户的项目管理成熟度和报告需求却各不相同。

解决上述难题正是 PM2.0 存在的原因之一。因为当相关方要求项目和进度加快时，他们自己却想放慢决策过程。即便项目发起人也没有时间和能力仅凭一己之力来应对上述问题。如果项目缺乏适当治理，其结果就是项目放缓。项目放缓的原因如下：

- 项目经理被要求在其知识匮乏的领域里做出决策。
- 项目经理会纠结是否接受全权全责的项目。
- 项目管理组织面对过多的汇报层级和过于复杂的决策流程。
- 风险管理在组织中已跃升到较高层次，但人们缺乏风险管理知识，以致决策延误。
- 项目经理的领导能力在某些非传统项目或复杂项目中受到质疑。

如果仅靠项目发起人一己之力，可能无法及早或及时解决上述几点导致的问题。但如果治理委员会成员能及时达成共识，并采纳有效的项目治理，上述问题即可迎刃而解。

7.2　定义项目治理

项目治理实际上是制定项目决策的框架。治理涉及界定预期、责任、职责、授权或验证绩效的决策。治理亦涉及统一管理、凝聚力政策、流程和特定职责领域的决策权。治理能促成切实有效的决策。

治理委员会充分理解自己的角色和职责有多重要？

项目管理教科书宣称，项目经理是生产项目资产或可交付成果的单一责任人。责任通常被定义为职责及相应的职权，但职责和职权都分为不同程度。项目经理通常必须在某种程度上同负责治理的人员分享职责和职权，各自的权责程度在项目启动前界定明确，虽然在项目运营期间可能发生变更。

即使所有项目都采用统一的企业项目管理方法论，各个项目的治理也可能不尽相同。治理功能可作为单独过程来运行，也可作为项目管理领导力的一部分来运行。治理的目的并非为了取代项目决策，而是防止做出不合适的治理。

治理委员会各成员可以将个人议程带上议事桌，即便该议程并不被其他委员和项目经理所知。治理委员会成员需就各自的角色和责任达成共识。如果未能在项目的初始就达成共识，项目经理便无法及时获得治理决策。

7.3 项目治理与公司治理

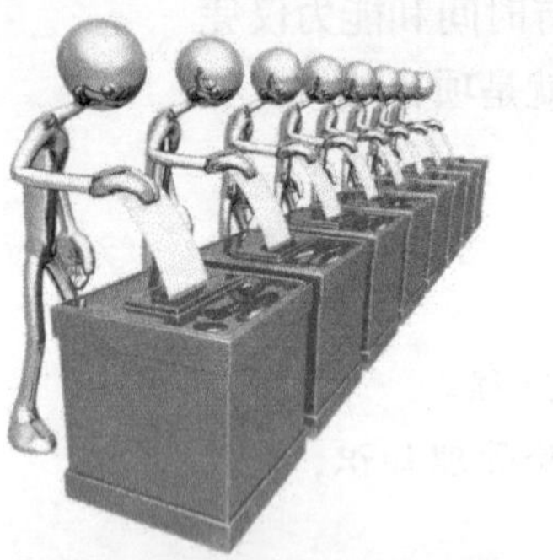

项目治理等同于公司治理吗？

项目治理与公司治理并非一回事。公司治理由一整套流程、习惯、政策、法规，以及影响人们指挥、管理或掌控公司方式的体系组成。公司治理还包括众多参与者（相关方）之间的关系和基于企业目标的联盟。主要的参与者包括股东、管理层和董事会。其他相关方包括员工、供应商、客户、银行和贷款机构、监管机构、环境及公众。参与公司治理的人员则同参与项目治理的人员完全不同。因而他们的角色、职责和决策权亦各不相同。公司治理遵循“职级即权威”这一潜规则。正因为如此，公司治理的决策是自上而下的命令，而项目治理决策遵循治理委员会成员投票结果，与其职级无关。

对项目和项目集的治理有时会陷于失败，那是因为人们混淆了项目治理和公司治理两者间的差别，结果导致委员会成员也弄不清自己的角色到底是什么。项目治理和公司治理两者之间的主要差异如下。

一致性：公司治理聚焦于如何更好地使项目组合符合并满足整体商业目标。项目治理则聚焦于保持项目走上正轨，并核实项目完成后所创造的价值。

方向：公司治理专注于把握战略方向，通过项目的成功来实现企业目标。项目治理则通过基于对项目范围、时间、成本和功能参数预设的决策，来把控运作方向。

仪表板：公司治理仪表板显示关于财务、市场和销售的度量指标。项目治理仪表板则显示时间、成本、范围、质量、行动、风险和可交付成果的运作度量指标。

成员：公司治理委员会由管理层中资历最深的成员组成。项目治理成员可包括部分中层管理人员。

出现失败的另一个原因是项目成员或项目集治理小组并不了解项目或项目集管理，以及它们之间的区别。这就导致治理委员会做出不必要的微观管理。他们中一些人以为项目交付价值，而项目集创造资产。公司治理和项目治理的另一区别是项目治理可能是短期的。

7.4　角色、职责和决策权

项目治理是项目决策制定的管理框架。当责任和职责与组织的业务相关联，且项目治理被作为常规活动列入组织/公司的治理安排时，项目治理就成了一切项目的关键因素。很少存在相应的框架用于管控资本投资（项目）的开发。例如，组织结构图很好地标示了组织中某人负责哪项具体的运营活动。但除非组织特别制定项目治理政策，否则不可能存在此类关于项目开发活动的图表。所以项目治理的角色是提供合乎逻辑、稳健的和可重复性的决策框架来管控组织的资本投资。因此，组织可以由结构化的方法同时开展常规业务活动和业务/项目变更活动。

总有人不明白哪些决策必须由治理委员会做出，而项目经理又能做哪些决策。模糊或重叠的角色和责任会引起混乱。一般情况下，项目经理应对涉及维护基准的必要行动拥有决策权，而治理委员会应有权批准超出一定价值范围的范围变更，以及做出必要决策使项目符合公司的目标和战略。表 7-1 和表 7-2 显示了项目经理和治理委员会之间有关职责和决策权分配方面的一些可能的差异。

表 7-1　职责的差异

治理委员会	项目经理
定义预期的最终结果	制定战术规划
定义临时可交付成果	定义资源需求
定义战略目的	考虑资源可用性
定义战略目标	考虑能力规划
定义资金限制	建立基准
定义环境因素	评估执行风险
定义高管的参与	识别度量指标/KPI
	控制范围蔓延

表 7-2 决策权的差异

治理委员会	项目经理
战略规划决策 变更战略目标 变更商业目标 批准范围变更 定时健康检查 项目取消	准备基准 维持基准 谈判资源 有限减轻风险

7.5 治理框架

治理委员会在虚拟环境中能有效工作吗？

过去，项目治理由项目发起人一人实施。这对内部项目而言是不争的事实，特别对那些不太复杂的项目更是如此。如今，治理由委员会实施，委员会可包括来自各方的代表，如企业内外部的相关方组织。表 7-3 显示了基于项目团队类型的各种治理方法。委员会成员因项目和行业的不同会有变动。根据相关方数量和项目面向内部还是外部客户，委员会成员的组成呈现多样化。就长期项目而言，在整个项目周期中委员会成员都会发生变化。

表 7-3 项目治理方法

项目组织结构	说　明	治理方法
分散于当地	项目成员可全职或兼职，他们从行政上亦隶属于其功能区	通常项目发起人由一人承担，但基于项目的复杂性，也可能由内部委员会承担
跨地域分布	这是虚拟团队，项目经理可能从未见到部分团队成员。团队成员可全职或兼职	通常由委员会治理，成员可包括相关方，虚拟治理团队也能开展工作
同一地点	所有团队成员与项目经理之间距离很近，而项目经理并不负责管辖其薪酬和工资	通常项目发起人由一人承担

续表

项目组织结构	说　明	治理方法
项目化	与同一地点的团队类似，项目经理通常扮演直线经理的功能，并负有管辖薪酬和工资的职责	基于项目规模和战略伙伴数量，可由委员会治理

企业外部的项目，治理委员会的人数可能相当可观，如图 7-1 所示。组织外部的项目，委员会中的层级可发生改变。不同的治理小组成员间也可能因项目的价值、范围变更、成本和其他争议发生严重冲突和政治问题。个人和委员会间很难达成相关方协议。

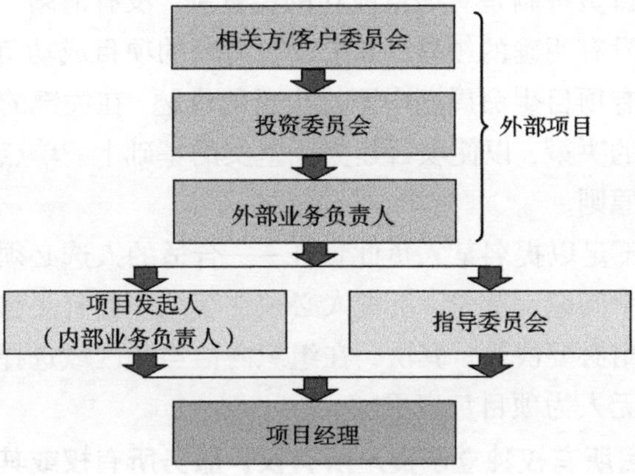

图 7-1　典型项目治理结构

7.6　项目治理的三大支柱

项目治理的三大支柱为：

- 组织结构
- 人员
- 信息

组织结构指的是治理委员会的结构。这可以包括拥有不同职责和权力的数个委员会。上述各委员会的决策权和相互间的关系必须在政策和程序性文件中予以明确规定。这样一来，项目治理便可在更广泛的治理领域内进行整合。

委员会组织结构的有效性取决于治理委员会人员的构成。委员会的成员由项目的性质决定，董事会成员的确定则受到其他因素的影响，这反过来又决定了在委员会中承担的组织角色。

最后一个支柱涉及向决策者通报有关信息，以及由项目经理升级汇报的关于项目、问题和风险组成的定期报告，以及描述项目的某些关键文件，其中最重要的是商业论证。

核心项目治理原则

项目治理框架应围绕若干核心原则，以确保其有效性。

原则 1：为项目的成功确保单点负责制。

最基本的项目负责制是对项目成功的负责制。没有清晰、明确的项目成功责任人的项目便没有明确的领导。如果没有清晰的项目成功负责制，便没有人会着手解决在所有项目生命周期中困扰项目的难题。在关键的项目启动阶段也应有人实施重要的决策，以使项目建立于坚实的基础上。单点负责制的概念是项目治理的首要原则。

然而，这还不足以提名某人负此责任——合适的人选必须能担此责任。可从两个方面看这个问题：首先，负责人必须在组织中拥有足够的职权，有权力为项目的成功做出必要决策。其次，在组织内恰当的区域选择合适的人选。如选错人选，会比无人为项目负责更糟。

原则 2：项目所有权独立于资产所有权、服务所有权或其他相关方群体。

通常情况下，组织提名把项目所有者的角色分配给服务所有者或资产所有者，并假设这理所当然会使项目实现符合这些所有者基本需求的目标，这是项目成功的关键措施。然而这一方式的后果会涉及浪费范围内含，并且不能实现相关方和客户的替代需求：

- 相关方分配项目所有者的职责所产生的存疑的收益，会扭曲项目的成果。
- 项目所有者要求接受较少的监督，降低创新和产出的效率。
- 围绕项目所有权、资产所有权和服务所有权的不同技能，将合理的项目决策和程序推向风险境地。
- 运营的需求总是更占优势，将同期的项目推向被忽视的风险境地。
- 项目的应急开支有被相关方通过所有权分配的方式分配到额外范围的风险。

确保项目满足客户和相关方的需求，同时发挥资金的最大价值的唯一且行之有效的机制是将项目所有权分配给非项目相关方的专家一方。

原则 3：确保相关方管理和项目决策活动相分离。

委员会决策的有效性与其规模成反比。大型委员会无法及时做出决策，且由于特定群体的干预，即使做出决策，也通常考虑欠周。

随着项目决策论坛的规模扩大，它渐渐变形为相关方管理组。随着人员的增加，每位参与者对关键的项目问题的了解却呈递减趋势。他们中的许多人出席会议却不做决策，只是将此作为察觉项目变化的一种方式。每人不仅没有充足的时间阐述其观点，而且那些为项目做出主要贡献的人却要和项目外围参与的群体为时间和影响力展开竞争。另外，并非所有现场人员对问题都具有相同程度的理解，因此时间都被浪费在了使每个人加速理解正在商讨的问题上。所以，实际上，大型项目委员会构成更是一个相关方管理论坛而非项目决策论坛。当项目等待委员会的及时决策时，这个问题就更加凸显出来。

毫无疑问，项目决策和相关方管理等活动对项目的成功极为重要。问题是两者相互独立，需要区别对待。这是有效项目治理的第三个原则。如能实现分离，将能够防止参与决策论坛的相关方过多，仅限于向那些对项目成功至关重要的相关方开放决策成员资质。

然而一直存在这样的担忧：这个解决方案若导致不满的相关方感到自己的需求不会得到满足时，将会引发更多问题。无论实行哪种相关方管理机制，都必须对所有项目相关方的需求进行适当处理。这就需要争取他们对项目的投入和关注，并解决他们关心的问题，使之满意。

原则 4：确保项目治理和组织治理结构相分离。

项目治理结构通常精确地设立。众所周知，组织结构并不能为项目交付提供必要的框架。项目需要灵活性和决策速度，而组织结构图中的管理层级机制有悖于此。项目治理结构通过将关键决策者从组织配置到论坛来克服弊端，从而避免了管理层级中的系列化决策过程。

因此，项目治理结构应保持与组织结构相分离的状态。众所公认，组织存在对报告和相关方参与的有效需求。由项目设立的专用报告机制可报告给项目治理结构，而项目治理框架必须报告给组织结构。但这样一种情况应该避免：指导委员会或项目管理委员会的决策须经由项目决策论坛之外的组织中的单人或多人审批。

采用该原则将最小化决策层次，避免拖延时间和效率低下。这将确保项目决策机构能够做出及时决策。

附加和补充的治理原则如下：

- 项目委员会对项目管理治理负全责。
- 清晰界定诸如角色、职责以及项目管理的治理的绩效标准。
- 规律有序的治理安排由适当的方法和控制加以支持，并被运用于整个项目生命周期。
- 连贯的支持关系贯穿于总体商业战略和项目组合之间。
- 所有项目都有包含授权节点的或批准的计划，其商业论证经评审并获批。在授权节点做出的决策应被记录与沟通。
- 委托授权机构的成员应有足够的代表性、胜任力、职权以及资源，使其能够做出适当的决策。
- 由相关的和真实的信息所支持的项目商业论证为制定权威性决策提供可靠的基础。
- 项目委员会或委托的代理可决定何时需要开展独立的项目和项目管理体系审核，并实施相应的审核。
- 对于报告项目的现状、风险和问题升级到的组织级别均有明确的标准。
- 组织推动不断改进的文化和开诚布公的项目信息内部披露的文化。
- 项目相关方以与其对组织的重要性相适应的水平，以及促进信任的方式参与项目。

当项目是多重业主时还存在附加原则，多重业主可定义为项目委员会与其他方分享对项目的最终控制。其原则如下：

- 治理安排应通过正式的协议。
- 应有项目决策的单个责任点，参考原则 2。
- 应在与业主、相关方和第三方签订的项目合同中对于代表项目的授权有清晰且毫不含糊的分配。
- 项目商业论证应包括对当前项目目标、业主的角色、激励、投入、职权和职责达成共识并加以定义。
- 每位业主应确保自己合法的能力和义务及共同业主之间的内部治理安排与所接受的项目治理标准相匹配。
- 应给予业主项目授权节点以及有限约束，以使业主对项目有必要的控制度。
- 应就风险共担、报酬共享的机制达成共识，以影响项目的结果，并创造激励机制以促进合作氛围。

- 项目领导应开发利用多重业主的协同效应，并应积极管控潜在的冲突或效率低下的源头。
- 应有一份正式协议，其中包含当资产或业主的所有权发生重大变化时，所调用的过程以及后果。
- 在项目周期和收益实现阶段中的报告，应本着业主所需的良好治理的程度，提供有关进展、成就、预测或风险的诚实、及时、真实和相关的数据。
- 当一个或数个项目业主合法权益受影响响时，应有机制进行独立的评审或审查。
- 应有在各业主一致认同基础上的争议解决流程，以不危及项目目标的实现。

项目发起人对项目治理起着关键作用。项目发起人需对以下三个主要领域负责：项目委员会、项目经理、项目相关方。

对项目委员会：发起人对文化和价值及商业论证负有领导职责，保持项目与组织的战略和项目组合方向的一致性，管控项目风险，同其他发起人共事，关注收益的实现，推荐完善成本/效益比的机遇，确保发起方的连续性，提供保证、反馈和经验教训。

对项目经理：发起人提供及时决策，阐明决策框架、业务优先级和战略，沟通业务问题，提供资源，建立信任，管理关系，支持项目经理的角色，并推进伦理道德的工作。

对项目相关方：项目发起人争取相关方，管控相关方沟通，指导客户关系，指导用户治理，指导供应商治理，并仲裁相关方关系。

项目治理将：

- 概述所有参与项目的内外部群体之间的关系。
- 向所有相关方提供项目相关的适当的信息流。
- 确保对每个项目面临的问题进行适当的评审。
- 确保项目每个适当的阶段均可获得所需的批准并引导正确的方向。

良好的项目治理的重要具体因素包括：

- 令人信服的商业论证，阐明了项目目标，并指明了内部和外部的形势。
- 一套评估机制，对已完成的项目是否与最初目标相一致进行评估。
- 识别所有与项目有利益关系的相关方。
- 定义好的与各相关方进行沟通的方式。

- 一套获得所有相关方同意的业务等级需求。
- 达成共识的项目可交付成果的规范。
- 项目经理的任命。
- 清晰的项目角色和职责的分配。
- 当前发布的项目计划，涵盖了从项目启动、执行直至移交运营的全部项目阶段。
- 准确的上升态势和进展报告系统，其中包括时间记录。
- 项目的集中文档库。
- 集中存放项目术语的词汇表。
- 管理和解决项目期间所发生问题的流程。
- 记录和沟通项目期间所识别风险的流程。
- 对关键治理文件和项目可交付成果进行质量评审的标准。

总之，以 IT 项目为例，治理首要处理业务关注点和 IT 管理之间的联系。明确治理的目的是确保 IT 的投资能产生商业价值，并减轻伴随 IT 项目的风险。

7.7 信息的曲解

如果相关方对度量指标信息有异议会发生什么情况？

理想的情况下，所有治理委员会成员可查阅同一仪表板，并将接受关于如何评价和诠释信息的培训。遗憾的是，相关方常出现分歧，究其原因如下：

- 相关方提出自己的议程，可能之前被隐藏且与项目战略目标不符。
- 相关方可能期盼的长期或短期利益并不被度量指标信息所支持。
- 相关方要求补充度量指标，但会与常见度量指标呈现相矛盾的结果。
- 相关方可能怀疑度量指标信息的真实性。

当分歧出现时，可能发生以下情况：

- 治理委员会成员发生冲突。
- 委员会做出仅凭经验的决策而非知情的决策。
- 决策延迟，影响项目的绩效。
- 委员会有可能剥夺项目经理的职权。

- 委员会可能试图改变其某些角色和职责。
- 委员会可能要求补充信息、仪表板或文件材料。
- 委员会成员之间可能试图滥用职权。
- 为项目提供最大财务支持的委员会成员可能撤回支持。
- 委员会成员有可能辞职，从而导致决策过程延迟。

7.8　过滤信息

广为人知的案例研究课题是：项目团队会对项目状态信息加以曲解，使之比实际状态看起来更佳。所幸有些治理委员会能分清事实与虚幻。但是当治理委员会成员要求查阅那些原始数据格式的信息，或者要求在报告正式发布前或仪表板公示前查阅信息时将会发生什么？

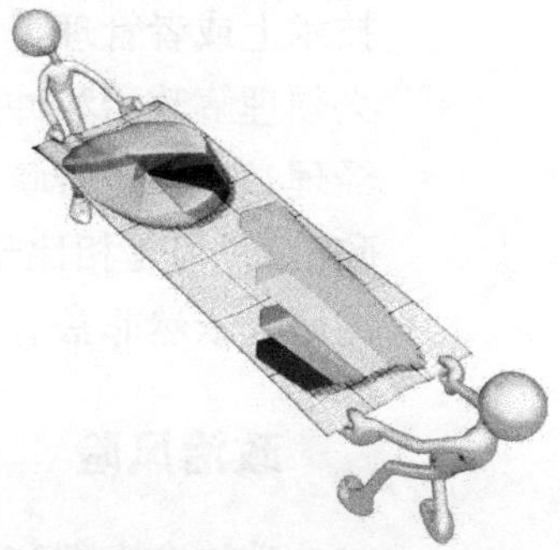

如果委员会成员要更改仪表板上的信息会怎样？

我们必须牢记：治理委员会成员可能将议程隐藏起来，当情况进展良好时才披露信息。提供给治理委员会成员的信息并不仅停留于委员会层面，有可能转呈至他们的上级。基于信息出现的时机，尤其在信息并不十分有利的情况下，委员们会发现这些信息会影响自己的职业生涯、薪酬增加、奖金或政治利益。除了需将信息提供给治理委员会，绝大多数项目经理对信息去向一无所知。在此情形下，治理委员会可能要求项目经理夸大事实，或者委员们在转发之前自行在仪表板上更改信息。

从项目经理的角度看，诚实是最佳的策略。一旦夸大事实被揭穿，反过来会给项目经理带来困扰。

7.9　理解项目环境中的政治

完成项目的要素有 3P：人员（People）、进展（Process）、政治（Polity）。人员和政治具有强烈的关联性。简单地将人员分配于项目中，并不意味着他们总能做出符合利益最大化的项目决策。当员工接受新项目时，往往会自问：“我从中能获得什么？这个安排是否会使我的职业生涯从中受益？”这是项目政治的开始，并可导致如前面章节所述的信息过滤情况。

此类想法可扩展至项目各管理层，包括负责项目治理的层次。人们倾向玩弄政治，以期获利。而项目经理必须克服此类小动作引发的障碍。人们受到来自公司正式组织结构和现行的非正式政治权力结构的报酬的诱惑和驱使。当来自这两种结构的个人报酬受到威胁时，障碍便自然产生。障碍导致了冲突，它涉及项目如何规划，将谁分配至特定的活动，尤其是那些受到高层关注而问题接近解决的活动以及隐藏的议程事项。只要符合利益，某些人甚至可能乐见项目归于失败。

对政治的领悟是今天项目经理必备的基本技能。项目经理不能再单纯依靠技术上或者管理上的竞争力，必须理解你所打交道的人员和组织的政治色彩。必须理解政治和冲突是不可避免的，这是项目管理的一项潜规则。未来的项目经理必须具备对政治的敏锐性。遗憾的是，一些书籍虽然涉及了项目管理中的政治①，但是相比于《PMBOK®指南》中其他领域的内容，对于项目管理政治的研究依然非常有限。

政治风险

政治在大型和复杂的项目中通常被视为政治风险，尤其当项目所在国受政府干扰或政治动乱影响的时候。常被视为政治风险的因素包括：

- 政治变化，如新党派当选执政。
- 项目所在国财政政策、采购政策、劳工政策的变化。
- 国有化或非法扣押项目资产和/或知识产权。
- 政变、恐怖活动、绑架、勒索、暗杀、内战和暴动等导致的社会动荡。
- 不利的货币兑换政策引发通货膨胀率显著变化。
- 合同失败，如执照吊销和支付失败。

上述诸多风险源自对事业环境因素的理解度。通常情况下，由项目发起人或治理委员会监视事业环境因素，他们轮流为管控政治风险提供协助。但在项目经理不能与治理委员会直接联系的情况下，项目经理通常不得不自行处理政治风险。

项目越大、越复杂，成本超支就可能越大。成本超支越大，政治干预的可

---

① See J. K. Pinto, *Power & Politics in Project Management,* The Project Management Institute, Newtown Square, PA, 1996, and B. Irwin, *Managing Politics and Conflicts in Projects,* Management Concepts, Vienna, VA, 2008.

能性就越大。某些国家，如美国，问题升级通常意味着问题只是上升到项目发起人手中。但在其他国家，尤其是新兴市场国家，问题可能超出治理委员会管辖范围，将涉及政府高层官员。这对大型项目而言确实如此，极有可能受其影响造成成本上的巨大超支。

玩弄政治的原因

人们玩弄政治有许多原因，常见原因有：

- 保持对稀缺资源的控制。
- 追求奖赏、权力或认可。
- 维护自身形象和个人价值。
- 有隐秘的议程。
- 对未知的恐惧。
- 控制出国旅行的名额。
- 控制重要信息，因为信息是权力的来源。
- 让他人接替某人的工作。
- 拒绝接受或承认挫折或失败。
- 对错误被曝光的恐惧。
- 将失败看作弱者的标记。
- 将失败视为对个人名誉的毁坏。
- 将失败视为对个人职业生涯的损害。

以上这些原因可能让个人受益。但也存在负面的政治，即以伤害他人为目的的政治游戏，这会反过来也不会让个人受益。举例如下：

- 希望看到项目失败。
- 担心如果项目成功会出现自己所不期望的变化。
- 想损害他人的形象和名誉，特别是当他们阻挡了自己的职业生涯前进之路时。
- 斥责别人的想法以加强自己的地位。

发生政治游戏的情境

政治可能存在于任何项目的任何生命周期阶段之中，这已被历史所证实。极可能发生政治游戏的情境如下：

- 试图在保守的文化环境中实现项目管理的成熟度。

- 在兼并和收购期间，“主”“客”具有不同的项目管理成熟度。
- 试图让整个组织接受由某一职能领域创建的项目管理方法论，而非由来自所有职能领域成员组成的委员会创建（“非我发明”综合征）。
- 不相信项目能顺利完成，想明哲保身。
- 如果项目成功，就需改变自己的工作习惯且行事方式与以往不同。
- 问题发生时，不知如何解决。
- 认为虚拟团队与项目政治绝缘。
- 项目越大、越复杂，政治干预的概率越高。
- 治理委员会规模越大，争议和政治问题发生概率越高。
- 不理解有效的相关方关系管理做法。
- 人员在项目中的权力越大，卷入项目政治的概率越高
- 那些备受瞩目的员工较一般员工更倾向于玩弄政治。
- 项目处于困境中，并且需要做出挽回可能败局的权衡。

治理委员会

项目政治通常以将项目推至与原本的工作说明书（SOW）相反的方向而告终。这种推进可能来自你的上级、你项目团队的某些成员、客户甚至某些相关方。每类群体想要的项目成果均稍许不同，而你的工作就是尝试找到一种能够平衡各方的方法。

从表面看，最简单的解决方法是创建一个由你公司的高级经理、客户公司代表和各相关方群体的代表所组成的治理委员会。如今，表面看来，你能让治理委员会解决他们之间所有的矛盾和争斗，给项目一个统一的方向。获得更高权力的支持当然看起来是件正确的事。遗憾的是，委员会很可能无法达成共识，甚至在协议行将达成之时，委员会中某些成员仍会企图在幕后玩弄政治。治理委员会的存在并不能消除项目政治的存在。在治理委员会工作的人们经常会为了加强其权力基础而玩弄政治。

绝大部分公司可用于项目的资金有限，其结果是高管层之间为了项目资金展开争夺。这样做可能成就了某个职能领域的最佳利益，却不一定符合整个公司的最佳利益。高管也会玩弄政治游戏，以使他的项目较其他人的项目更早获批，并将此举视为加固了其权力基础。但治理委员会也可能包括在项目资金争夺中失败的职能领域高管，而他们可能试图对项目施加负面的政治影响，甚至希望项目归于失败。往往出现这种结果：项目经理被分配负责一个项目，项目

获批后走马上任，但直到项目批准和启动阶段才真正对项目政治有所理解。

朋友和敌人

某人是朋友还是敌人往往难以迅速区分。并非所有提出政治议程的人都是敌人。某些人为其最佳利益而玩弄政治游戏。如果可以从个人议程出发，则有利于区分敌友。这就意味着你必须同他们沟通，或者更多通过非正式而非正式的途径去了解其议程。想猜测此人是敌是友，读取其肢体语言通常是一个不错的方法。

一个区分朋友和敌人的可能的方式如下。

真正的支持者：公开表示其愿意支持你和你在项目中的地位。

骑墙派：只要向他们证明你是值得他们信任和支持的，一段时间之后他们就会支持你。你需要花费额外的时间来展示你的立场并获得他们的支持。

真正的不知情者：不像骑墙派那样容易被你的思想所说服，他们是真正的未知数。他们的议程可能和你的最佳利益不同，但他们相对比较平静，也未表达其关注。如果他们坚决反对正在实施的项目方向，则会构成严重的威胁。

真正的敌人：这些人明确表示不愿意支持你的观点。你了解他们的立场，并确信他们对你和项目方向会做出何种反应。

进攻还是撤退

当人们玩弄项目政治时，有两个默认事实：第一，这些人都是玩弄政治的老手。第二，他们都想取胜。根据与你争斗的对象，来决定采取积极进攻还是撤退战略。无所作为则是一种撤退的形式。若此，你将注定战败。

作战的首要原则就是尽可能多地收集敌方情报。例如，作为相关方关系管理的一部分，图 7-2 绘制的项目相关方矩阵是显示相关方的权力和其对项目利益程度的最常见方式。

重点管理：那些握有大权，又十分关注项目的人，既能成全你的项目，也能破坏它。你必须尽全力来让他们满意。要注意，有些因素能使他们迅速改变象限。

令其满意：那些位高权重，却对项目兴趣不大的人也能成全或毁了你的项目。你必须做出一些努力使他们满意，但不必提供过多细节，否则可能使他们厌烦或失去兴趣。他们可能不会一直参与到项目结束。

随时告知：那些权力有限，但对项目抱有很高热情的人，他们可以敏锐地察觉到即将出现的问题，起到早期预警系统的作用。而且他们可能在技术上有很高造诣，能够协助解决一些技术问题。这些相关方经常能提供隐藏的机会。

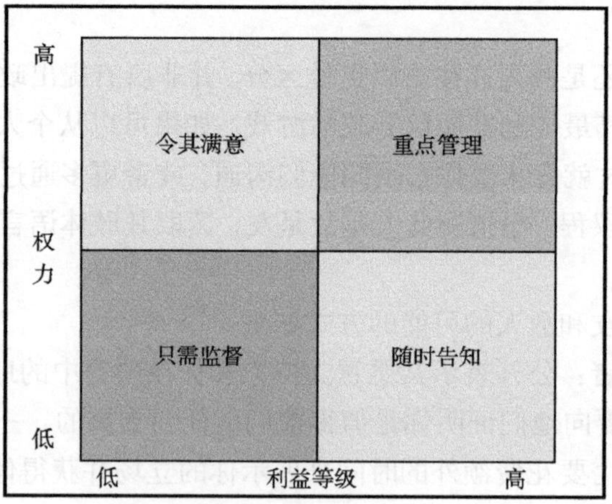

图 7-2　相关方矩阵

只需监督：那些人权力有限，除非发生灾难性情况，否则对项目也兴趣不大。应给予他们一定信息，但不必过于详细，以免他们感到无趣或无聊。

当你准备一鼓作气对那些弄权者发起进攻时，你不仅要有弹药，而且要有必要的后援。你必须对政治决策给项目的制约因素以及随之对项目基准的影响做好准备。根据你的对手在图 7-2 中的权力和影响程度，你可能需要其他相关方帮你说话。如果能获得和弄权者相同或更高权力的人的支持将是十分有利的。

也不是非要赢得所有政治斗争。玩弄政治并拥有极大权力的人也有权取消项目或在项目恢复阶段予以协助。在这种情况下，面对有权取消项目的人，退出政治斗争可能是唯一可行的做法。如果你真的疏远了弄权者，情况甚至会进一步恶化。也许有朝一日你可能同他们再度共事。最好的办法就是试着去理解弄权者，他们为何玩弄政治，他们对最终决策究竟有多大的权力和影响力。

有效沟通的需要

很少有人会告诉你有人正在或试图对你的项目玩弄政治游戏。当然这也是有迹象可循的。这些迹象包括：

- 人们不在乎你的感受。
- 人们避谈重要问题。

- 人们从不过问你对事件的感受。
- 人们拖延决策。
- 人们找借口不完成任务。
- 人们只讨论对他们个人有利的事。

项目经理不可能控制这些背后中伤的现象，无效的沟通只会使情况更糟。为最大限度地减少政治对项目的影响，项目经理应考虑采纳下列做法：

- 先倾听后发言，别匆忙下结论。
- 确保你理解他人所说，并试着从他人角度看问题。
- 所有非正式的沟通都应有备忘录，概述所讨论的问题，并确保无误。
- 陈述观点前，确保你已收集了所有必要的支持信息。
- 确保你清楚地理解文化如何影响他人同你沟通的方式。
- 如果你需要提出批评，确保是建设性的，而非针对个人的批评。
- 解决政治问题会有输家和赢家。这不是简单的一决胜负。你必须向大家解释你为何选择这种办法，而不考虑其他的方式，当然这必须巧妙地完成。
- 如果情况不能被有效地管理，不要羞于向高级管理人员咨询建议和帮助。
- 无效的沟通会怂恿撒谎，从而引发额外的政治游戏和不信任。

当与团队成员、客户和相关方讨论政治时，项目经理必须格外慎重。信息可能被误解或过滤，特别是人们总是只听他们想听到的信息。其结果是引发始料未及的额外的政治问题，朋友很容易变成敌人。

权力和影响

有效的沟通技能并不能单独解决所有政治形势。要理解为何这么说，就涉及项目管理通常如何是工作的。如果将所有项目置于传统层级制中，便会有人用最高权力来解决政治问题。但既然绝大部分项目在传统层级制之外，解决冲突和政治问题的重任就通常落在项目经理甚至治理委员会肩上，而治理委员会本身很可能就是冲突的根源。

从表面上看，最简单的办法似乎是给予项目经理足够的职权以解决政治问题。但项目通常是在传统层级制之外执行的，所以项目经理的职权有限。而且缺乏正式授权，使得项目经理的工作存在难度。虽然项目章程给予项目经理一定程度的职权，但大多数项目经理依旧权力有限。其根源是：

- 项目经理必须与职能经理就合格的资源展开谈判。
- 没有职能经理的同意，项目经理无权从项目中开除员工。

- 项目经理通常没有对工资和薪酬的直接管辖权。
- 项目经理几乎没有奖励和惩罚权。
- 如果员工被分配到多个项目，项目经理无法强迫那些员工及时处理自己的项目。

由于缺乏来自传统层级制的职位权力，并且没有奖惩权力，项目经理只得依仗其他形式的权力和能力来影响人们。行为技能，诸如有效沟通、激励技术、冲突管理、讨价还价和谈判，对解决政治争端不可或缺。遗憾的是，大多数项目经理缺乏政治头脑和良好的冲突解决技能。

管理项目政治

尽管项目政治无法避免，项目经理依旧可以采取以下措施尽量减少或控制政治问题：

- 尽可能多地收集有关政治形势的信息。
- 确保每个人充分理解政治形势对项目基准的影响。
- 尝试以弄权者的视角观察局势。
- 努力与弄权者组成联盟。
- 设法让你的发起人或治理委员会帮你从政治游戏中脱身。
- 拥有结构化决策过程作为项目管理方法论的一部分，可以减少政治游戏。
- 尝试读取肢体语言来判断一个人的政治立场。
- 如果政治形势不能很快解决，只要不牺牲项目的完整性，可以表达妥协的意愿。

权力滋生政治，反过来政治又滋生了权力。期待管理项目而不受任何政治干扰是一厢情愿的不现实的想法。我们无法预测客户和相关方的行为，因为政治形势发生变化前没有任何早期预警信号。

没有人能够对组织或项目政治提出统一定义。政治变化多端且无常，因此项目经理必须发展出优秀的行为技能以便应对政治局势。如果不能正确管理政治形势，会导致项目重新定向或误导项目的方向。

7.10 管理全球性相关方关系

我们前面提到有必要根据相关方的权力和影响力绘制相关方矩阵。当然这是建立在我们知道谁是相关方，并了解他们的关注点的假设上的。这些关于内部相关方的信息通常是可知的。然而，当与全球性项目的外部相关方打交道时，项目方向会受到未知因素影响。更糟糕的是，在复杂情势下实施的全球性项目还极易受社会政治环境的影响。同全球性相关方打交道的关键要素如下：

我们能用和非全球性相关方同样的方式与全球性相关方共事吗？

- 并非所有相关方都容易识别。
- 全球性项目的相关方远多于非全球性项目的相关方。
- 全球性相关方更可能在项目期间改变。
- 在组织中可能隐藏着比全球性相关方地位更高的相关方。
- 并非所有涉及相关方的问题都易于识别。
- 项目问题可能需要上升至比全球性相关方更高的层级解决。
- 不是所有全球性相关方的问题都能用和解决非全球性相关方问题一样的方式解决。
- 全球性相关方较非全球性相关方会有更多的隐性议程。
- 同传统项目相比，需用一套不同的争端解决模式来处理全球性相关方的争端。

埃尔特南（Aaltonen）和斯沃楠（Sivonen）写了一篇优秀的文章，论述了应对全球化项目中相关方的压力冲突的解决模式。他们在文中阐述了五项争端解决策略：

- 适应策略。服从相关方规则、政策和程序。
- 妥协策略。谈判和对话。
- 规避策略。松脱对相关方的依附。
- 无视策略。忽略其要求。
- 影响策略。主动帮助相关方形成需求。

新兴市场中的全球性相关方应对问题的方式不同于其他市场的全球性相关方，这对理解全球性相关方所处的文化环境极为重要①。

① K. Aaltonen and R. Sivonen, Response Strategies to Stakeholder Pressure in Global Projects, *International Journal of Project Management*,27 (2009), pp. 131–141.

7.11 项目治理的失败

非礼勿视，非礼勿言，
非礼勿听。

简单地将一名高管安排进项目治理委员会中，并不能保证就能做出正确决策。高管也像常人一样会犯错误。治理委员会中的高管所犯的最常见的错误是，他们声称不愿听到坏消息。这就导致了信息过滤的情况。尽管治理失败和项目失败两者仅一线之差，但治理委员会决策失误的成本远高于项目经理的决策失误。

除之前章节讨论的错误外，其他的明显错误如下。

未能捕获经验教训：我们趋向于从项目团队那里获得经验教训和最佳实践，而不是从治理委员会那里获得。无论是成功还是失败，我们都能从中学到最佳实践。治理委员会成员并不愿意承认失误，不希望被识别出治理上的不足并被记录在经验教训文档里，而被现在或未来的其他相关方看到。最终就导致了我们只有极少有关治理失败的经验教训数据。

拒绝倾听项目经理的呼声：不是所有的治理委员会成员都曾管理过项目或参加过项目管理的培训课程。他们的托词总是太忙，连为期一天的课程都无法参加，所以他们往往缺乏能使项目成功的知识。其结果是他们拒绝倾听项目经理的建议，还经常更换那些不同意治理决策的项目经理。项目经理很难影响治理委员会的决策，即使项目经理的建议基于可靠的事实。

做出政治决策：治理委员会成员经常将政治决策视为比合理的项目决策更为重要。当这种情形出现时，对项目的影响将是破坏性的，并会导致项目失败。政治决策可能包含了私利，如奖金和晋升。政治能使贪婪战胜正直。并不是总能将项目成功和个人事业成功分隔开来的。

更换相关方：当新的相关方加入一个进行中的项目时，他们必须乐于接受前任相关方的协议，否则项目决策将会有重大变化。最糟糕的情况是新相关方加入了治理委员会，其政治议题可能对项目不利。

拒绝取消项目：当项目行将失败时，治理委员会成员必须舍得取消项目。在项目完全陷入灾难之前就应予以取消。遗憾的是，政治、形象、声誉以及对惩罚的恐惧导致高管让项目继续完成，同时寻找替罪羊加以责备、顶罪。在公共媒体上宣布项目取消通常被视为对领导地位的削弱。不得人心的决策对高管的影响似乎大过项目经理。

职级特权：在某些环境中，项目治理委员会成员相信项目团队成员在级别上低于自己，所以拒绝直接同项目团队沟通交流。这可能是文化问题导致的，但最后结果往往是交流的中断，以及重要信息的过滤。

过度治理：如果治理团队成员视项目成功为获得提拔和认可的机会，那么其结果就可能是过度治理。这通常导致治理委员会的微观管理。

愿景冲突：治理委员会与项目经理必须对项目持有相同的愿景。这并不意味着治理委员会总会同意项目经理的决策。即使愿景明确，也需要在信息完全公开分享和保密之间达到平衡。治理委员会可能控制敏感信息的发布，特别是当这是与商业相关的信息，而不是基于项目的信息时。

一律最优先：治理委员会需理解并非所有项目都是最高优先级的。当治理团队成员被分配到多个项目后，也许就会认识到这个事实。很多其他人则没有意识到这一点，而将关键性资源从重要项目上重新配置，以保全自己喜爱的项目。

不验证商业论证：治理委员会成员可能未涉及商业论证的开发，但他们应定期重新验证商业论证的正确性。

7.12　挽救危难项目

项目会陷入困境。有时无论项目经理如何努力，项目的安全网总被掌握在治理委员会手中。

我们在拯救项目管理实践中对项目经理进行过培训。他们能决定如何权衡以挽回项目的现有价值。然而，其后就是治理委员会决定是否将安全网交给项目经理的问题了。有可能舍弃项目比挽回仅有的一部分项目价值更好。所以，是否给项目经理安全网的决策可能基于各委员会成员的个人议程。

需要安全网。

讨论题

以下讨论题供课堂使用，用以激发小组对PM2.0的思考。大多数问题的答案不存在对错之分。

1．项目发起方与治理委员会之间有何区别？

2．最有可能对项目造成损害的是发起方还是治理？

3．治理委员会最大的规模有多大？

4．哪些因素会导致发起方在项目生命周期中发生变化？

5．哪些因素会导致治理委员会成员在项目生命周期中发生变化？

6．治理委员会能否进行实质性的执行？

7．如何确保治理委员会成员不会误解仪表板上的信息？

8．假设治理委员会和项目团队的角色和职责各不相同，那又是谁决定了他们各自的角色和职责？

9．治理委员会做的哪些决策会危及项目健康？

10．治理委员会能否协助项目团队挽救濒临失败的项目？如果可以，该如何进行？

第 8 章

项目经理在战略规划和组合管理中的角色

项目经理在项目组合选择活动中起了什么作用？

8.0 简介

经过了半个多世纪的发展，项目管理已趋成熟。当年，项目管理被看作昙花一现的潮流；而如今，它已然演变为在公司中生存和发展必要的专业资质和职业道路。事实上，项目管理，包括项目选择活动，已被运用于各行各业，涵盖了所有业务。如今的项目经理更被视为商界人士，而非仅仅是项目经理。

如今，项目管理已被公认为一套系统化的流程，能运用于各种时间跨度、复杂性、价值和风险度的项目。尽管一些行业接受项目管理理念仍比较慢，但到目前为止，至少在战略规划和组合管理中已接受这一理念。当然，战略规划中至关重要的项目通常还是由职能经理管理的而非项目经理。现在，随着 PM2.0 的出现，一切都发生了变化。

人们总认为管理那些战略规划执行项目同管理其他项目没有什么差别。这一争议固然在一些公司具有积极意义，但切莫忽视若干重要的差异。特别是项目经理，不能仅从战术和运营层面考虑问题，而是必须站在战略的高度思考问题。鉴于项目的复杂性，需从传统的项目管理领导转向战略型领导。PM2.0 主张项目经理应从战略和战术两个层面管理项目，因而领导方式也须随之而变。

8.1 战略规划为何失败

要想理解项目管理如何有益于战略规划，重要的是理解为何某些战略计划会失败。综观历史，因为绝大部分项目经理出身于公司的技术序列，所以他们从未参与过项目的选择。这导致他们所接手的项目绝大部分为战术性项目而非战略性项目。

战略性项目由职能经理管理。由于职能经理的年终奖与公司年度利润率相关联，所以他们更倾向于将他们最好的资源保留给那些能够影响公司年度利润率的短期项目。换句话说，一个 5 年期的战略项目很可能无法获得最佳资源。要解决这个问题，首先应信任项目经理有管理战略项目的能力。

然而，众多职能经理尽管被分配管理战略项目，但他们从未完全理解项目管理的内涵。战略规划失败的常见原因无外乎对项目管理思想理解不深或运用不当，具体原因如下：

- 忽略了事业环境因素会影响高级管理层对未来的愿景。
- 对消费者行为或客户行为理解不足。
- 项目立项的前期研究不当。
- 项目范围定义不当或错误。
- 商业论证的记录文件不全，导致错误项目获批。
- 从未得到高管和相关方的支持。
- 频繁变更管理团队成员。
- 高估项目执行所需资源的胜任力。
- 能力规划有误，导致项目人手不足。
- 职能经理在实施战略项目的过程中拒绝承诺适当的资源。
- 未能获得员工对项目的承诺。
- 未能向项目执行团队清晰解释项目的重要性。
- 未能向执行团队说明致力于该长期项目的激励或财务收益。
- 未能理解项目成功所需的组织变革的程度。
- 未能有效管理变更。
- 未考虑到项目执行期间技术上的变化所带来的影响。
- 糟糕的时间和成本估算。
- 执行团队不适应定义不佳或多变的项目需求。
- 整个组织内的项目整合不良。
- 沟通不当。

战略规划执行项目失败的原因不胜枚举，上述原因在各种项目中均可能发生，但当其发生在战略规划执行项目中时，对于公司潜在的破坏尤其严重。

8.2　项目管理：高管的视角

随着项目的不断重复成功的能力，毋庸置疑，现在高管层已意识到在执行战略规划中运用项目管理的价值。有许多理由让高管层看到使用项目管理的价值，例如：

- 执行本身花费的时间远超规划，并且需要消耗更多的资源。高管层无法花可能几年的时间来进行众多业务领域间的协调和整合工作。
- 战略规划的成功离不开成功的实施计划。
- 项目经理能很好地处理规划与执行之间的脱节。
- 长期战略目标可分解成短期目标以便于执行，运用项目管理工具和 WBS 即可轻松实现。
- 借助项目管理人员配置技能，或使用 PMO，为项目配置合适资源。
- 在项目管理中使用的组织过程资产，包括仪表板报告系统，可实现向高级管理层进行每日项目状态报告。
- 鉴于持续时间长，战略规划项目高度有机并且易受变更影响，所以项目经理需明了如何管理和控制变更。

8.3　战略规划：项目管理的视角

战略规划是组织定义其未来（3 年、5 年、10 年甚至更长时间）何去何从以及如何定位的过程。战略计划是基于公司的愿景、使命、社会意识和价值观的产物。战略规划的制定需要清晰地了解公司本身及其所处环境。高管层较项目经理对事业环境因素有更清晰的了解，如提供的产品、服务的市场、现在和未来的技术、供应商体系、劳动力市场、经济状况、政治环境以及法规要求等。为符合上述需求，项目经理必须具备战略性意识而不仅是战术性意识。

高管层基于他们想做的事情设定了高远的目标，但这些目标往往都是他们不切实际的愿望。项目经理的作用是确定它是否可行。这就需要对每个项目建立清晰的商业论证、范围说明书，并且运用 WBS 将高层级目标分解为次级目标或低层级目标，这样可以便于任务的理解与完成。如果项目经理和项目团队相信能够做到，那么就建立正式的项目行动计划。按维基百科中的说法：

草拟战略规划核心目标之一就是开发一套方法，使战略规划易于转化为行动计划。绝大部分战略规划仅阐明了高层次动因和首要目标，但是并没有将其与完成计划所必需的日常项目任务有机结合成一个整体。例如，计划书的层次与使用的术语不匹配，就很容易导致你的战略计划无法让别人理解和执行。通常，概念性术语过多的计划书并不适用于员工（项目团队）日常执行计划。

从表面看，战略规划执行项目的执行应与其他项目一视同仁。但如果我们关注《PMBOK®指南》所描述的知识领域，我们还是可以发现一些不小的差异，这主要体现在长期项目上。其中的若干差异如表 8-1 所示。

表 8-1 《PMBOK®指南》和战略项目的执行

知识领域	战略规划项目的影响
整合管理	整合工作可以很好地贯穿国内国外整个组织
范围管理	范围可以变更，如技术变更。长期项目需要一套有效的范围变更控制过程。范围基准就像一个不断需要更新的移动窗口
时间管理	试图将合适的人员和他们的能力与不断变更的范围相匹配，将导致进度安排上的混乱。在职能领域，由于“救火”导致人员缺乏会带来严重的影响
成本管理	预测项目的真实成本几乎是不可能的，重新估算必须常态化，以确保收益和商业价值依然高于成本
质量管理	客户对质量以及竞争力的期待可能导致项目方向的重大变更
人力资源管理	项目持续的时间越长，人力资源的变动可能性就越大，而且很有可能向不利于项目的方向发展。很难保持长期动机
沟通管理	沟通应贯穿于整个公司。相关方的变更也会对沟通计划带来严重影响
风险管理	项目需要有一个具有献身精神的风险管理团队
采购管理	长期项目使精确估算采购成本极为困难
相关方管理	相关方必须认可项目与战略目标的一致性

8.4 通用战略规划

图 8-1 所示的是众多公司执行战略规划的框架图。其中最不引人注目的似乎是最下方的方框，即战略实施，而这恰恰是项目管理能提供的最大价值。几年前，一家财富 500 强公司聘请了咨询团队协助落实战略规划。咨询团队离去

后，公司高管层开会提出了尖锐的问题：“我们从咨询专家那里学到了什么？”他们意识到咨询专家只是告诉他们“做什么”，而非“怎么做”。高管们认识到“实施”才是将“理想”转化为“现实”的关键。他们得出结论：战略规划的实施有赖于有效的项目管理。

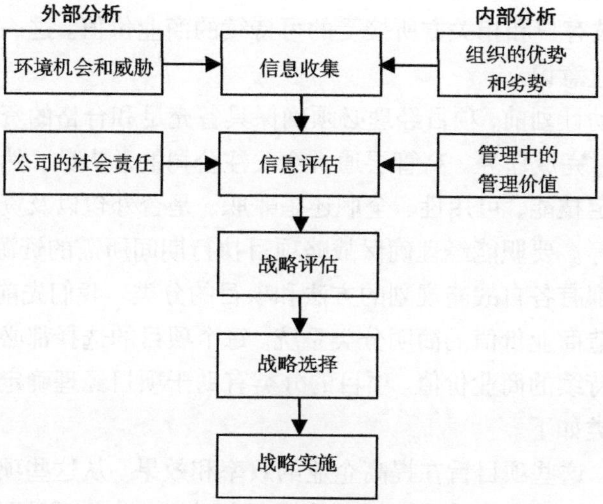

图 8-1　传统的战略规划活动

图 8-2 显示了职责层级。一旦高层级战略制定，必须将其分解成数个可管理的活动或项目，每个子项都有其一组中间目标。每个项目均需商业论证，通常由职能经理会同项目经理编写而成。商业论证中的措辞必须清晰易懂。高管层或许需要在每个商业论证上签字批准。

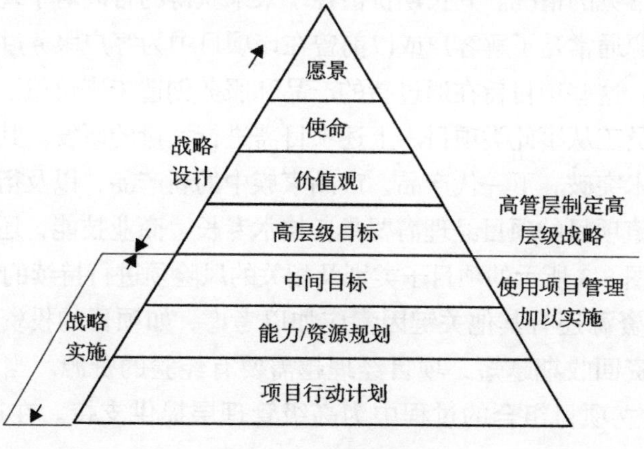

图 8-2　职责层级

PM2.0 的特征之一是应具备应对需求进化的能力。战略规划项目具有时间跨度，对初始要求做出清晰的界定也许不太可能。PM2.0 项目需要具备灵活性和应对持续变更的能力。

传统上，项目成功的定义为在规定时间和成本内完成工作，且最终结果被客户所接受。而如今的项目成功的定义同过去有所不同，它更加适合战略规划活动，即创造被客户和相关方所接受的可持续的商业价值。这一定义引导项目经理要更有商业意识。

在执行行动计划前，项目经理必须确保具备充足和合格的资源以及项目成员，以便能及时完成任务。高管层通常会关注公司的总人数，然而项目经理却专注于人员特定技能、可用性、全职还是兼职、是否外包以及资源所需的充足资金是否具备等。要职能经理确保战略项目执行期间所需的资源几乎不可能。

每家公司都有各自战略规划的方法和项目的分类。我们先前在图 4-2 中曾讨论过基于创造商业价值的简明分类系统。每个项目的选择都必须考虑是否能为公司创造可持续的商业价值。项目的分类有助于项目经理确定需要的资源类别。典型的分类如下。

内在价值：这些项目旨在提高企业的效率和效果。从这些项目获得的价值可降低成本、减少浪费，并缩短新产品的上市时间。这些项目还可以改进企业的项目管理方法论。在此情形下需要拥有过程技能的人才。

财务价值：公司需要现金流维持生存。这些项目能找到更佳的方法进入市场以推销公司的产品和服务，在这样的情形下，项目组成员具备市场营销和销售知识将颇有裨益。

客户价值：这些项目的短期价值在于改善客户关系。支出大于收入在这种短期项目中是很常见的情况。其长期价值在于未来获得的合同对于现金流的支持。项目所需的资源通常是了解客户或以前曾在该项目中为客户服务过的员工。

未来价值：这些项目旨在通过新的产品和服务创造未来价值。大多数公司分配最好的技术员工从事此类项目。上述项目需进行大量的研发。其中，典型的子类别有重大技术突破、下一代产品、产品家族中的新产品，以及衍生产品和产品升级。未来价值项目的项目经理需要具备技术专长、商业技能，还能充分理解商业风险管理。图 8-3 所示的项目子类别及相关的风险须进行持续的评估。

选择项目资源还有其他关键因素应加以考虑，如项目的投资回收期，如图 8-4 所示。投资回收期越短，项目经理越需要有经验的资源。当今 PMO 的职责之一是在建立项目组合的过程中为高级管理层提供支持。在这方面，PMO

将统筹考虑所有的项目，并确定所需的总资源以及相应的技能水平。需要注意的是，公司也需要合格的人员来支持当前运作中的业务。这往往使职能经理面临决策困扰，不知该如何确定哪些资源可从日常的工作调拨至应支持的项目。

产品变化	重大技术突破	下一代产品	产品家族中的新产品	衍生产品和产品升级
流程变化	新流程	下一代流程	变更和升级	微调和杂项
风险类别				
• 市场	• 高	• 高	• 中	• 中
• 技术	• 高	• 高	• 中	• 中
• 时间	• 高	• 高	• 中	• 低
• 成本	• 低	• 中	• 中	• 低
• 价格	• 中	• 中	• 低	• 低
• 质量	• 中	• 中	• 中	• 低

图 8-3　未来价值项目风险强度

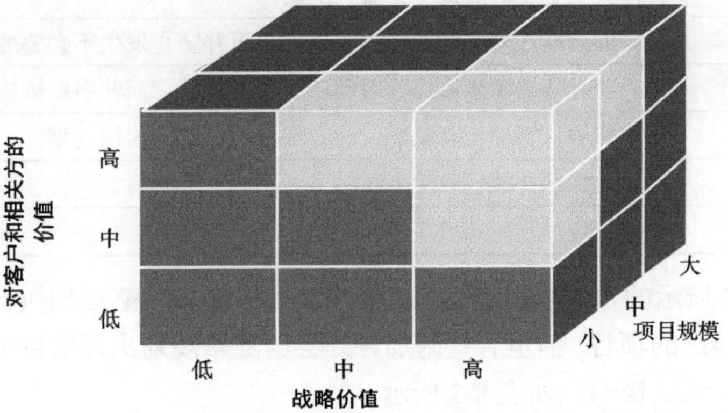

图 8-4　典型资源分析模型

鉴于公司不可能提供无限的资源，PMO 将向高级管理层建议对项目进行优先级排序。优化技术可用于能力规划和优先级排序工作。但是，如果每个项目没有良好的商业论证支持，我们可能轻易地选用次优解决方案。必须牢记，项目经理不可能在项目实施阶段掌控所有合格的资源。员工可以通过参与项目获得晋升，也可能认为自己可以在其他地方获得更好的职业发展机遇。

8.5 项目管理的好处

除先前提供的好处外，或许采用项目管理获得的最主要的好处是向高管和客户提供了单一联络点来报告项目状态，这对战略规划项目尤其具有吸引力。如今大多数战略规划项目极为复杂，以致职能经理无法进行有效的管理，因为他们的职能职责和项目职责之间会产生冲突。这些项目需要各个业务领域如销售、市场营销、工程和制造协同工作。如果没有单一联络点报告状态，高管就需自行协调和整合，这显然不可能，他们没有时间来做这样的工作。同样，职能经理也没有充足的时间来管理他们负责的业务领域和不同项目的对接工作。因此对于项目管理的需求就显而易见了。

采用项目管理有诸多好处，表 8-2 仅列数例。

表 8-2 采用项目管理的好处

属 性	好 处
效率	使机构在不增加成本或不降低质量的情况下用更少时间承担更多的工作
盈利	其他各项不变的前提下，盈利提高
范围变更	更好的前期规划，旨在减少范围的变更并防止发生不必要的变更
组织稳定性	致力于有效的团队协作、沟通、合作和信任，而非组织重构
质量	质量和项目管理相互联姻，两者均强调有效的前期规划
风险	更好地识别并减轻风险
问题解决	项目管理过程使知情决策和问题解决十分及时

表 8-2 所示的好处可适用于几乎所有项目，包括战略规划执行项目、复杂的项目和传统的项目。但也有些附加好处会给战略规划执行项目带来相较其他项目而言更大的影响，如表 8-3 所示。

表 8-3 战略规划执行项目的附加好处

属 性	好 处
一致性	使项目和战略目标更好地保持一致
低绩效	更早识别低绩效的投资
能力规划	深入分析公司资源规划和合格资源可用性

续表

属　性	好　处
优先级排序	能力规划和项目管理结合使项目组合更好地进行优先级排序
风险减轻	多设置“What if”的假设情景思考问题，以减轻商业风险
上市时间	更快地投放市场
决策	基本信息的提供促进知情且及时的决策
效率和效果	在不增加人手的情况下开展更多的项目
更好的信息流	通过管理对他人工作的不知情来消除重复的工作
项目选择	更好地分析创意的优缺点

8.6 走出误区

纵观表 8-2 和表 8-3 所列的所有好处，我们必须反问自己：“为什么在接受项目管理的理念上仍有阻力，特别是战略规划项目？”答案很明显，因为依然存在项目管理运用误区。

误区 1：项目经理具备雄厚的技术知识，但商业知识有限。

事实上，过去的项目经理出身于技术学科，甚至许多人拥有硕士和博士学位。现在的项目经理具有对技术的理解，而不是对技术上的指导，与此同时他们还精通商业知识。商业知识对战略的实施至关重要。被视为“全球化”的项目经理必须对客户和自身公司的业务有深入的理解，这是在全球市场竞争中所必需的。这些“全球化”的项目经理也接受有关相关方关系管理、政治、文化和宗教等方面的培训，因为上述主题会对客户的项目产生影响。

我们相信，如今管理公司的业务犹如系列项目，期待项目经理既能做出项目决策，又能做出业务决策。有些公司要求他们的项目经理获得公司的业务流程认证，或者进修获得商业分析师认证。

误区 2：项目经理应在项目被批准且商业论证完成后才上任。

多年前，项目经理在启动阶段末才被引入项目，而不是一开始就参与其中。我们认为项目经理业务知识有限，无法在启动阶段做出什么有价值的贡献，项目选定后，项目经理才被任命，并被通知立即展开工作。如今，项目经理在项目启动和选择阶段的初始阶段就参与其中，鉴于其对业务的理解，他们被寄予期望做出有价值的贡献。

如果没有有效的项目管理实践和有意义的项目度量指标/KPI 以及可被用

来做有效状态报告的附加组织过程资产，就会使得及时取消项目变得困难。一旦项目发生资本性支出，取消项目的成本就相当可观。如无有意义的项目绩效度量指标，往往难以及时中止项目，将资源分配给在商业上拥有更大成功机会的项目。

把项目经理带入项目委员会使得我们在项目选择上做出更好的决策。项目选择的过程如图 8-5 所示。项目经理可能做出的最大的贡献就是影响分析和风险评估。项目经理还可能被允许参与最终批准与否的决策投票。通过采用如图 8-5 所示的流程，创造一个商业上成功的产品也许只需要 20 个或者更少的创意，而不像过去那样需要 60 个创意。基于他们的商业知识，项目经理也可以参与如图 8-5 所示前两栏的活动。尽管我们并不是在这里倡导项目经理需要拥有工商管理硕士这样的学位，不过有迹象表明这很可能是未来的教育要求。

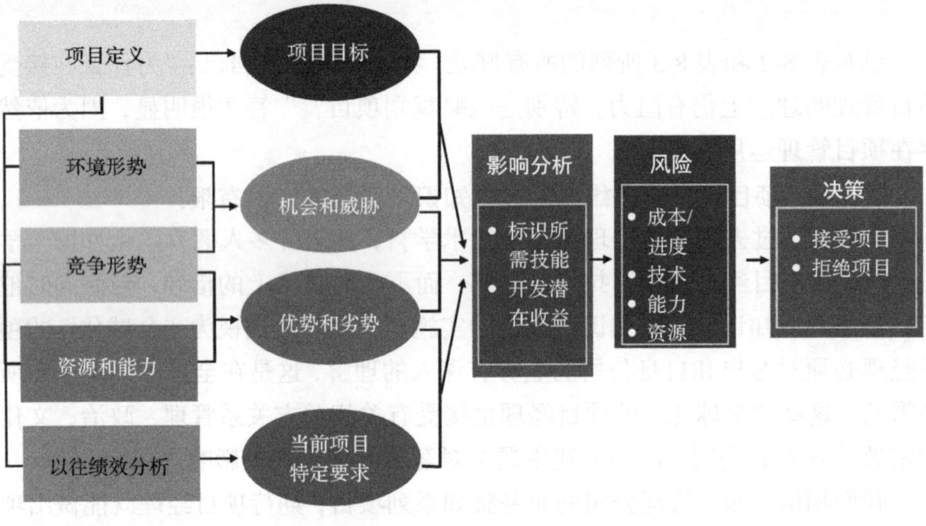

图 8-5　在项目选择过程中使用项目经理

误区 3：如果实行项目管理，项目经理就可以做出原本属于高管层所做的决策。

为企业做战略规划是高管层的根本责任。他们不能，也不应该被他人所取代，虽然在某些情况下，战略规划执行的决策并不是由他们做出的。这使得高管层始终担忧项目决策赋予项目经理的职权和职责。仅这种误区就可能成为成功实施项目管理的极大阻碍。

这个问题通过创建执行发起人或项目发起人的角色得到部分解决。项目经理被允许做出技术性的决策，但项目发起人保留所有与业务相关的决策权。这种办法对周期短的项目很有效，但对 5~10 年跨度的战略规划执行项目却行不通。因此扬长避短，明确项目经理的职责和决策权是十分有益的。

误区 4：项目经理不知道如何使用组织过程资产来有效控制测量系统以做出知情决策。

过去的 50 年中，项目经理使用的两个主要指标是时间和成本。因反演规则，我们常选择最简单的标准来衡量并报告，尽管它们并不能完全表明项目健康状况。但是时间和成本并不能预测项目的成功，或者项目完成时有无价值。这在战略规划执行项目中至少部分如此。

有关测量技术的研讨会并不少，也有测量技术的教科书认为，只要能理解你所掌握的信息，任何东西都是可以测量的，这就造成了额外的项目管理度量指标。以下各项作为当今项目的核心度量指标应予以重视：

- 时间
- 成本
- 资源
- 范围
- 质量
- 行动事项

上述核心度量指标适用于所有项目，不过要根据项目的规模、性质、范围和重要性对核心度量指标进行补充。由于战略规划实施项目周期很长，重大的变更均可能发生。因此，必须使度量指标随着项目的进展做相应的改变。不过想建立一套核心度量指标并运用于所有项目可能很难实现。

8.7 项目管理协助战略规划的方法

常常会有项目管理可使组织明显受益的特别情况。一家家用电器公司内部按照不同的职能划分，并允许他们执行各自的战略规划。当多个职能单元需要在同一项目携手合作时，问题出现了。在该公司，新产品要通过贸易展会做推介，每年有两大展会。错过其中的任何一个展会都很容易导致新发布产品丧失 6 个月的收入，直到下一展会才有机会翻身。

推出新产品是市场营销战略计划的最高任务。另外，还有 300 多个项目等待着研发。但在研发优先级名单上，市场需要的新产品却排在后位。市场部和研发部之间的争执不断。

另一家公司，作为其战略规划活动组成部分，市场部可决定项目的优先级。他们还能对与广告和销售有直接关系的项目/产品排定优先级。图 8-6 展示了其中一例。但是，当项目/产品进入制造阶段，制造人员往往另有一套属性的优先级，如图 8-7 所示，即营销和制造优先级之争。

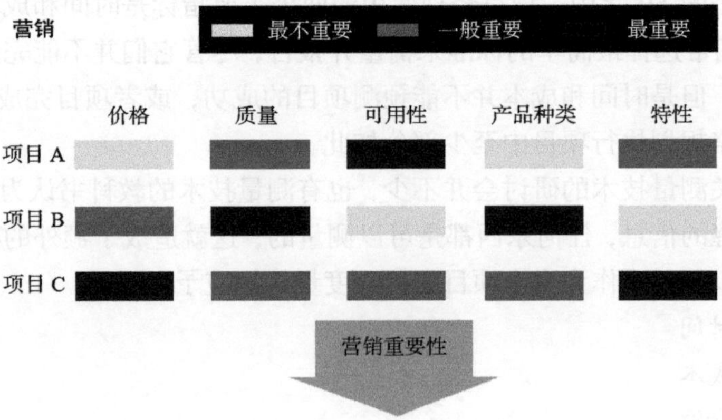

图 8-6　营销属性优先级

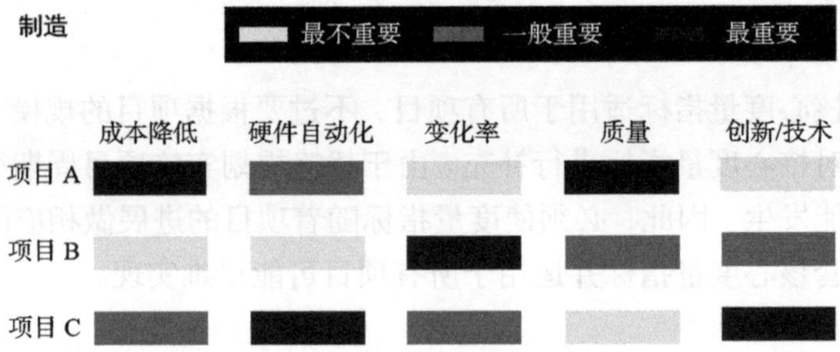

图 8-7　制造属性优先级

从上述例子中可以看出，项目管理人员若要求为公司所有项目建立单一的优先级列表，问题便可得到解决。这要求研发/工程和制造部门每 3 个月碰一次头，并就项目的优先级达成协议。然而，需要排优先级的项目太多了。最后做出决定，每次仅有 20 个项目被允许排为优先。这极大地有益于项目的人员配置过程，因为每个人都在同优先级列表下工作。

另一种有效利用项目管理的办法是差距分析和弥补差距。差距分析用于增强公司的竞争地位，弥补差距用于削弱竞争对手的竞争地位。运用从其他项目学得的最佳实践和经验教训，可以缩小与竞争对手的差距。差距不外乎：

- 新产品问世的速度（投放市场的时间）

- 成本竞争力
- 质量竞争力
- 新技术或产品性能的引入

图 8-8 展示了在新产品开发的时间上，你的公司和行业平均值之间的差距。同一曲线可用于分析成本的竞争力。图 8-9 展示了你的公司和行业领导者之间的差距。故战略性项目的建立可缩短达到行业平均水平所需的时间，甚至可以与行业领导者一争高下。

项目管理也可用于管理旨在提高质量的战略项目。图 8-10 来自一个汽车行业的供应商，其致力于满足客户规定的质量要求，因此开展了一系列项目以提高质量。

项目管理也可用于为提高整体绩效而建立的项目。在图 8-11 中，一家公司发现他们的一些产品的整体绩效存在差距。他们的结论是，若差距在一个合理的时间段内未见缩小，那么该公司会遇到严峻的困难。因此他们开展了一系列的战略项目，设法缩小差距。

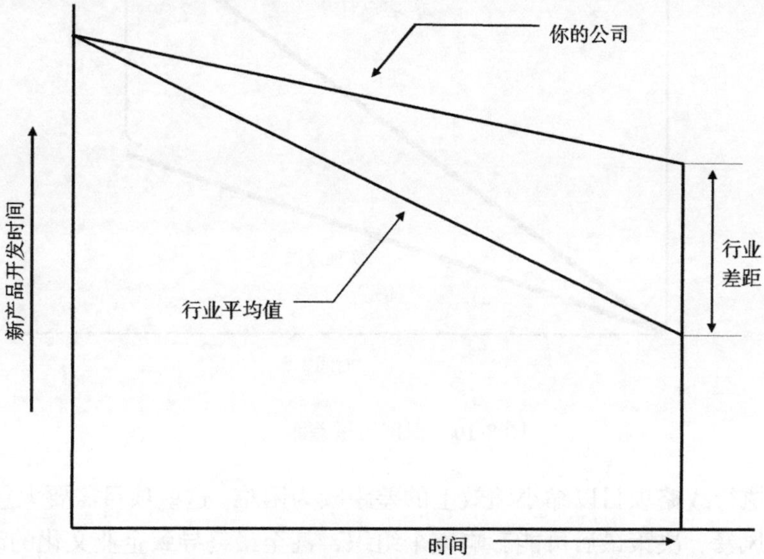

图 8-8　你的公司和行业平均值的差距

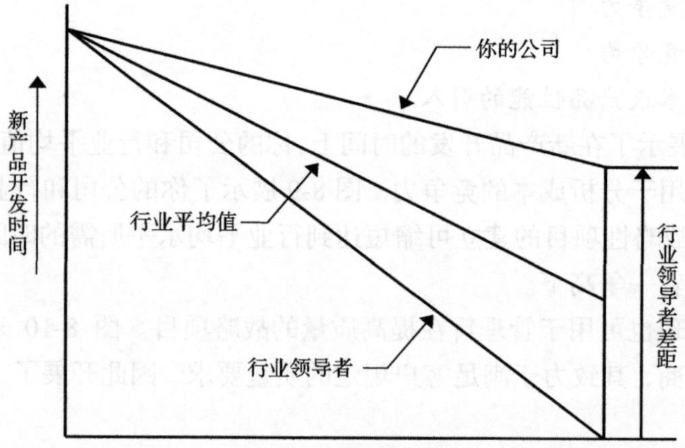

图 8-9　你的公司与行业领导者的差距

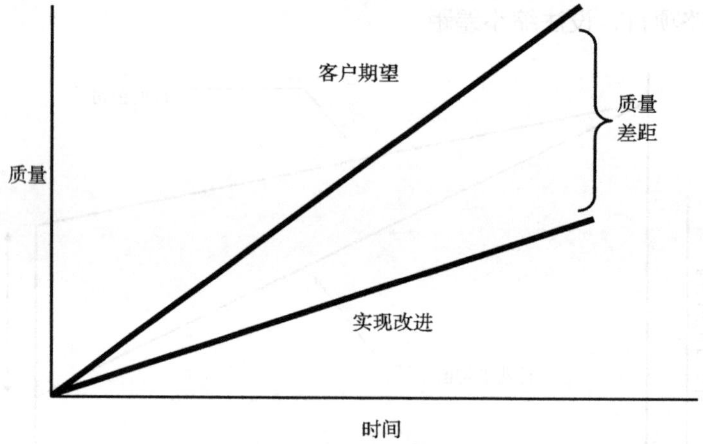

图 8-10　识别质量差距

通过执行战略项目以缩小绩效上的差距颇为困难。这些项目需要大量的创新和头脑风暴。决策最后可能影响整个组织，甚至最终导致企业文化的改变。这一切在项目开始时均是未知数。

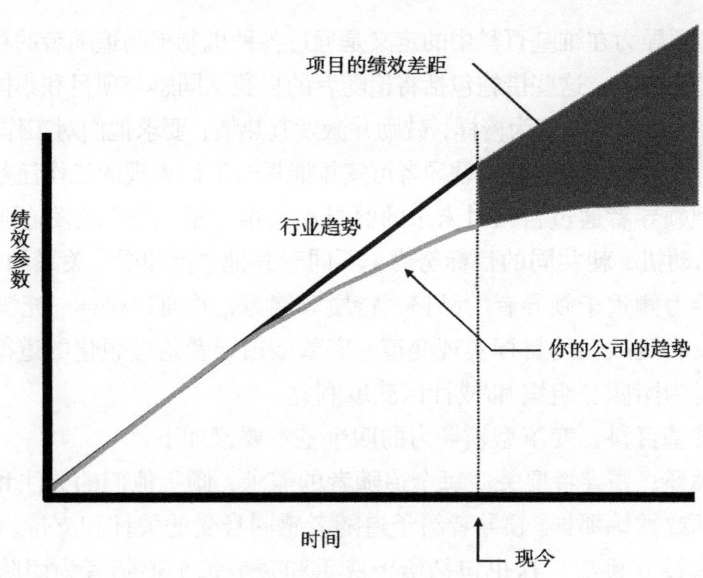

图 8-11　识别绩效差距

8.8　变革型项目管理领导力

关于有效的项目管理领导力的书籍为数不少。大多数书籍似乎赞成情景式领导，项目经理基于项目的规模和性质、可交付成果的重要性、项目团队成员的技能水平、项目经理以往与团队成员共事的经验，以及项目的风险来选择不同的领导风格。以前，项目经理认为自己是受雇来生产可交付成果，而不是来进行人员管理的。团队领导力在某种程度上是非常重要的，因为他们被期望要让员工的绩效和行为符合负责员工绩效评审的职能经理的要求。过去，项目经理被要求一定程度的领导力以提高员工的绩效和技能，并使员工在与项目团队共事中成长。所有这一切都基于 PM1.0 的传统项目管理实践。

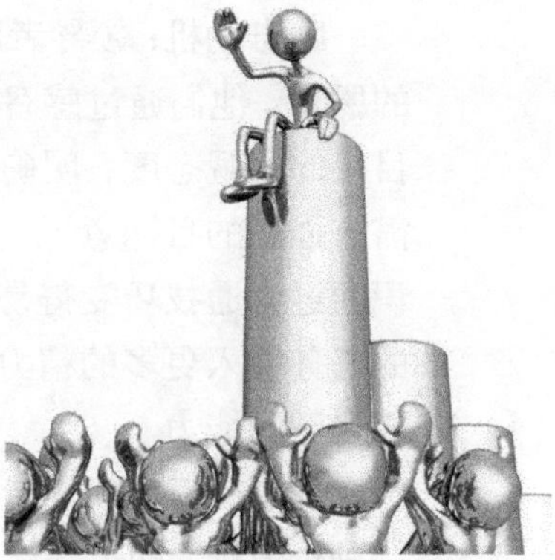

PM2.0 项目经理需要什么样的领导力？

如今，根据 PM2.0，项目经理被要求在选定的项目中担任组织变革的管理者。组织变革需要人的改变，这就要求项目经理拥有一整套不同于管理项目的技能。这种方法现被称为变革型项目管理领导力。

变革型领导力在维基百科中的定义是通过各种机制提高追随者的积极性，鼓舞士气，提升绩效。这些措施包括将追随者的自我认同感与项目和集体的认同感相关联；为追随者树立行为榜样，鼓励并激发其热情；要求他们对工作全心投入，了解自身的优缺点。鉴于此，领导者可安排能提升他们表现的工作任务。

变革型领导者通过自己对未来的愿景和人格力量，能够激发追随者改变期望、看法和动机，朝共同的目标努力。不同于其他“授和受”关系的领导方式，变革型领导力侧重于领导者的品格、特质和能力，并通过榜样、充满活力的愿景阐述和具有挑战性的目标实现变革。变革型领导者是理想化的道德模范，他们的工作是为团队、组织和/或社区获取利益。

根据维基百科，变革型领导力的四个基本要素如下。

个体关怀：领导者要关注每个追随者的需求，倾听他们的关注和呼声，就像一个导师或教练那样。领导者给予追随者感同身受的关怀和支持，保持沟通，并为追随者设立挑战。这也包括给予尊重和赞美每个追随者为团队所做的贡献。追随者拥有强烈的自我进步的愿望以及完成任务所需的主观能动性。

智力刺激：领导者应鼓励追随者的创新性和创造力。他们鼓励追随者的新思路，从不公开批评他们所犯的错误。领导者应专注于问题本身，而不是去指责。一旦发现原有的实践经验没有作用，应毫不犹豫地放弃。

励志动机：领导者应给追随者清晰地描绘一个十分具有吸引力和鼓舞人心的愿景。他们通过感召力影响追随者离开自己的舒适区，向他们传达对于未来目标的乐观态度，明确手头任务的意义。如果追随者被激发而行动起来，他们需有强烈的目标意识。目标和意义成为驱动团队向前的能量。领导者的远见卓识通过沟通技巧变得易于理解、准确、强大并富有吸引力。追随者愿意为他们的任务投入更多的精力，并且被激励的他们对未来保持着乐观精神，并信赖他们自己的能力。

理想感召：领导者的言行成为追随者的行为榜样。变革型领导者必须体现一种价值观，即追随者应善于学习和相互模仿。如果领导者能给予尊重并鼓励他人则更佳，受影响的追随者继而将再次用这种积极的行为影响他人，将领导者的优秀品质传递给其他追随者学习。这将使领导者赢得追随者更多的尊重和敬佩，使他的影响力和重要性更上一层楼。变革型领导力的基础是向团队成员传递一致的愿景、使命和整套价值观。他们的愿景那样引人入胜，以至于他们很清晰地知道他们想要从每次互动中获得什么。变革型领导者通过向追随者给予明确的意义和挑战来引导他们。他们的工作热情和乐观精神，促进了团队协作和献身精神。

变革型领导力中所含的尊重、鼓励和影响力，每个要素都是相互关联的。领导者的性格必须是真诚的，因为任何让追随者感到矛盾的方面，都会导致信任全失，领导失败。

有论点认为，所有的项目经理都是变革经理，因此应采纳变革型项目管理领导风格。虽然这种观点有可取之处，但对某些项目却是障碍，此种领导风格并不可行：

- 在上述四个要素中都使用了“追随者”这个词。在项目管理环境下，员工被称为伙伴，而不是追随者或下属，他们的薪酬甚至有可能比项目经理更高。有些追随者甚至可能是参与项目工作的高管。
- 变革型领导力可要求项目经理拥有一定的职权以实现对员工的承诺，而 PM1.0 通常被视为一种没有职权的领导力。
- 项目经理基本或根本不参与员工工资和薪酬管理，因此不能按变革型领导方式来奖励（或惩罚）员工。
- 鉴于团队成员可能仅仅能分配给项目团队每周几小时的时间，这使项目经理采用变革型领导风格变得颇为艰难。在项目经理一周仅能接触员工最多几小时的情况下，要项目经理促使员工离开原先的舒适区转而从事不同的工作，是极为困难的。
- 团队成员可能被分配给多个项目，而各项目经理可能采取不同的领导风格。

然而，在特殊的情况下必须采用变革型领导力，员工也必须离开舒适区。举个例子，并不是所有的项目一旦可交付成果完成即可结束。设想一家跨国公司开始一个 IT 项目，以建设一个全新的、高安全性的公司内部的电子邮件系统。一旦软件开发完成，该项目即可上线。以往，项目经理进行软件开发，并会在软件上线后转职到另一个项目，软件实施的责任便转移到职能经理或其他人身上。如今，企业都要求项目经理留在现行项目中，作为变革推动者在公司范围内执行新系统切换的实施。在这些情况下，项目必须采用变革型领导风格。

在项目管理的场景中，变更管理通常是指管理那些已经批准并实施项目范围变更的项目的相关项目管理流程。但上述的项目上线例子中，项目经理正在负责组织变更管理，以确保变更的成功实施并实现所预期的持久收益。正如不能混淆两个变更的管理界限，组织变更管理要求采用变革型领导方式，其目的是将组织从一种状态转换到另一种状态。

变革型项目管理在很大程度上侧重于人的变化，是一种管理变革阻力的方法，无论该变化发生在流程、技术、并购、目标或组织重构中。人们需要了解并接受变革。强制要求人们变革无疑会引发抵触情绪，尤其当人们意识到他们的工作会受到威胁时更是如此。变革型项目会让员工离开他们的舒适区。

在讨论变革型项目经理所需的技能之前，了解变革型环境颇为重要。影响变革型环境的因素包括：

- 须在不同文化背景的跨国环境和跨文化背景中工作。
- 认识到应与更广层面上的商务目标保持一致。
- 创造有利于变革的环境。
- 消除员工对变革的抵触情绪。
- 了解员工对变革的敏感性。
- 获得员工对变革的支持。
- 评估需要的帮助，以达到变革的目标。
- 使人们相信他们并没有被操纵。
- 确信人们可应对变更。
- 传播情绪感受。
- 举行会面，以确认人们理解了变更的必要性。
- 必要时召开专题讨论会。
- 为变革进行培训。
- 有效管理不利消息。
- 管理相关方突如其来的审查。
- 管理媒体的监督。

管理变革型项目所需的技能同传统项目管理的技能有显著差异，如表 8-4 所示。

表 8-4　传统型与变革型项目管理领导力之间的差异

特　征	差　异
职权	从无职权转变为有极大的职权的领导方式
权力	从法定权力转变为根据自身判断决断的权力
决策	从只有部分决策权变为拥有重大决策权
决策类型	从仅有项目决策权变为拥有项目和业务双重决策权
授权意愿	根据项目的长度和规模将授予项目经理更多职权和决策权
忠诚度	从仅对项目的忠诚度变为对公司愿景和业务的忠诚度

续表

特　　征	差　　异
社交技能	须有强力的社交技能来克服变革的阻力
激励	学会不使用奖励和权力来激励员工
沟通技能	在整个组织内沟通，而不是只选几个人交流
状态报告	认识到战略项目状态并非仅仅由时间和成本所决定
视角/展望	具备更开阔的视野，特别从商业角度
愿景	必须具备和高管相同的长远愿景，并贯穿于转型工作之中
同情	对即将离开舒适区的员工富有同情心
自控力	对坏消息和干扰不应反应过度
头脑风暴和问题解决	具有极强的头脑风暴和解决问题的技能
变革管理	从项目层面到公司层面的变革管理
变革管理影响	从项目层面到组织层面的变革管理效果

8.9 项目经理在组合管理中的角色

项目选择的决策者经常只掌握远比他们期望的要少的信息来评估候选项目。可能成功的项目往往陷于诸如最终取得的市场价值、项目所需资源的技术水平、必要的治理方法，以及该项目完工总成本这些不确定性的旋涡之中。缺乏充分的信息基础往往还会导致另一个困扰：缺乏系统的方法来选择和评估项目。

在对候选项目评估时使用同一标准和方法对理性决策至关重要。诚然，大多数组织已设立了组织级的短期目标与长期战略，但通常不够详尽，不足以用于作为项目选择决策的评判标准。然而这是最基本的出发点。

项目经理参与项目选择过程的好处颇多。项目经理可以识别：

- 项目执行的潜在风险。
- 所需资源的技能水平。
- 目标成本和进度是否可实现。
- 该项目需要什么样的优先级。

项目经理也可参与可行性研究和成本效益分析中的财务分析活动。可行性研究的目的是验证创意或项目是否能够满足成本、技术、安全性、市场化以及易于执行需求的可行性。如果项目经理缺乏足够的商业或技术知识，公司还可能聘用外部顾问或主题专家来协助进行可行性研究和成本效益分析。此外，项目经理能更好地理解制约因素、假设条件和事业环境因素。当商业论证准备得不够充分时，项目经理可以帮助减少来自下游的猜测。

以下几个行为和组织因素经常会使项目选择和评价决策产生冲突。部门的忠诚、欲望的冲突、观点的差异、不愿意公开分享信息等，都会给项目的选择和评估过程造成阻碍。这样的项目评估数据和信息本质上必然是主观的。因此，各方主动愿意公开分享并相互信任彼此的意见就成了重要的因素。冒险精神或企业文化对项目选择过程具有决定性意义。如果处在风险厌恶型的氛围中，那么高风险的项目可能永远也不会浮出水面。组织内对创意的态度和产生的创意数量会影响所选项目的质量。通常，萌发的创意越多，选到优质项目的机会就越大。

对开发成本和收益有影响的制约因素和假设条件必须仔细地加以记录。不切实际的或未被识别的假设条件往往会推导出不切实际的收益。项目继续进行或中止的决策也十分依赖假设条件的正确性。

许多组织所犯下的致命错误在于在没有考虑到有限的资源可用性的情况下同时开展了太多的项目。这导致高技能员工被分配到多个项目，造成进度延误、生产率降低、利润低于预期，以及无止境的项目冲突。而项目经理本可以在这方面提供有效的帮助。

项目的选择和优先级排序必须基于合格资源的可用性。规划模型可用来协助规划资源的使用时间，这些模型通常被称为总体规划模型。总体规划模型允许企业识别资源的过度分配。这意味着，优先级最高的项目可能需要调整时间或由于合格资源不可用而被排除在项目队列之外。可惜的是，由于缺乏合适的人才，企业在项目研究上也浪费了不少时间。

8.10 价值管理和收益实现

无论是公共部门还是私营部门的组织都一直努力创造可以提供持续商业价值的项目组合。很多时候，企业在未经适当的评估，也没有考虑项目是否与商业目标、预期的收益和价值相一致的情况下，就将所有的项目需求添加进项目交付计划。企业递交材料时常常不附商业论证。很多项目虽附上了商业论证，却充斥着极度夸大的期望和不切实际的收益。另一些项目的立项则基于管理层的心血来潮，或迫于上级所发指令的压力。很简单，因为高管说“完成它”，并不意味着项目真的一定会完成。实际上，项目往往以失败告终，还浪费了宝贵的资源。一些广为人知的案例并不是关于如何创造商业价值的，反而是商业价值如何被侵蚀或毁灭的。

随着度量指标和 KPI 的增加，尤其是前面章节所提到的那些反映价值的指标的增加，让项目经理参与组合管理活动会极为有益。项目经理更能够理解期望价值以及那些对于执行十分重要的价值属性。项目经理也可以与高管层讨论他们希望如何去展示价值反映度量指标。这些讨论将在项目组合选择过程中委托给 PMO。然而，其他一些度量标准也应被讨论，这将在下节予以说明。

理解术语

在继续讨论之前，理解术语是非常重要的。

收益可视为对特定个人或群体是重要的或有利的东西。收益无论是战略性还是非战略性的，通常与最终获益组织的组织目标保持一致。收益通过项目产生的可交付成果或产出物呈现。创建可交付成果是项目经理的职责。

项目的商业论证已对收益进行了识别。一些收益是有形的，并可被量化。但通常收益在项目阶段中是无形的，且难以量化。

收益实现管理由过程、原则和可交付成果组成，其目的是有效管理组织的投资。项目管理的重点是维持既定的基准，收益实现管理则分析项目与商业目标的关系，即监督与收益有关的潜在浪费、资源接受水平、风险、成本、质量和时间。在项目生命周期中，直到项目产出有害的结果的那一刻之前，收益完全可能处于不断变化中[①]。

项目**价值**是对某些人有所值的收益。项目或商业价值可以被量化，而收益通常是定性表达。某些项目直到项目完成的数月后，其收益的价值才能被量化。举个例子：一个政府机构拟拓宽道路，以期能缓解交通拥堵。工程项目竣工数月后，经再次测定交通流量，项目的价值才可确定。

收益实现和商业价值并不是拥有人才资源和优秀的能力就能达成的。相反，这取决于组织如何利用资源。有时，尽管项目具有深思熟虑的计划和优异的人才，最终也没有创造商业价值，甚至会毁了现有的价值。

---

① For additional information, see C. *Letavec, Strategic Benefits Realization*, J. Ross Publishers, Plantation, FL, 2004, and T. Melton,P. Iles-Smith, and J. Yates, *Project Benefits Management; Linking Projects to the Business*, Butterworth-Heinmann, an imprint of Elsevier Publishers, Oxford, UK, 2008.

生命周期阶段

典型的项目生命周期阶段始于项目获得批准时，在项目可交付成果被创建后结束。然而，当价值管理和收益实现变得重要时，就必须加入如图 8-12 所示的附加生命周期阶段。图 8-12 所示的投资生命周期比项目生命周期更具代表性。项目的生命周期包含在投资生命周期内。如要创建价值，则收益必须在整个投资生命周期内予以管理。在投资生命周期中至少可以识别出六个以上的生命周期阶段，不过简化起见，仅考虑这六个。

创意生成阶段是项目创意的起源。创意可以起源于客户的组织、母公司或客户的高层或低层管理人员，或者为项目提供资金的组织。创意生成阶段的输出通常是创建商业论证，其中包括：

- 机会，如提高效率和效果、减少浪费、节约成本、新业务等。
- 在商业和财务方面对收益的定义。
- 一份收益实现计划，如果有必要。
- 项目成本。
- 推荐的跟踪收益的度量指标。
- 风险。
- 资源需求。
- 进度计划和里程碑。
- 复杂性。
- 假设条件和制约因素。
- 技术需求；新技术或现有技术。
- 新的商业机会。
- 如果项目必须终止的退出策略。

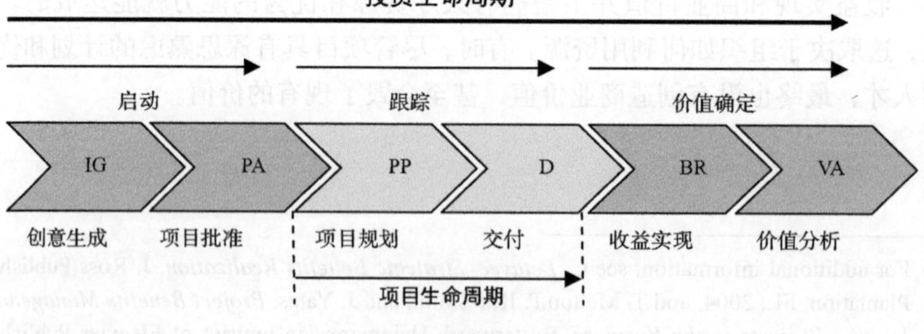

图 8-12　投资生命周期

虽然创意的提出者可能对项目的终极价值有清醒的认识，但商业论证还应从预期的收益而非价值的角度来解释。基于收益的实际实现和量化，价值在项目行将完成时才能得到确定。实际获得的收益可能明显不同于项目启动时确定的预期收益。

并非所有的项目都需要创建商业论证，如那些被监管机构强制合规要求的项目，或仅仅用以使业务存续的项目。

一旦商业论证准备就绪，即可提交给 PMO 申请批准。今天的公司正在创建组合管理 PMO 以管控项目批准阶段，并监督项目交付期间项目组合的绩效。

PMO 必须决定什么才是整个公司的最佳利益。对某个业务单元极为重要的项目可能与队列中其他的公司项目相比只有更低的优先级。PMO 必须通过适当地平衡关键资源与适当地优化项目间的优先级排序来实现收益的最大化。

项目获得批准后，表 8-5 中的三个问题及其所确定的活动通常是 PMO 监督绩效职责的一部分。

表 8-5　PMO 的典型角色

关键问题	考虑领域	项目组合工具和流程
我们是否做了正确的事	• 同战略目标相一致，如股东价值或客户满意度 • 评价内部优势和劣势 • 评估合格资源的可用性	• 用模板评估商业论证的严谨性 • 战略匹配性分析及战略目标的连接 • 项目之间关系矩阵 • 资源技能矩阵 • 能力规划模板 • 优先级排序模板
我们是否做了足够多的正确的事	• 战略目标和短期目标的比较 • 满足所有客户期望的能力	• 总体收益跟踪 • 采用项目管理信息系统提供精确报告
我们是否以正确的方式在做正确的事	• 达到预期的能力 • 实现收益的能力 • 管理技术的能力	• 收益实现计划 • 正式的详细项目计划 • 建立跟踪度量指标和 KPI • 风险分析 • 问题管理 • 资源跟踪 • 收益跟踪

第三个生命周期阶段为**项目规划阶段**。此阶段包括初步规划、详细规划和收益实现规划。尽管商业论证可以包括假设条件和制约因素，但考虑到总体商业目标和事业环境因素对项目的影响，PMO 可能提出附加的假设条件和制约因素。根据项目经理在项目执行中预测风险的能力，作为商业论证的一部分而制订的收益实现计划在此阶段可能经历重大变化。

收益实现计划虽然与项目计划不同，但必须与项目计划进行整合。商业环境风云变幻，随着项目的进展，收益实现计划也会经历不断的变更。收益实现计划的内容如下：

- 收益的说明。
- 对于显性收益和隐性收益的识别。
- 对每个受益者的识别。
- 收益如何实现。
- 收益如何测量。
- 每项收益的实现日期。
- 给其他群体的移交活动，该群体应负责将项目可交付成果转化成收益实现。

第四个生命周期阶段是**交付阶段**。这个阶段往往基于《PMBOK®指南》标准或其他项目管理标准，采用传统的项目管理方法论。项目经理在此阶段同 PMO 密切协作。指导/治理委员会致力于最大限度地实现预期的收益。

收益报告必须提供给组合 PMO 及适当的相关方。如果发现项目目标与最终的商业目标在交付中存在偏差，PMO 可建议项目重新定向甚至取消项目，以便将资源分配到其他项目，实现收益的最大化。

有很多因素可能导致项目的取消。其中的一部分因素在 8.1 节已进行了初步的论述。具体如下：

- 在项目交付阶段，没有认识到事业环境因素产生了变化，以及它们如何影响预期收益和高层对未来的看法。
- 假设条件和制约因素发生了不利的变化。
- 在项目审批过程中，对项目的收益和价值做了夸大或不切实际的评估。
- 收益定义不当或错误。
- 商业论证不当，导致错误的项目获得了批准。
- 从一开始就未得到管理层和相关方的支持。
- 治理执行不力，导致缺乏支持和错误决策。

- 频繁更换管理团队成员，导致项目方向不断变化。
- 高估了项目交付所需要的资源的能力。
- 能力规划工作不当，导致项目人手不足或项目人员缺乏必要的技能。
- 职能经理拒绝承诺在项目期间提供适当的资源。
- 未能获得员工对项目和预期收益的承诺。
- 未能向项目交付团队清楚解释项目的意义。
- 未能了解为实现收益和价值所需的组织变革程度。
- 无法有效地管理变更。
- 未能在项目交付期间考虑到技术变化所带来的影响。
- 糟糕的时间和成本估算。
- 执行团队无法应对不明确或多变的需求。
- 项目在整个组织中整合不良。
- 组织内部沟通不足。

最后两个生命周期阶段是**收益实现阶段**和**价值分析阶段**。无论收益实现计划是在生命周期哪个阶段制订的，都必须制定用于跟踪收益和价值的度量指标。收益和价值度量指标是收益实现计划中的薄弱环节。关于该计划的组成部分已有很多文章对其有过论述，却很少涉及度量指标的论述①。

表 8-6 识别了可用于收益鉴别的四大类别，这和图 4-3 中所标识的四个类别是一样的。其中许多收益和度量指标可用于各种项目分类，在此仅举数例。

度量指标作为潜在问题的预警信号，仅举数例：

- 关于范围变更的数量度量指标可识别进度延误和成本超支的可能性。
- 关于临时抽调去别处“救火”的人员数量的度量指标也可表明进度延误和成本超值的可能性。
- 关于过度加班的度量指标可能揭示了问题的严重性。
- 关于错过最后期限的度量指标表示投放市场时机延误和机遇丧失的可能性。

---

① For information on creating and reporting value metrics, see H. Kerzner, *Project Management Metrics, KPIs and Dashboards*, 2nd ed.,Wiley, Hoboken, NJ, 2013, Chapter 5.

表 8-6 收益和价值的典型类别

类　别	收　益	项目跟踪度量指标
内部收益	• 遵守制约因素 • 重复交付 • 对范围变更的控制 • 对行动事项的控制 • 减少浪费 • 效率	• 时间 • 成本 • 范围 • 质量 • 范围变更数量 • 行动事项开放时间 • 资源数量 • 浪费量 • 效率
财务收益	• 提升 ROI、NPV、IRR、回收期 • 现金流 • 提升营运利润率	• 财务度量指标 • ROI 计算 • 营运利润率
未来收益	• 缩短产品上市时间 • 形象/声誉 • 技术优势 • 创建新技术或产品	• 时间 • 形象和声誉的调查 • 新产品数量 • 专利数量 • 维系的客户数量 • 新客户数量
客户收益	• 客户忠诚度 • 允许做实名参考的客户数 • 在客户交付上的改进 • 客户满意度评级	• 忠诚度/客户满意度调查 • 上市时间 • 质量

表 8-6 所示的项目跟踪度量指标用来跟踪各个类别中的不同项目。不过，也有特定的度量指标用于测量 PMO 的有效性。表 8-7 中列出的指标可用于测量项目管理、传统 PMO 和组合 PMO 的总体价值。项目管理所涉及的度量指标和传统 PMO 所列的众多度量指标可视为侧重于战术目标的微观层面度量指标，组合 PMO 所列出的度量指标则是宏观层面度量指标。传统 PMO 和组合 PMO 一样通常被认为是管理费用，除非 PMO 可以通过度量指标证明他们的存在如何使组织获益，否则也将面临被裁员的可能。

表 8-7　项目管理度量指标与 PMO 度量指标的对比

项目管理（微观度量指标）	传统 PMO（微观度量指标）	组合 PMO（宏观度量指标）
• 遵守进度基准 • 遵守成本基准 • 遵守范围基准 • 遵守质量需求 • 有效利用资源 • 客户满意度水平 • 项目绩效 • 可交付成果总数	• 客户满意度提高 • 风险项目数量 • 方法论一致性 • 减少范围变更数量的方法 • 每年工作量的增长 • 时间和资金的验证 • 减少项目关闭率的能力	• 业务组合盈利能力或投资回报率 • 项目组合的健康度 • 组合项目的成功百分比 • 未能交付项目的百分比 • 中止项目的百分比 • 收益实现的百分比 • 项目组合价值的实现 • 项目选择和项目混合 • 资源可用性 • 可用于组合的能力 • 组合项目所用人员 • 每组合项目用时数 • 员工短缺 • 战略一致性的百分比 • 业务绩效提高 • 商业机会 • 商业成果 • 组合预算与实际开发 • 组合期限与实际日期 • ROI 的实现和预测 • 组合风险水平 • 业务经营项目的百分比 • 业务成长项目的百分比 • 要求创新项目的百分比 • 长、中、短期项目的百分比

理解用于跟踪收益的微观度量指标对客户可能具有不同的含义这点很重要。例如，假设你正在管理外部客户的项目。可交付成果是一种零部件，客户拟安装在其产品上出售给他们的客户（客户的客户）。表 8-8 展示了能对每项度量指标做何种解释。需牢记，客户和承包商对收益和价值可能有不同的理解。

表 8-8　度量指标解释

收益度量指标	项目经理的解释	客户的解释	消费者的解释
时间	项目工期	上市时间	交付日期
成本	项目成本	售价	采购价格
质量	绩效	功能	可用性
技术和范围	符合规格	战略一致性	安全购买和可靠性
满意度	客户满意度	客户满意度	获得所有权以满足自尊
风险	该客户没有后续业务	丢失利润和市场份额	需要支持和过时风险

理解价值

价值是在交付阶段结束或未来的某时刻实现的收益。即使收益正在实现过程中，价值仍可能发生变化。请看以下案例：

一家公司批准开发一套定制的软件包，其预期收益是使订单输入处理程序工作量降低 50%，从而每年将节省约 100 万美元。预计开发软件包的费用为 300 万美元。当项目交付过程开始后，公司才意识到开发软件的成本将近 500 万美元，而非 300 万美元。即使节省成本的收益仍在，但价值已经缩水，投资回收期现为 5 年，而非 3 年。公司现在可能考虑取消该项目并将资源分配到别处。

经验教训：即使收益没有发生变化，但期望价值可能出现不利的变化。

一家公司获得了为客户生产零部件的合同。该合同的收益为 10 万美元的预期利润，而资源也可以被分配到另一个预计利润更大的项目。但第一个项目的客户将通过销售包括这家公司的零部件的产品获得预计为 1 亿美元的利润。如果客户对零部件满意，公司会获得可观数量的后续合同，如此第一个项目的长期价值将成为长期战略目标的有力支持。

经验教训：即使收益未变化，但预期价值有可能出现显著的有利变化。

一家公司按照既定的收益实现计划进行一项内部项目。在项目的交付期间，为了给内部客户提供附加值，而不惜造成成本不断上涨和进度的延迟。客户批准了成本超支和进度延迟。收益实现计划被更新。

经验教训：当项目交付超过投资期时，收益和价值会发生变化。

8.11　收益实现度量指标

表 8-7 所列的若干度量指标，可被组合 PMO 用于展现关于收益和价值的信息。显而易见，获取信息会产生成本。图 8-13 展示了获取信息的成本必须与该信息的价值相平衡。若在价值对等线下方，为获取信息所付出的努力总是值得的。价值对等线上方的信息则需个别考虑。

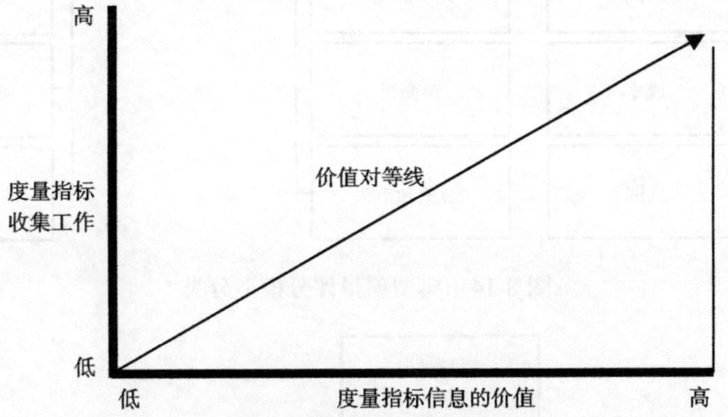

图 8-13　评估度量指标信息的成本

为使用如表 8-7 所示的宏观度量指标，就必须从每个单独项目中获得信息。项目经理和组合 PMO 在此对接。如图 8-14 所示的典型的项目评分模型，可用于确定项目的价值。图 8-15 展示了如何分配分数以实施评估。各项目分数可能有所不同。图 8-15 中，该项目仅得到 80 分（满分 100 分），且商业价值仅从 70 分中获得了 57 分。

如果将各项目的分数结合，就可以显示年度结果，如图 8-16 所示。在此情形下，组合 PMO 可看到每年的项目收益实现都不断递增。为了显示 PMO 正在增加整体商业价值，如图 8-16 这样的图表是必需的。PMO 常常增加重要价值，却没有去测量或报告它，除非有消息称高层因为将 PMO 视作管理费用而决定对其进行裁员或取消 PMO。每个 PMO 都会有独特的方式来展示其对业务的贡献。

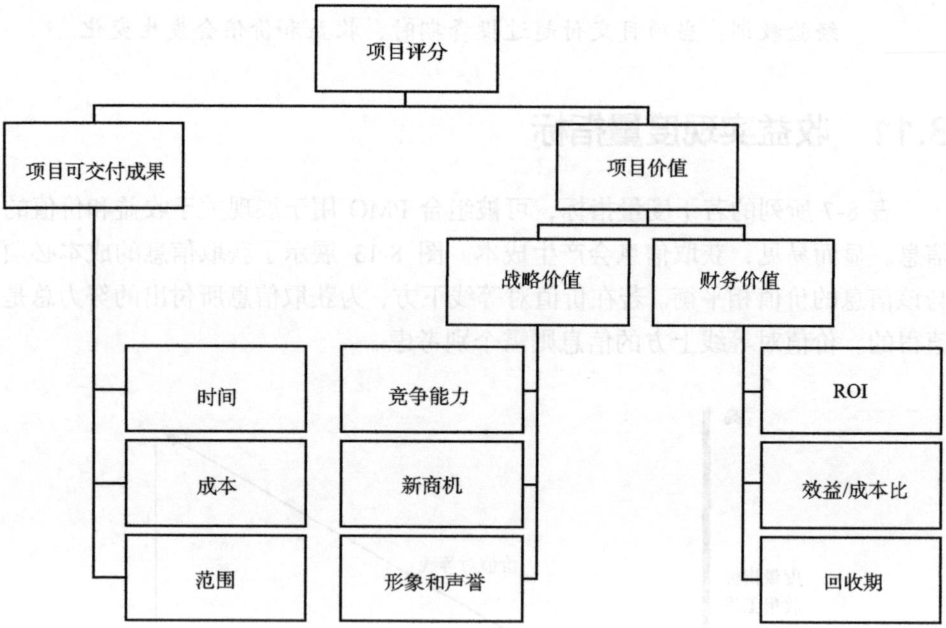

图 8-14 典型项目评分模型分类

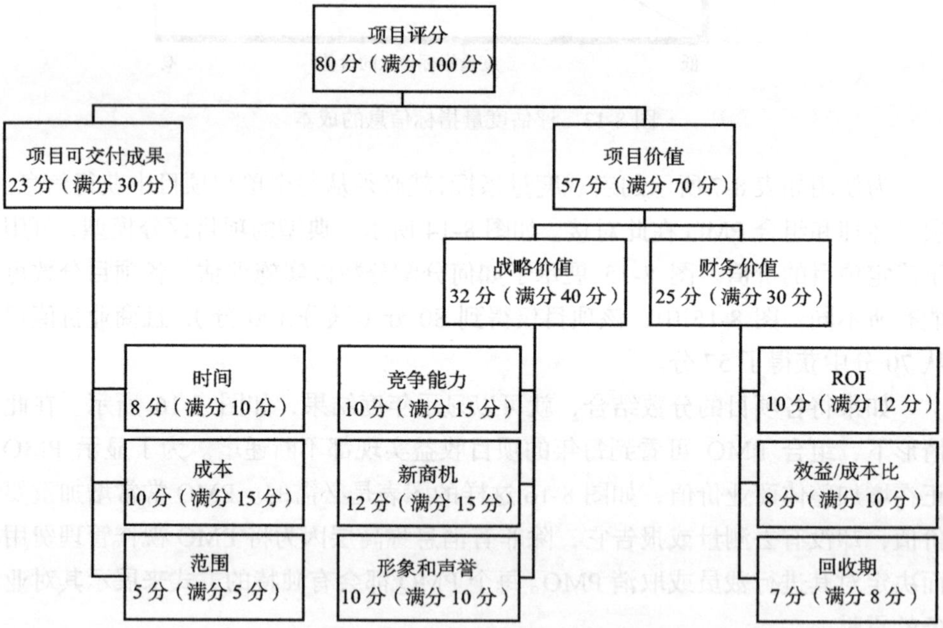

图 8-15 项目评分模型的典型分数

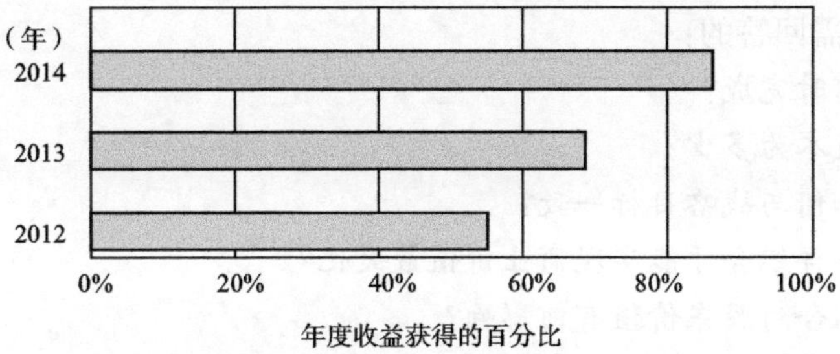

图 8-16　年度收益实现

另一重要度量指标，也是高管想查阅的，即项目目标和商业战略目标的对比。这可以用如图 8-17 所示的目标匹配矩阵来展现。可以在每个单元格中分配分数，然后按照每行或每列计算总和。

很明显，所有的组织 PMO 的宏观度量指标都能被展示出来，但必须留意为此所花的时间和金钱。

战略目标	项目								合计
	项目1	项目2	项目3	项目4	项目5	项目6	项目7	项目8	
技术优势	2		1			2		1	6
降低运营成本				2	2				4
缩短上市时间	1		1	2	1	1		2	8
增加商业利润			2	1	1	1		2	7
增加产能	1		2	2		1		1	7
各列合计	4	0	6	7	4	5	0	6	

	=没有贡献
1	=支持目标
2	=达成目标

图 8-17　目标匹配矩阵

8.12　组合管理治理

每个组合 PMO 都有各自的结构、职责和治理方式。没有一成不变的模式，也没有两个相同的 PMO。然而，即使存在差异，但以下五个基本问题是每个组合 PMO 都需回答的：

- 项目何时完成？
- 完工成本为多少？
- 项目如何与战略目标一致？
- 项目怎样组合才能实现商业价值最大化？
- 项目组合对股东价值有何影响？

在 PM2.0 中，组合治理委员会的成员必须清楚了解自己的角色和责任。项目经理还必须懂得如何与监督小组对接，因为许多监督执行者可能从未担任过项目经理。基于所期望的商业价值来对项目的执行风险进行评估和对比，或许才是组合治理委员会成员最重要的角色。从项目经理那里获得的输入至关重要。图 8-18 显示了风险与商业价值问题上项目经理和委员会间的对接关系。

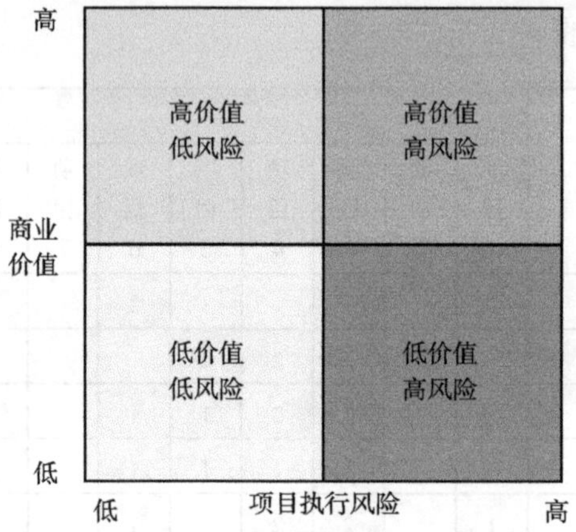

图 8-18　商业价值风险矩阵

如果组合中所有项目都是高风险项目是相当危险的。然而，一些企业将此看作彩虹尽头的一桶黄金，甘愿为此冒险。

有迹象表明，治理委员会可采用若干纠正措施以降低组合项目管理的风险，或管理执行不力的项目。这些措施包括：

- 为组合重定基线。
- 终止或移除疲软的投资。
- 向某些现有项目建议范围变更。
- 降低成本。
- 加快某些进度。

- 合并某些项目。
- 调整项目人员。

其中最重要的之一但往往被忽略的一点是治理委员会为组合管理过程建立了文化。治理委员会必须：

- 将偏爱的项目从组合项目中淘汰，甚至是他们本人偏爱的项目。
- 避免形成“老大在看着你”的环境，这可能引发组合团队的反感。
- 确保他们所获信息详细而准确。
- 确保他们获得有用的信息。
- 确保信息用于决策。
- 确保他们了解收集信息的成本。

出于收益和价值的重要性，如今 PM2.0 的项目经理更像业务经理，而非以往单纯的项目经理。如今的项目经理除了需要做出基于项目的决策，还被期望做出业务决策。项目经理似乎比他们的前辈对业务知之更多。

随着测量技术的进步，公司将开始创建度量指标来测量收益和价值。虽然这些测量技术尚处于起步阶段，但增长的速度较预期更为迅速。

讨论题

以下讨论题供课堂使用，用以激发小组对 PM2.0 的思考。大多数问题的答案不存在对错之分。

1. 项目管理在战略规划中发挥着怎样的作用？
2. 什么类型的战略规划项目对项目经理管理而言是理想的？
3. 如果战略失败，支持战略规划的项目能否成功？
4. 传统的项目管理领导方式和变革型项目管理领导方式之间有何差异？
5. 价值管理和收益实现有何差异？
6. 谁负责创建收益实现计划？
7. 谁负责批准收益实现计划？
8. 在项目生命周期中收益实现计划能否发生变更？
9. 项目经理参与项目组合的建立是利还是弊？
10. 如果项目经理在某一项目中行使项目经理的职责，那么是否还可允许项目经理服务于另一项目的治理委员会？

第 9 章

Copyright ©Scott Maxwell/LuMaxArt/Shutterstock

研发项目管理

9.0 简介

多年来，人们都认为 PM 1.0 环境中开展的研发项目管理拥有某种神秘感。研发、战略规划和项目管理的关系并不为人所熟知。有的公司甚至制定出未包含研发环境的企业项目管理方法。出现此状况的原因之一是他们坚信，如果你能制订出研发项目的进度计划和预算，那么你根本就没有进行研发。人们认为研发是这样一种环境：你不知道你要达成什么目标，不知道成本是多少，也不知道最终是否能达成目标。对大多数公司而言，开发出商业上成功的产品的研发项目所占百分比非常低。同样的风险也会在 PM 2.0 中出现，但研发项目仍将为许多公司创造未来。在 PM 2.0 中，我们必须谨慎选择需要开展的项目，而非简单地把所有项目都加入队列中。

公司里似乎很少有人真正了解研发项目的选择及其优先级排序的过程。有些人认为，图 9-1 是选择研发项目的典型过程。如今，随着 PMO 的设立，所有这些观念都在逐渐被淘汰。PMO 负责参与项目组合的选择，而这一过程也包括对研发类型项目的参与。PMO 为项目组合的选择带来了一种更为结构化的过程。然而，并非所有的研发项目都需要 PMO 参与其中。

很显然，公司需要开展更多的研发项目。在 PM 2.0 环境中，对高效研发的需求有望大幅增加。没有高效的研发过程，公司将成为行业追随者，而非领导者。这种状况可能一夜之间就会发生。

PM 2.0 的实践无法保证你会选择合适的研发项目，也无法保证选择的项目一定会取得成功。但 PM 2.0 的实践一定能提高项目的成功机会，也能让你及早识别那些应当被取消或重新定向的项目。

图 9-1 研发项目选择过程

9.1 战略规划中研发的角色

在讨论各类研发项目之前，我们必须首先理解研发和战略规划间的关系。战略规划与研发类似，两者都为了实现今后的盈利和组织的成长。如果无法持续推出新产品，公司的战略规划选项就可能受限。如今，技术的进步、与日俱增的竞争压力以及压缩创新产品的必要性正不断增加，而现有产品的生命周期正以惊人的速度缩短。与此同时，公司高管把研究团队置于真空状态，未能充分利用高效研发项目管理所带来的潜在盈利贡献。PMO 能够更加轻松地将研发整合入日常业务中，与此同时，还可在项目组合管理中提供有价值的信息。

企业开展研发项目的三大主要原因是：

- 推出带来盈利增长的新产品或服务。
- 改善现有产品和服务的盈利能力。
- 产生有助于“救火”或识别新机会的科学知识。

上述每项原因可能需要不同形式的项目管理，但它们全都需要某种类型的研发项目管理。

成功的研发项目针对完成特定的目标，但这种针对性需要一套良好的信息系统。不过很遗憾，这是大多数公司最薄弱的环节。最优化的研发针对性工作需要信息系统，这包含客户和市场需求评估、经济评价和项目选择。PMO 可在这些过程中提供有价值的协助，但其他部门（如市场部）也必须参与其中。

从历史上看，在 PM 1.0 的环境中，大多数研发项目经理都具备技术背景，对业务相关知识的掌握却相对有限。最终结果往往是创造出市场不愿接受或无法负担的昂贵产品。项目经理单纯为技术而创造技术，并未充分理解业务的需求。而在 PM 2.0 环境中，项目经理除了需要达成业务目标，还要进行技术决策，这将使决策制定和战略业务目标始终保持一致。为监督这种持续的一致性，PMO 仍扮演着至关重要的角色。

评估客户和市场需求涉及机会寻求和商业智能功能。大多数公司将这些职责委派到市场部，由于市场部被现今的产品和短期盈利能力压得不堪重负，这样做可能产生不利影响。他们基本上没有时间或资源来充分分析其他研发活动，而这些活动可能带来长期的影响。此外，市场部中可能缺少技术上训练有素的人员，只有这些人员能够与客户和供应商的研发部门进行有效的沟通。另一个问题是，市场部会有一张项目“愿望清单”，清单里列出了他们希望达成的目标，实际却存在资源受限的问题。PMO 通常有责任执行资源规划，因此可提供有价值的信息：能够完成多少额外的工作且不会使现有劳动力负担过重。

企业战略计划的成功和可能的方向，完全取决于市场部在市场中测试新产品或特性的时间点。很多时候，高级管理层会试图向项目经理施压，要求他们承担风险并缩短研发时间，从而以更快的速度增加营收。这里存在的问题是，在股东的压力下，产品责任的合法性可能由于高管们急于出成果而遭到忽视。在遇到麻烦时，高管误认为降低成本即将发生，因而削减研发经费。无论哪种状况，对组织所带来的长期影响都将是不健康的。遗憾的是，研发项目经理在项目启动阶段通常不会得到市场研究数据，而这有时会导致研发项目经理做出欠佳的决策。

为所有类型的项目（包括研发项目）制定预算，必须根据有效的规划并以坚实的基础来开始。要重复并有效地完成这一任务，企业项目管理模板至关重要。只有当项目规划充分且目标定义明确时，研发项目经理才能提高项目成功的机会。这些项目一经批准，即会产生对预算制定、反馈和控制的有效方法的需求，以验证项目工作是否按照战略方向向前行进。与其他项目不同，每个研发项目可视为高管战略计划的一部分。然而，控制功能是至关重要的。高管必须愿意在研发项目进展不顺利时及时叫停，并愿意将资金重新分配给成功机会更大且带来更多业务价值的项目。这将迫使高管和相关方在整个项目生命周期中与项目经理进行更加紧密的合作。这是我们在第 1 章中提到的 PM 2.0 的重要特征之一。

无论研发项目管理功能在企业组织结构中的位置为何，它都能被看作一套战略规划系统，这套系统的输入是金钱，而输出是产品。此外，在大多数系统中，反馈机制必须存在。例如，现金流可从前景不被看好的项目向具有更大潜力的项目转移。这意味着研发系统必须持续进行监督，或许比其他系统的监督力度要更大。这同样意味着负责监督此系统的相关方和高管对项目管理（甚至研发项目管理）要有一定的了解。这再次证明了 PMO 参与的必要性：PMO 可确保监督过程顺利进行，并使对研发项目的干扰降到最低。

9.2　产品组合分析

当一家公司为研发项目制订战略计划时，该计划必须与公司战略事业部和产品或服务的组合保持一致。选择研发项目的原则是开发新产品或对现有产品进行持续改进，以优化产品或服务的组合。一家公司应当拥有均衡配比的产品，并且选择的项目应当为每类产品和产品线积极服务。

为外部客户执行研发项目时也是如此。在前两章里，我们讨论了在 PM 2.0 环境中工作的项目经理必须充分理解客户的业务模型，还需要理解客户的业务战略。简单地说，项目必须与客户的业务战略保持一致，因此了解与客户业务相关的信息至关重要。

表示产品组合的方法有多种。最常见的三种方法是波士顿咨询集团（BCG）模型、通用电气（GE）模型及产品生命周期模型①。每种模型都具有各自的优点和缺点，但所有这三种模型都可用于协助研发项目的选择。

第一种模型是 BCG 模型，如图 9-2 所示。

在 BCG 模型中，产品组合由明星、金牛、瘦狗和问号构成。为简单起见，我们可对每种产品做出如下分类。

明星：这类产品代表了公司获得长期成长和盈利能力的最佳机会。明星产品可得到研发项目的支持，以提高产品质量，同时寻找产品的其他潜在用途、派生产品及需持续改进的工作。研发项目的关注点包括增加市场份额并为产品寻找新的用途/客户。研发项目需要大量资金投入，因此明星产品通常是现金的使用者，而非产生者。但大多数明星产品通常都是研发项目中的低风险投资，

① 大多数战略规划和战略管理相关的教科书均详细阐述这些模型。此处讲述的意图仅为展示用来帮助选择研发项目的部分模型。

并且大多数研发投入的资金最终都能顺利收回。

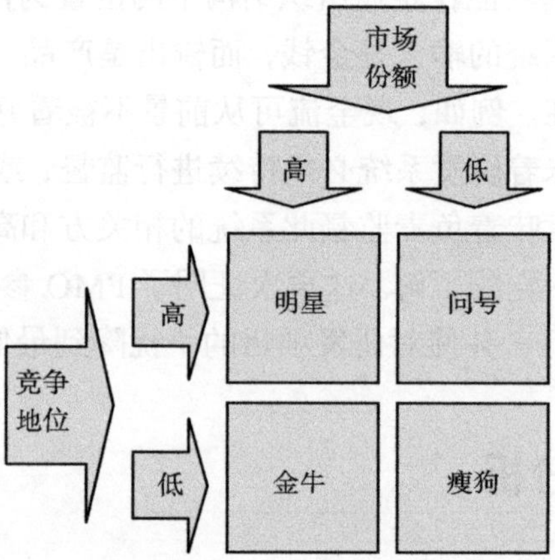

图 9-2 BCG 模型

问号：这类产品通常被称为“问题儿童”，今后可能成为明星或瘦狗产品。要将问号产品转换为明星产品，公司需要对研发投入大量资金，并专注于创建提升市场渗透力并提高市场占有率的产品特性。对问号产品的研发投入是存在风险的，如果产品成为瘦狗而非明星，那么研发投入的资金将永远无法收回。

金牛：这类产品拥有较高的市场份额，但成长机会有限或正在下降。研发的重点是使金牛产品的存活时间尽可能长，以挤出更多的“牛奶”。典型的研发项目包含质量改进、升级和功能增强。

瘦狗：这类产品消耗大量资源，但回报非常有限，因而将被清算或剥离。只有非常显著的技术突破才能使瘦狗产品变为问号或明星产品。基本上这将需要巨额投资，或在相对未知的时间框架内进行研究。要收回与瘦狗产品相关的研发成本，运气占很大的成分。

有些产品产生现金，而有些产品使用现金。很显然，要短期管理公司，我们需要金牛产品。另外，无论短期或长期，任何公司都需要明星产品来打入市场以及为后续的发展助力。一家公司计划巨额投资研发项目，试图在逐渐衰退的成熟市场中开发新产品，这种做法是应当被质疑的。在本例中，公司应当选择专注于降低现有产品研发成本的项目。

对项目经理而言，理解项目位于 BCG 模型的哪个象限是至关重要的。制定项目或业务决策必须依据产品所处的象限来完成。研发项目类型和预期附带业务价值同样需要基于象限来确定。显然，PM 2.0 项目经理需要具备更深厚的商业背景或商业知识。

与 BCG 模型类似的是 GE 模型，如图 9-3 所示。GE 模型的方格中有九个方框，而 BCG 模型仅有四个方框。

为方格中的每个方框所选择的研发项目，是基于所期望的企业竞争力和市场吸引力来确定的。这两部分需要考虑的具体内容请参考图 9-4 和图 9-5。

公司必须开发与其研发项目选择战略相关联的产品线战略。均衡的产品组合代表新产品必须处于开发阶段或自身成长阶段，以取代那些已经成熟或处于衰退状态的产品。要保持竞争优势，实施持续的产品改进计划非常必要。如图 9-6 所示，本图展示了产品生命周期模型。在图 9-6 中，圆圈代表该行业的规模，而饼状图展现了产品的市场占有率。我们可以使用图 9-6 来选择与产品生命周期阶段相关的研发项目。

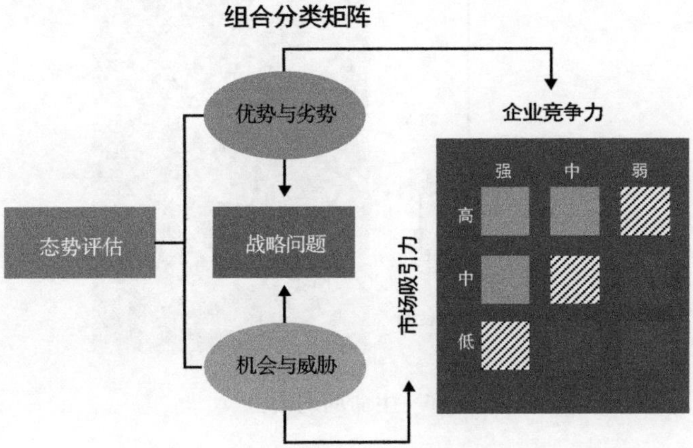

图 9-3　GE 模型

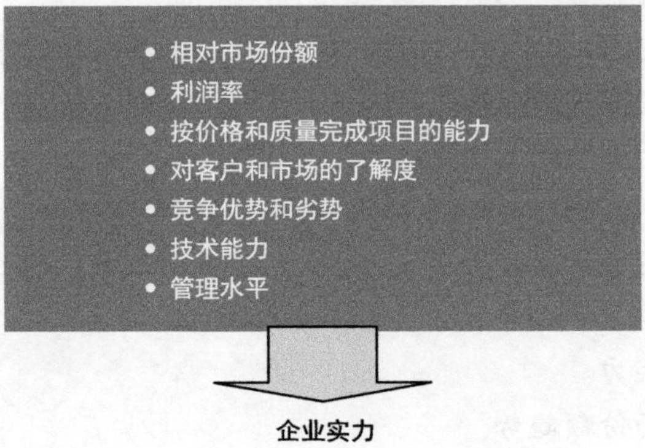

图 9-4　企业竞争力

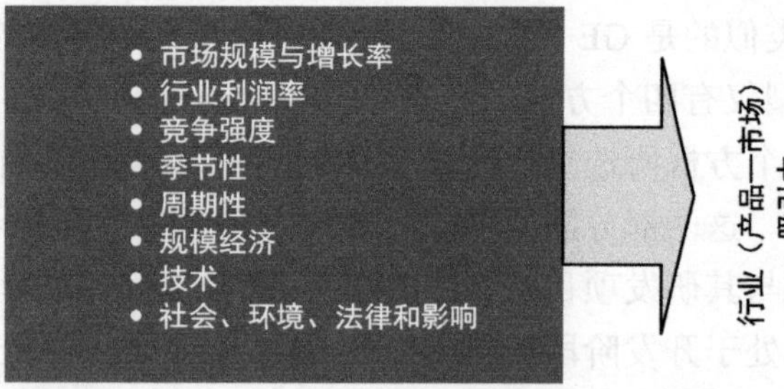

图 9-5　市场吸引力

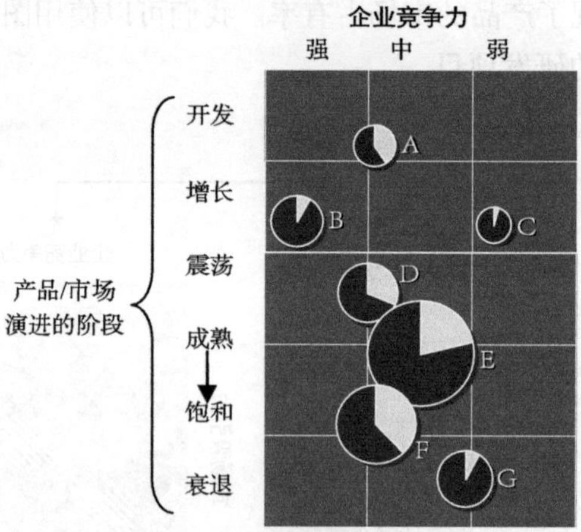

图 9-6　生命周期模型

9.3　研发项目经理参与市场营销

从上一节的内容，我们可以清晰地了解到，市场营销往往为确定研发项目选择的关键变量提供了最有价值的输入。采用 PM 2.0 特征的研发项目管理涉及的市场要素包括识别以下状况：

- 每款产品/每个产品线的市场吸引力。
- 相对市场份额（和趋势）。
- 销售增长率（和趋势）。
- 当前业务实力。
- 预测的市场份额趋势。
- 推荐的投资策略。

对于选择旨在创建新特性或新产品的研发项目而言，其他因素包括率先上市、跟随领导、应用工程以及“Me Too”的市场营销政策。很明显，研发项目经理必须具备良好的通用业务知识，尤其是对未来的洞察力。

率先上市

这种风险与潜在回报并存的战略会对公司业务产生多项重要影响：

- 由主要开发资源支持的密集型研发。
- 在产品规划阶段关闭下游耦合，并在此后适度关闭耦合。
- 高度接近最先进的技术。
- 高研发投资比。
- 个别产品失败的高风险。

在综合考虑上述影响后，他们概述了一种清晰的商业哲学。公司必须招募并留住优秀的技术人员，他们能够帮助公司在行业内赢得领先地位。公司必须看到，这些技术型研发项目经理正与营销策划人员进行密切且有益的沟通，以确定潜在的盈利市场。公司必须在没有任何即时回报的情况下，频繁将大量时间和金钱冒险投入技术和市场开发。公司必须能够在不丧失其他产品线地位的前提下吸收错误、撤销投入和收回成本。正如市场本质所阐述的，初始计划必须尽快进行修改，近似值必须尽快提炼成精确值。

最重要的是，高管必须能够对时间做出关键性的判断，从而平衡“随后上市”的风险和推迟的产品导入所引发的改进产品开发。此类公司必须拥有足够多考虑长远的“思想家”，他们能够在最早期的阶段对市场和竞争形势做出自信的评估，并可在规划时兼顾信心和灵活性。然而，为评估管理层的期望是否能够达成，或者与交付相关联的风险，项目管理的参与仍然是必需的。

跟随领导

此种市场营销战略包括：

- 开发密集型技术工作。
- 横跨各种相关技术的适当竞争力。
- 基于已完成的研究，在产品开发和市场营销中极快的响应时间。
- 包含市场营销和制造的高水平研发下游的高度耦合。
- 极有价值的竞争情报。
- 了解竞争对手产品的研发人员。

遵循这一战略的公司是（或应当是）有执行力的公司。研发项目管理必须拥有优秀且合理的成功纪录，这在 PM 2.0 环境中将是非常必要的。公司采用了多种跨职能技术，对变更的响应非常迅速，并且通常看起来像一次永久进行的消防演习。公司的工资单上鲜有科学家，但一定有最优秀的开发工程师。公司的高管持续关注维持技术、市场营销和制造职能间力量的平衡，以便公司能够高效地响应任何这些领域领导者的一举一动。

应用工程

此种战略需要：

- 大量产品设计和工程资源，但未进行研究或极少进行真正的开发。
- 准备好接触客户公司内部的产品用户。
- 具备技术洞察力的销售人员和销售工程师，能够与产品设计师紧密合作。
- 优秀的产品线控制，以防止高成本问题的扩散。
- 决定开发哪些应用时具有较强的成本意识。
- 以效率为导向的制造组织。
- 在不同的应用中使用相同的部件和元件，具备使开发和制造成本最小化的才能。

应用工程战略更倾向于关注经济利益，并避免开展创新工作。规划是精准的，任务是明确的，而新技术的引入是谨慎的，甚至远远落后于目前的经济现状。投资回报和现金流计算是标准做法，并且整个管理过程都以利润为导向。

“Me Too”

此种战略在过去 10 年中以前所未有的速度蓬勃发展，与其他战略的区别在于：

- 不进行研究或开发。
- 强大的制造功能，可支配产品设计。
- 强劲的价格和交货表现。
- 快速照搬新设计的能力，修改设计仅以降低生产成本为目标。

打价格战、拿低利润，同时避免一切研发费用，采用此战略的公司可对遵循“率先上市”和“跟随领导”战略的竞争对手带来严重破坏。这是因为有效执行“Me Too”战略的公司能够在领导者利润最稳固时，缩短引入产品的盈利周期。“Me Too”战略需要以较低管理费用的方式进行制造和管理，并在价格上向客户直接推销并直接交付产品。它不需要任何技术方面的热情，也不旨在产生任何新技术。

商业环境是高度动态的。因此，公司可能发现需要在项目进行过程中更改战略，但这会扰乱研发项目管理。这也是 PM 2.0 环境中的研发项目经理必须具备业务知识的另一个原因。研发项目中可能引发快速变化的因素包括技术变更、竞争对手的新产品导入、新的竞争对手进入市场、现金流变化导致研发资金被削减，甚至管理层的心血来潮。

9.4 产品生命周期

产品生命周期的长度承载着公司应承担风险的大小，并且这种风险将转移到研发项目经理身上。较长的产品生命周期可产生充足的现金流和用于新产品导入的研制时间。如果要在短时间内开发新产品，研发项目经理承受的压力会非常小。

遗憾的是，许多公司都把重点放错了地方。随着产品生命周期的增长，重点会从基于产品性能的竞争力，向产品差异化进行转移，最终由于学习曲线效应的显现，实现更低的成本。研发项目经理关注的重点不在于新产品开发，而在于需要专注于通过改进使现有产品得以延续。

许多公司倾向于承受低风险（成本导向）而开发“产品线延伸”或“辅助”产品，其实就是同一产品的不同形态，更不用说做出新的产品是一项高风险的业务，并且有些公司只是希望开发廉价的仿制品。许多小型公司依托较短的产品生命周期成长，即便在分散的市场也是如此。举个例子，如果一家小型工程公司的高管同时也是创立这家公司的天才和顶尖科学家，那么新产品会快速完成开发，并可从研发阶段迅速进入市场营销阶段。这家公司已经学会如何应对较短的产品生命周期。

9.5 依据市场份额的研发项目规划

每当市场份额分析与市场增长分析进行结合时，公司高管都会拿到一套绝佳的工具（如上文所述的用于产品组合分析的 BCG 模型），以确定是否存在投资机会、现金来源，或者应当从服务中移除的项目。市场份额/市场增长矩阵或 BCG 模型元素的通用术语是金牛、明星、瘦狗以及问号（或问题儿童）。如前文所述，在组合规划阶段，这些元素承载着研发向前推进的方向，即保持、建立市场份额、收获或撤出市场份额。

保持市场份额：此种战略代表稳定的市场，对明星或金牛产品而言是理想之选。在这种情况下，伴随的研发政策应当强调防守型研发和应用工程，而非多元化。

建立市场份额：此种战略对于选择的明星和问题儿童产品而言是理想之选。支持此种战略的研发战略包括降低生产成本、提高质量以及应用工程。此种建立市场份额的战略也可以用于瘦狗产品，前提是公司看到了能够大幅增加市场份额的技术突破，以及某种程度的能够保证整个生命周期盈利的专利保护。

收获市场份额：此种战略适用于金牛产品，与研发一样，资金也需要用于其他活动。合理的研发战略能够提升质量或降低成本。

撤出市场份额：此种战略适用于瘦狗产品，这类让人头疼的产品拥有极低的市场份额，要么获利微薄，要么只能亏本经营。此种研发战略，如果完全得到实施，则应当在可获利的情况下寻找派生产品和专门的应用，或尽可能减少基于此项技术以支持后续活动的防守型研发。

9.6 研发项目分类

从前面的小节中我们可以明显地看到，根据研发和市场营销的关系，研发项目可分为多种类型。图 9-7 展示了 PMO 参与的研发项目的简单分类方式。

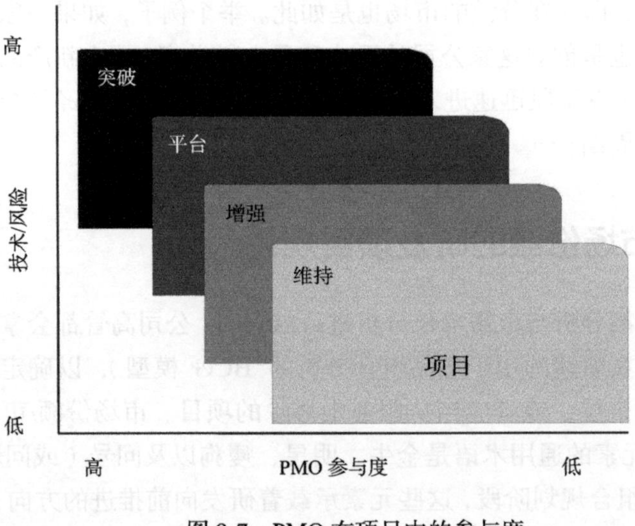

图 9-7 PMO 在项目中的参与度

根据风险、战略重要性、项目管理中的组织成熟度，以及项目经理的经验水平，PMO 的参与程度会有所不同。

另一种简单的方式是将研发项目分为七大主要类别。

1. 草根项目：此类项目可能只是一个创意，并且只具有一个或两个好的数据点。草根项目由“种子资金”提供资助，“种子资金”是指由研发项目经理管控的一小笔钱。种子资金的目的是确定草根项目是否具备足够的可行性，以发展成为完全成熟且拥有雄厚资金的研发项目，并可进一步纳入战略计划中。

2. 私售项目：此类项目没有资金支持，因为项目选择团队并不认为该项目值得投资，或者资金流已经被终止（或外流）且资金重续是不适合的。无论哪种原因，私售项目只能使用其他项目的预算费用数字偷偷地完成。私售项目涵盖从概念创意到已终止的明确定义的活动。

3. 基础研究项目：此类项目可能包括草根项目和私售项目。基础研究活动的目标是具体的科学领域扩展知识，或者改善现有技术的状态。此类项目通常不会产出可直接上市销售的产品。因此，此类项目需要特殊的处理方式，但它们会创造可用在后续项目的知识产权。

4. 应用研究项目：此类项目是基础研究项目的扩展和延续，用于探索给定知识主题的直接应用。此类项目有望创造适销对路的产品、产品改进或现有产品的新应用。

5. 高级开发项目：此类项目遵循应用研究或探索性开发项目，项目意图为生产由实验测试支持的全尺寸原型机。

6. 全面开发项目：此类项目包括产品的完整的、可正常工作的绘图设计，以及详尽的物料清单、确切的供应商报价以及规格开发。此类研发活动需要制造部门的充分参与。

7. 生产支持项目：此类项目包括为客户寻找更好地使用此产品方法的应用工程，或对有望进行修改和重新设计的给定系统进行局限性和可行性的调查，以提供内部运作支持。旨在找出降低生产成本或提升产品质量方法的项目，就是内部生产支持项目的例子。

9.7　研究与开发

大多数人将研发项目管理视为一体，但在研究和开发间仍存在关键的差异。有些项目经理十分擅长管理研究项目，有些则在开发项目中出类拔萃。基本的差异如下。

规格：研究人员能够自由地进行发明，因此在工作中通常对规格采取弱化的态度，而开发人员拿薪水并非为了创造新的备选方案，而是将现有的备选方案简化为一个可供执行的简单解决方案。

资源：一般来说，开发工作相较研究工作需要更多的资源。这将产生对结构化监督的更迫切的需求，而研究通常是在类似校园的工作环境中进行的。

进度：研究人员更倾向于使用非常宽松的进度安排，并且拥有偏离主题的自由度，开发进度安排则更为严格。研究进度计划的活动可以并行，而开发进度计划的活动是串行的。

工程变更：在项目的研究阶段，工程变更、规格变更和工程重定向（即便是由管理层中个人的反复无常所导致的）所产生的成本影响，与开发阶段发生的相同变更相比非常小。

然而，为简单起见，我们仍假设研究、开发为一体。

9.8 研发比率

公司必须与对应领域的项目经理协作，确定基础研究、应用研究和产品开发的平衡性或比率。基础研究会或不会直接对特定问题或需求起作用，但这些基础研究会在某些领域中被选择并直接进入，这些领域的发展会对公司未来的核心业务产生重大影响。

应用搜索是使用某项技术完成业务目标的下一步，这些目标包括流程、降低成本等。产品开发就是利用一切可利用的技术，开发一款与公司发展方向相一致的产品。

一家行业公司需要在确定其短期和长期决策战略时，确定上文提到的领域所占的比率。基础研究通常是一项长期的工作，必须由高层管理者决定并推动。市场、销售和制造并没有动力支持应用研究和用于短期计划的产品开发研究。因此，高层管理者有责任在公司内部为研发工作提供方向。

职能部门必须在项目战略选择过程中与 PMO 紧密协作。每个部门都会将不同的想法带到台面上，这些想法往往对它们各自的职能范围有利。

制造和销售

这两个部门必须纳入研发项目组合的选择过程中，对于新产品和技术的开发而言尤其如此。了解制造部门是否有能力使用现有制造设施和设备生产出产品至关重要。现有制造工厂的产能是否足以满足需求？它们能否生产出产品并且合乎成本效益？如果需要新的设备和制造工厂，这一信息需要纳入总体规划中，这样当新产品准备推出时，工厂可以做好准备。销售人员同样非常重要。当前的销售人力是否充足？必须对数量、培训、所在地点等因素进行充足性的评估。相比于公司的当前产品线，新产品是否需要不同的销售技能？另一个必须评估的因素是新产品可能导致的销售人力的减少。这对销售团队的士气有哪些不良影响？此类举措的行为后果是什么？

人员行为

项目管理的关键因素之一是高效沟通的能力，这种能力需要将关注重点放在团队合作、部门间互动以及了解客户上。很显然，高层管理者和项目经理对人员行为越了解，他们就越能够掌控生产力和对有限人力资源的管理。

与研发项目管理相关的问题有许多，其中之一就是所有权。高层管理者会感觉他们有需要并且有权利对项目进行持续管控。在 PM 2.0 中，管理层必须放弃控制权，以便研发项目经理注入项目取得成功所需要的创造力。另外，当项目准备移交到制造和营销阶段时，研发项目中的个人或团队也需要放弃控制权。与其他形式的项目管理不同，研发项目经理不会参与到项目的整个生命周期中，除非需要进行下游变更。

9.9　进攻型研发与防守型研发

一家公司应当将其资源投入进攻型研发还是防守型研发？进攻型研发是产品研发，而防守型研发是过程研发。在进攻型研发中，研发的目的是尽快打入新市场、取代现有产品，或者只是满足特定客户的需求。进攻型研发强调采用“率先上市”的方法。最终决策可涉及我们先前讨论过的模型，如 GE 的九宫格模型，如图 9-8 所示。

另外，防守型研发用于延长产品生命周期，或者保护现有产品线免受残酷竞争压力的影响。当公司已拥有成功的产品线，并惧怕此时新技术引入可能危及现有盈利状况时，也可以采用防守型研发。防守型研发专注于小的改进而非重大的发现，从而需要较少的资金投入。如今，随着资金成本逐渐变高，公司更加关注较小的产品改进（如风格），并作为全新的改进版本将此产品引入市场，事实上，这只是原有产品发生了细微变动而已。日本已成功使用此方法复制别家的成功产品、提高质量、更改风格，以及将其引入市场。日本方法的一大优势是产品能够以更低的成本销售，因为售价并不包括昂贵的研发成本的回收。

对于那些必须对现有产品提供支持并希望延长产品生命周期的企业而言，采用防守型研发是必要的。因此，一家公司在市场中的战略姿态并不局限于新产品的导入。公司必须找到进攻型和防守型研发间合适的技术平衡点。

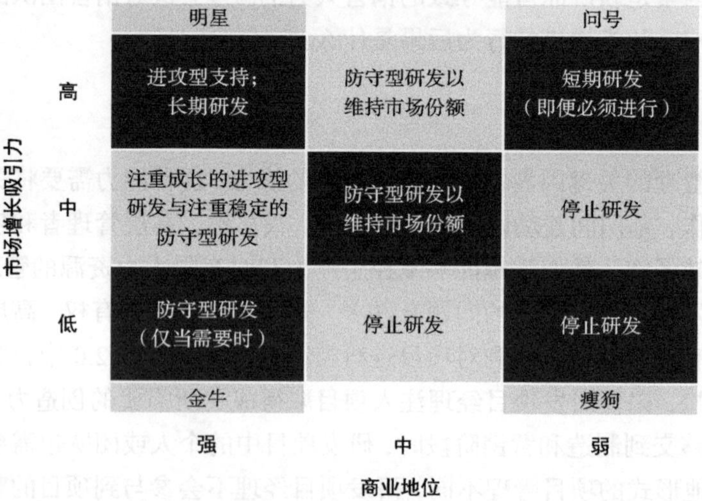

图 9-8　研发战略定位

9.10　为研发规划职能建模

研发项目管理的纲要建模，需要深入理解研发如何融入总体战略计划，以及研发职能战略。图 9-9 展示了研发与总体战略规划职能的整合。一旦业务被定义，再加上优势、劣势、机会与威胁的环境分析，企业的目的与目标也随之完成定义。遗憾的是，战略目的和目标的定义通常以财务术语或通过产品/市场元素来完成。此类定义暗示着一个关键的假设：研发能够按照也将会按照需求的规格开发新产品或产品改进，以实现目的和目标。遗憾的是，许多公司还没有意识到研发投入在目标制定阶段的重要性，因此它们通常将研发看作服务部门。一旦目标制定完成，市场部会确定产品和方法（战术）以实现战略。如上文所提到的，研发可能仍被看作服务部门。

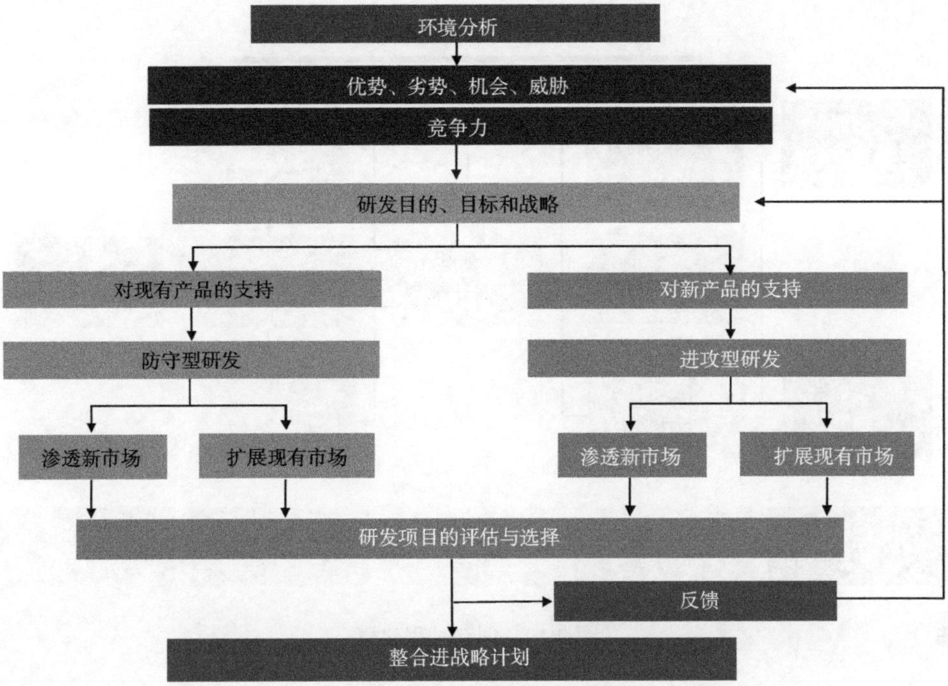

图 9-9　研发战略规划过程

PMO 与相应的高级经理将共同管理研发项目的组合选择过程。研发选择过程由市场部掌控并非罕见，而整个研发预算成为市场营销预算的一部分也并非难得一见。原因是市场部希望确保它能成功销售研发项目所产生的成果。

然而，在成熟的组织中，研发人员允许表达对于目的与目标可行性的担忧，以及对成功实现研发目标概率的担忧。在此情况下会存在一个从项目选择到目标制定的反馈循环，如图 9-9 所示。

图 9-9 中题为“对新产品的支持”的方框需要研发项目选择过程必须对创新与创业管理负责，并可按图 9-10 所示进行建模。创业战略渗透到企业文化的过程缓慢且乏味，因此并非所有公司都拥有创业战略。成功的公司将创业看作自身的“业务”，并且将它与公司的主流战略“联姻”。在此情况下，研发项目经理应具备某种程度的创业技能。

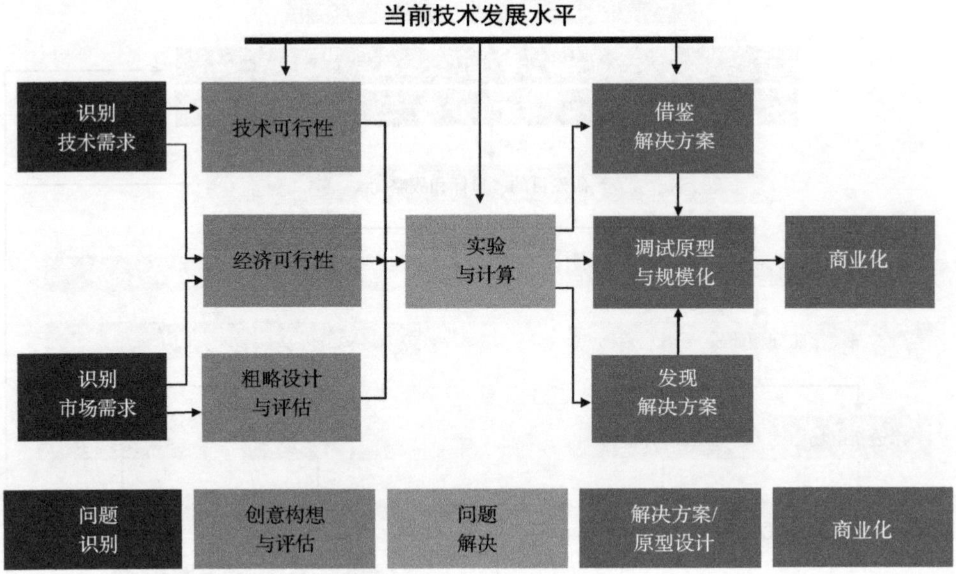

图 9-10　创新过程建模

图 9-9 还展示了若要将研发成功整合进战略计划，研发部需要理解公司的生产过程、分销过程、市场调研以及市场分销渠道。这就要求研发部理解市场部通过率先上市、随后上市、应用工程或“Me Too”（如模仿）的方式引入新产品的决策。

当一家公司进入新市场、促进增长或改进现有产品时已察觉到对于战略的需要，那么这家公司正面临着如何获取战略计划整合所必需的技术技能的问题。备选方案如下：

- 使用具备技术能力的现有资源进行研发。
- 通过内部技术培训使用现有资源进行研发。
- 通过招聘新员工进行研发。
- 通过顾问进行研发。
- 收购一家拥有所需技术的公司。
- 合资公司
- 通过授权购买技术。

正如上文所提到的，职能战略可独立执行，直至整合入总体计划中。职能研发战略如图 9-9 所示。环境分析方框也可由研发项目经理全权完成，便于随时了解最新技术及竞争动态。需要注意的是，每个项目在终止后都应更新研发战略计划。

较短和较长的产品生命周期会带来研发战略规划的基本差异。对于较短的产品生命周期而言，研发项目经理必须愿意快速做出反应，尤其是当环境不断变化时。适应较短的产品生命周期是扁平化组织结构的特征，这种组织结构的控制跨度很广。由于在较短的产品生命周期中，决策必须快速做出，因此营销、研发和制造部门间的耦合度必须非常高。较弱的耦合度会导致产品引入市场的时间延后。

产品生命周期越短，高级管理层对项目的参与度就越高。对较短的产品生命周期而言，战略业务单元（Strategic Business Unit，SBU）级别的战略规划可能比较烦琐。产品生命周期越短，保持合理增长所需的新产品数量就越多。其结果是，较短的产品生命周期更需要优秀的研发人才。

最后需要注意的是，针对产品生命周期的战略营销方法会根据公司规模的不同而有所区别。在较短产品生命周期市场中的小型公司必须率先立足于市场以获取利润。在较短的产品生命周期中，大型公司能够调拨大量资源以充分利用经验曲线带来的益处，从而为实施“跟随领导”方法的小公司立足市场造成了阻碍。

我们可为建模功能的各种组件开发模板。例如，图 9-11 展示了为多种类型研发项目建立风险强度的方法。

产品变化	重大技术突破	下一代产品	产品家族中的新产品	衍生产品和产品升级
流程变化	新流程	下一代流程	变更和升级	微调和杂项
风险类别				
• 市场	• 高	• 高	• 中	• 中
• 技术	• 高	• 高	• 中	• 中
• 时间	• 高	• 高	• 中	• 低
• 成本	• 低	• 中	• 中	• 低
• 价格	• 中	• 中	• 低	• 低
• 质量	• 中	• 中	• 中	• 低

图 9-11　风险强度

9.11 优先级设置

优先级为研发项目经理带来了巨大的“管理头痛症”，因为研发项目通常根据与其他项目不同的优先级列表来确定其优先级。职能经理必须根据两大优先级列表提供资源。遗憾的是，研发优先级列表通常没有得到应有的重视。

举个例子，一家《财富》25 强公司的研发主管谈道：

> 我们的每个运营部门都拥有自己的研发项目和优先级。在去年，公司研发部为面向制造领域的成本改进投入了大量研发资源。我们的优先级基于短期需求而制定。遗憾的是，向我们的项目提供资源的运营部门认为直到长期运作后才可获利，因此对我们的项目提供支持在他们的优先级列表中的位置很低。

对优先级的沟通通常是研发领域中出现的问题。为部门级别制定的优先级不会沿用至分部门级别，反之亦然。我们必须对优先级尽早地反馈，以便职能经理能够制定他们自己的规划。

与营销协作

在大多数组织中，要么研发驱动营销，要么营销驱动研发，而后者更为常见。管理有素的组织维持了营销与研发间的适当平衡。营销驱动型组织可能造成麻烦，尤其是当持续发生营销要求提供信息的速度比研发所能提供的速度更快，或者私售研发被淘汰时。在此情况下，所有研发经费均来自营销预算。

为了激发创新，研发团队应当拥有自身预算至少一部分的控制权。这是非常必要的，因为并非所有研发活动的目的都是使营销受益。部分活动只是为了改进技术或建立开展业务的全新方式。

如果营销支持是必需的，那么这些支持应当对所有研发项目开放，无论它们是否来自营销或研发部门。一家大型食品生产商的研发项目经理谈道：

> 几年前，我们的一名研发人员想出了一个创意项目，我那时被指派为项目经理。当项目完成时，我们开发出了一款新产品，并且做好了引入市场和测试的准备。遗憾的是，研发部并没有预留出用来对新产品进行市场测试的经费。此项经费完全来自市场部。我们的市场人员并不理解这款产品，因此把优先级排到了最低。我们的研发人员试图与他们沟通，但他们不愿意测试新产品，因为这整个项目都是我们的想法。

> 市场部生活在他们自己的小世界里。长话短说，去年我们的一个竞争对手将一款相同的产品推向了市场。现在，我们并不是领导者，而变成了追赶者。我知道，研发项目经理没有接受过营销测试的培训，但如果市场部拒绝支持研发构想的项目呢？我们该怎么做？

如今有部分组织要求研发项目经理向新的业务团体、业务开发团体或市场部门直接汇报。市场部门对面向工程的研发项目经理进行晋升评估会导致他持续地表达不满态度，因为他会认为市场部门并不能真正理解管理研发项目时遇到的技术困难。然而，高管对项安排有着足够的辩护理由，声称这些高科技研发项目经理是那样爱着他们的项目，但他们不知道如何以及何时该取消一个项目。负责市场的高管主张项目应当在以下时刻被取消：

- 成本变得过高，导致产品成本不再具有竞争性。
- 投资回报发生时间过晚。
- 竞争太过激烈，不值得冒险。

当然，问题来了："市场部门是应该为每个研发项目的取消决定做表决，还是只为市场驱动型研发项目做表决？"有些组织与项目团队达成一致后才取消项目。

不同的公司分为研发主导型、营销主导型或平衡型。在研发主导型公司中，研发人员研究基础问题、寻求重大突破，并努力在产品开发中追求技术完善。研发偶尔会产生重大的新产品，但研发过程需要的经费高，并且新产品的成功概率会很低。

在营销主导型公司中，研发人员为特定的市场需求设计产品，其中大部分人员参与产品修改和现有技术的应用。新产品最终取得成功的概率高，但它们所代表的主要是具有相对较短生命周期的产品修改。

在平衡型研发/营销公司中，有效的组织关系可成功用于研发和营销之间，并共同担负成功的市场导向创新的责任。研发人员的职责不仅是发明，同时还是成功的创新。营销人员的职责不仅仅是创造新的销售卖点，还需要协助确定满足需求的新方式。研发/营销合作可通过以下几个方面进行推动：

- 发起联合研讨会以建立理解和互信，并尊重彼此的目的、工作风格和出现的问题。
- 每个新的研发项目均同时指派给一名研发人员和一名营销人员，且两人在项目的生命周期内通力协作。
- 研发和营销人员相互交换，这样他们能够有机会体验彼此的工作状况（某些研发人员可随销售队伍出差，而营销人员可在实验室里短期逗留）。

- 更高级别管理层遵循清晰的程序进行介入并解决工作中的冲突。

9.12 合同研发

合同研发是研发项目管理战略规划的另一种形式，可用于前述七种项目类别中的任何一种。进行合同研发的原因各不相同，具体取决于你是客户还是承包人。客户将研发工作分包出去的原因是：他们不具备必要的内部技术能力；具备内部技术能力，但资源被投入更高优先级的活动中；拥有可用的人才，但外部资源拥有更优秀的人才，能够花费更短的时间和更少的经费产生预期的成果。

从分包方的视角来看，合同研发项目管理是利用他人的经费来开发新技术的一种方式。分包方将合同研发作为达成以下目标的方式：

- 将支持研发人员的内部开支最小化。
- 开发新技术以进入新市场/产品。
- 开发新技术以支持新市场/产品。
- 保持技术领先地位。
- 通过平衡工作量提高资源利用率。
- 维持客户商誉。
- 寻找现有产品的衍生品。

从客户的角度来看，合同研发也存在缺点：

- 我对分包方的依赖性应当有多大，方可在时间和成本内得到预期的成果？
- 我们用哪些标准来评估分包方？
- 我们应当建立哪种类型的沟通网络？
- 我怎样知道分包方是否对我说实话？
- 如果需要权衡取舍，我该如何做出决策？
- 谁将控制在合同研发中产生的专利权？
- 项目失败是否会影响战略规划过程？

从分包商的角度需考虑：

- 客户如果试图控制我方人员，会有什么影响？
- 项目的成功能否产生后续工作？项目的成功能否提高商誉？项目的失败是否会导致未来营收的损失？

9.13　保密协议

在开展业务的过程中，很少有公司能够不借助来自其外部的帮助以开发并推销新产品。项目经理必须对保密协议有一定了解，研发项目经理更是如此。当有必要确保能获取外部帮助时，保护传送到外部第三方信息的专有性是必需的。为了做到这一点，两方须起草一份协议，并由每家企业的办公室进行签署。

最高管理层必须制定一套政策，以明确将技术开发相关的机密信息传送至参与项目的第三方资源的处理方式。一般来说，会产生两种类型的协议：单向和双向。单向协议顾名思义，即公司将机密信息向另一方传送，且不会获取任何返回的信息。双向协议则规定双方之间互相传送机密信息。

9.14　政府的影响

外国与本国政府在研发战略规划过程中扮演着重要角色，因此它们对研发项目管理方式的影响非常显著。由政府制定的法律和政策可鼓励或打击研发活动。此种效应可能是直接的，也可能是间接的。政府可能推行税收优惠政策，这将营造促进研发项目百花齐放的氛围。政府还可强制推行法规或标准，以鼓励新产品开发符合这些标准。外国政府的行为与姿态会影响许可协议、新产品的竞争优势、推销新产品的能力等。

以下列举了一部分政府控制与影响行业研发活动的方式：

- 财政与货币政策
- 国际运营和控制
- 技术转移的限制
- 专利
- 对科技企业的政策影响
- 税收；货币流向限制
- 劳动/管理关系
- 风险
- 法规
- 技术进步的赞助商，企业参与其中

约瑟夫·马蒂诺（Joseph P. Martino）指出了可能更多的是政治性质的额外关注[①]：

① J. P. Martino, *R&D Project Selection*, Wiley, New York, 1995, p. 107.

- 向用户提供的有关产品安全的法规
- 有效性监管
- 使用产品或过程行业的安全法规
- 使用产品或过程行业的经济法规
- 有关制造过程中工作场所安全的法规
- 有关环境危害的法规
- 有关可处置性或可回收性的法规

合同研究、授权、合资、并购及雇用额外人员等在美国国内被认为是理所当然发生的。而其他国家或许没有这些优厚待遇，并且根据技术级别的高低，可能需要额外的分类。对于某个其他国家而言，可能使用以下级别：

- **第 I 级**——技术存在于公司内。
- **第 II 级**——技术可从本国之内的其他公司处购买。
- **第 III 级**——技术可从本国之外的其他公司处购买。
- **第 IV 级**——技术必须在其他国家进行研究并带回国内。

许多国家使用第 III 和第 IV 级，因此部分外国公司已设立了员工公休基金。公司每个月保留员工工资的 3%并提供 7%的额外资金。每 5 年或 6 年，公司将允许每名参与该计划的员工出国学习，并将学到的技术专长带回祖国。除公休基金外，员工还可在公休假期中取得他的全部薪水。

对于战略研发规划，此类公休假会带来组织内部的差异化。管理层推迟员工公休假的时间最长仅为一年。

如果该员工处于战略位置，会发生什么？如果该员工正在参与关键项目，会发生什么？如果该员工是拥有特定学科必需技能的不二人选，会发生什么？谁来替代该员工？当该员工回到组织后，我们要将他安排在何处？如果该员工此前的管理职位不再空缺，会发生什么？很显然，这些问题都会对战略规划过程产生巨大影响。

创意的来源是什么？

9.15 创意来源

与其他类型的规划不同，战略研发项目规划必须愿意从组织的最深处广泛征求创意。持续引入新产品的企业往往声誉颇佳，它们所拥有的新产品开发团队在一个相对非结构化的环境中运作，从而获得最佳的创意。部分公司走得更远，甚至开发出创意仓库、创意银行和创意交换中心。

这些创意活动是头脑风暴会议，并非为了解决问题。如果安排得当，此类会议将营造自由表达意见和创造性思考的氛围，这是激发创意的一种理想技术。针对头脑风暴的争论包括：对提出创意者无奖励、对表面问题进行抨击、潜在的好创意可能过早出现而遭到忽视，以及缺乏对更有创意的个人的考量。

可用于头脑风暴会议的原则包括：

- 选择不同层级的人员；避免选择负责实施的人员。
- 允许人员拒绝任务分配。
- 避免对创意进行评估和批评。
- 为贡献者提供认可和/或奖励。
- 会议时长限制在 60 分钟。

创意不仅源于内部。新产品创意的外部来源同样存在，例如：

- 客户
- 竞争对手
- 供应商
- 技术购买
- 技术授权
- 客户或他人主动提供
- 私人发明家
- 兼并收购
- 贸易展会
- 科技展会
- 私人数据银行
- 技术期刊
- 贸易期刊
- 政府资助的研究计划
- 政府创新/技术转让计划
- 政府机构

创新是珍贵的，你拥有的创意越多，获得商业上成功的产品出现的机会就越大。在一项对所有行业数百家公司的新产品研发活动的研究中，布兹、艾伦和汉密尔顿（Booz，Allen & Hamilton）将新产品的演变过程定义为将一款产品推向商业化存在所需要的时间[①]。这一过程始于公司的目标，其中包含对产品的兴趣、目标和发展规划，并希望最终成为一款成功的产品。这些目标被定义得越具体，新产品计划就会获得越多的指导。这一过程可细分为可管理且相当明确的六个阶段。

探索：寻找可实现公司目标的产品创意。

筛选：快速分析并确定哪些创意是合适的，并值得进行更详细的研究。

商业分析：通过创造性分析将创意扩展到具体的商业建议，包括产品特性、财务分析、风险分析、市场评估以及该产品的计划。

开发：把纸上的构思转化为手中的产品，要求可通过论证并且可生产。这一阶段关注的是公司的研发和创新能力。当突发问题出现时，公司需要寻求解决方案并做出权衡。在许多情况下，由于障碍巨大，无法找到解决方案，导致工作被终止或延期。

测试：必须执行的技术性和商业性试验，以验证早期对技术和商业的判断。

商业化：以全面生产与销售的方式推出产品；保障了公司的声誉和资源。

在布兹、艾伦和汉密尔顿的研究中，新产品研发过程的特征是一条针对创意的衰减曲线，如图 9-12 所示。这展示了产品演变过程中创意或项目的分阶段逐步淘汰。不同行业和公司的淘汰率有所不同，但衰减曲线的普遍形状是非常典型的。通常而言，近 60 个创意最终才可产生一款成功的新产品。

新产品演变的过程涉及一系列的管理决策。如果衡量测算时间和金钱的支出，则每阶段的开支将逐渐增加。图 9-13 展示了随时间累积的美元花费金额，数据来自若干知名企业的项目平均值。此信息根据全行业的平均水平而得出，因此对于理解典型的行业新产品研发过程而言非常实用。我们能够明显地看到，绝大多数的资本支出都集中在演变的最后三个阶段。因此，为商业和财务分析进行更好的筛选工作就变得尤为重要。对于潜力有限的创意而言，这将有助于在它们到达更大支出的演变阶段前将其消除。

① 欲了解对推动商业化的这六个阶段更详尽的分析，请参阅 Booz，Allen & Hamilton 于 1984 年发表的《新产品管理》（*Management of New Products*）报告。这份报告出色地描述了推动商业化的生命周期阶段，以及每个阶段的复杂性。

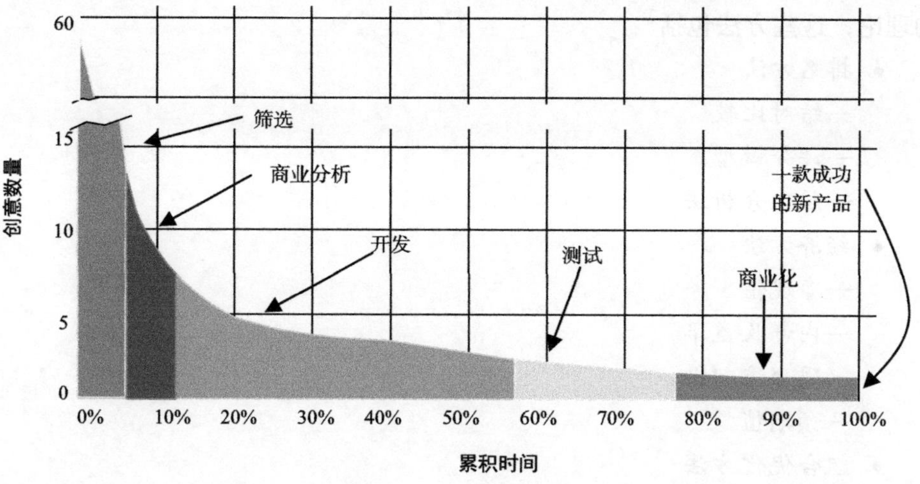

图 9-12　新创意的消亡率

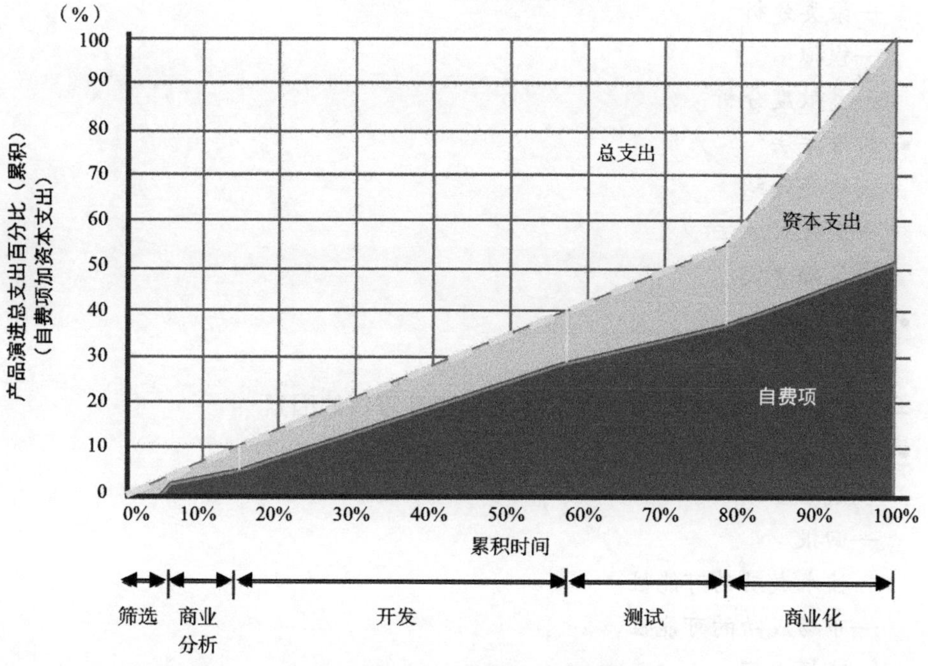

图 9-13　累积支出与时间

9.16 项目的经济评价

我们可采用多种方法对单个研发项目进行经济评价。根据马蒂诺（Martino）

的理论，这些方法包括[①]：

- 排名方法
  —结对比较
  —评分模型
  —层次分析法
- 经济方法
  —净现值
  —内部收益率
  —现金流回报
  —预期值
- 组合优化方法
  —数学规划
  —聚类分析
  —模拟
  —灵敏度分析
- 特设方法
  —简要介绍
  —交互式方法
  —认知建模
- 多级决策
  —决策理论

马蒂诺同时指出了可用于研发项目间相互评估的因素[②]：

- 可包括的因素
  —成本
  —回报
  —技术成功的可能性
  —市场成功的可能性
  —市场规模
  —市场份额
  —所需人员的可用性

① J. P. Martino, p. 192.
② J. P. Martino, p. 193.

—组织承诺的程度
—项目的战略定位
—竞争程度
—监管环境的好感度

- 特殊的投入需求

—需要精确的现金流信息
—需要精确的生命周期信息
—需要技术成功的可能性
—需要市场成功的可能性

- 特殊特性

—考虑资源依赖关系
—考虑预算制约因素
—考虑技术的相互作用
—考虑市场的相互作用
—整合了对计划的考虑
—可用于大量项目
—允许与其他投资进行比较
—适用于研究阶段
—适用于开发阶段

典型的评级模型如图 9-14、表 9-1 和图 9-15 所示[①]。这些模型可用于选择战略和确定优先顺序。

标准	盈利能力	专利能力	营销能力	生产能力
标准权重	4	3	2	1

项目	标准得分*				加权总得分
项目 D	10	6	4	3	69
项目 E	5	10	10	5	75
项目 F	3	7	10	10	63

总加权得分 ＝Σ(标准得分×标准权重)
* 评分标准：10=优秀；1=不合格

图 9-14　评分模型图示

① W. Souder, *Project Selection and Economic Appraisal*, Van Nostrand Reinhold, New York, 1984, pp. 66–69.

表 9-1　三个项目的检查表图示

	标准									
	盈利能力			市场能力			成功可能性			
项目	3	2	1	3	2	1	3	2	1	总得分
项目 A	✓				✓			✓		7
项目 B		✓		✓					✓	6
项目 C			✓			✓			✓	1

9.17　研发项目的重新调整

许多项目都由过度乐观的自我本位者进行管理，他们坚信只要让他们单干并且提供足够的资金，他们就能开发出任何类型的产品。遗憾的是，这类项目永远不会完成，因为研发经理要么不知道项目何时结束（缺乏对项目目标的理解），要么不想让项目结束（超出目标范围）。无论是哪种情况，我们都必须考虑进行定期的项目审查和重新调整。定期审查的主要原因是，基于当前的战略思考和项目绩效而对风险进行重新评估。苏德（Souder）指出了若干类型的项目风险①：

- 技术失败
- 市场失败
- 未能实施
- 未能按时完成
- 研究失败
- 开发失败
- 工程失败
- 生产失败
- 用户验收失败
- 不可预见的事件
- 无法克服的技术障碍
- 意料之外的结果
- 专有技术不足
- 法律/法规的不确定性

① Souder.

评分标准

	标准	−2	−1	0	+1	+2
最高管理层	资本需求				✓	
	竞争反应			✓		
	投资回报率				✓	
	付款时间	—			✓	—
	华尔街影响				✓	
工程	所需设备					✓
	人员可用性				✓	
	专有技术					✓
	设计难度	—	—	—	—	—
	设备可用性				✓	
	管线布局				✓	
研究	专利能力			✓		
	成功可能性					✓
	专有技术					✓
	项目成本		✓			
	人员可用性	✓				
	实验室可用性	✓				
市场	产品生命长度		✓			
	产品优势	—	✓	—		—
	对营销团队的适应性	✓				
	市场规模	✓				
	竞争对手数量	✓				
生产	加工能力					
	专有技术					✓
	设备可用性					
	X 数量	5	3	2	7	5

图例：

+2=优秀　　　　— 不适用

+1=良好

0=一般　　　　✓ 项目 A 计分

−1=较差

−2=不合格

图 9-15　单个项目的标度模型图示

项目的风险通常会导致项目选择的重新调整。典型的调整方案可能包括：

- 重新规划项目。
- 重新调整项目组合。

- 重新分配资金。
- 重新安排项目进度。
- 积压项目。
- 重新排序项目优先级。
- 终止项目。
- 用待办的项目替换当前项目。
- 用新项目替换当前项目。

9.18 项目终止

在前文中我们谈到，研发项目应当定期进行审查，以确保我们能够采取重新调整的方案，其中一种调整方法就是终止该项目。下文列举了项目必须终止的最常见原因和迹象：

- 最终实现目标——这显然是最理想的可能原因。
- 初期规划和市场预期不到位——可能原因是营销人员的关注度降低，或初期战略过于乐观。
- 已找到更好的备选方案——可能原因是找到了使项目成功可能性更高的新方法。
- 公司利益和战略的改变——可能原因是市场份额丢失、市场发生重大变化、新战略的开发或只是项目人员缺乏担当和积极性。
- 已超过分配的时间。
- 已超出预算成本。
- 关键人员已离开组织——可能原因是项目技术难度发生重大变化，以及掌握此项技术支持的关键科学家离开。
- 个人在管理上的反复无常——可能原因是高级管理层关注度的降低。
- 对可用的资源而言问题太过复杂——可能原因是初期的观念太过乐观，而事实上在进入项目后出现无法逾越的技术障碍。

高管通常会采用以下方法中的一种或多种来终止研发项目：

- 对终止进行有序的规划。
- 休战（撤回资金和裁员）。
- 将人员重新分配给更高优先级的项目。
- 将项目工作重新导向不同的目标或战略。

- 立即终止它或让它中途夭折。

研发项目经理积极性非常高，他们往往不愿意看到项目在中途被终止。高管必须谨慎评估项目终止的风险和对团队士气的影响。

9.19　跟踪研发绩效

在整本书中，我们始终强调，对跟踪和报告项目绩效而言，PM 2.0 相较于 PM 1.0 使用了更多的度量指标。鉴于研发项目面临的诸多未知数，这些传统度量指标中的许多都无法恰如其分地展示研发项目的状态。也许最难设计的是识别创造力进展的度量指标。在研发项目中，创造力可能需要到项目完成时才为人所知。

有时，因为我们未获得预期的成果，研发项目被视为失败。然而，知识产权可能被开发出来，并衍生出创建其他商业成功的产品。正因为如此，我们往往很难清晰地定义研发的成功和失败。即便一个项目被定义为纯粹的失败，但你能在项目早期发觉目标无法达成，而选择了尽早终止它从而避免继续浪费资金的话，这也可视为成功。

讨论题

以下讨论题供课堂使用，用以激发小组对 PM2.0 的思考。大多数问题的答案不存在对错之分。

1. 研发项目能像其他项目一样进行规划、进度计划和控制吗？
2. 是否所有的项目经理都有资格管理研发项目？如果不是，那么研发项目经理是否需要具备特殊技能？
3. 研发在战略规划中起到的作用是什么？
4. 研发在建立项目组合中起到的作用是什么？
5. 为进攻型和防守型研发而设计的项目是否需要不同的项目管理技能？
6. 谁对研发项目必须进行调整做出最终决定？
7. 谁来决定研发项目的优先级？
8. 项目生命周期和产品生命周期的区别是什么？
9. 能否建立衡量研发项目是否成功的度量指标？
10. 能否建立衡量研发活动中头脑风暴和创意诞生的度量指标？

第 10 章

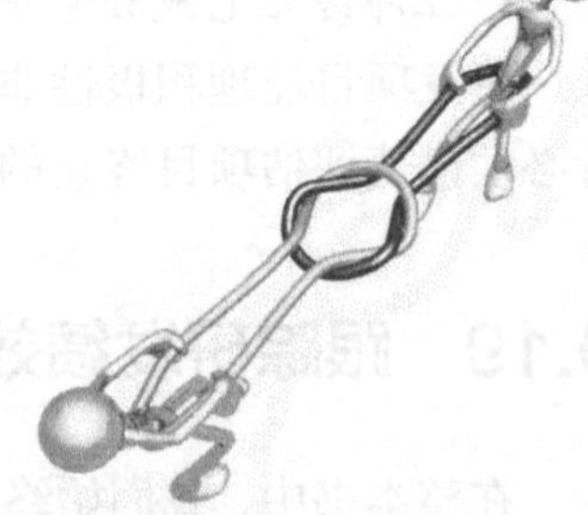

问题解决与决策①

10.0 简介

项目经理开展工作的环境正在发生巨大的变化，我们的项目也正在变得更加复杂。在客户和相关方看来，时间和成本的重要性已到达新的高度。客户希望看到他们投资的项目能够产生的价值。所有这些因素都对项目经理识别并解决问题提出了挑战。更为复杂的是，项目经理在管理项目时往往也被视为业务的管理者，因此他们需要同时做出项目与业务相关的决策。

做决策不再靠单打独斗，这与 PM 1.0 有着显著不同。项目经理需要打造一支能够解决问题与做出决策的团队。大多数项目经理从未接受过问题解决、头脑风暴、创造性思维技术及决策的相关培训，他们像小学教师一样依赖经验。这听起来似乎是一种合理的方法，但如果项目经理最终从自己的错误，而非他人的错误中吸取教训，那么这种方法带来的后果可能是灾难性的。许多公司不愿意为这些 PM 2.0 的必要课程投入一小部分培训预算，这着实让人感到非常遗憾。

市面上有许多问题解决和决策的书籍可供选择。遗憾的是，这些书籍主要从心理学的角度看待问题，其应用并非总与项目或项目集经理相关联。有些书籍使用的术语是“分析问题”，而非“解决问题”。分析问题可以解释为仅仅看

---

① Much of this chapter has been adapted from a work in progress, *Project-Based Problem Solving and Decision Making*, by H. Kerzner andC. Belack. Cark Belack can be reached at cbelack1@verizon.net and 1-978-266-3716.

待问题并收集事实，但并不一定需要为稍后的决策过程制订备选方案。在本章中，解决问题的能力也被用于整个反映备选方案确定的过程中。

10.1　理解概念

如第 1 章所述，PM 2.0 的世界对项目经理提出了更多的要求。如果没有充分理解问题解决和决策，项目经理在管理项目时可能遇到麻烦。

问题解决与决策的重要性

我们在每天的日常生活中都不得不做出各种决策。我们必须决定吃什么、穿什么、去哪儿、什么时候去，甚至和谁进行社交活动等。我们在一天时间里可能做出 30 个或更多的决策。某些决策会相当关键（如个人投资的决策），而其他决策可能只是例行的决策。这些决策类型中的大多数都由我们本人亲自做出，通常我们有信心自己做出了正确的决定。对于某些决策，我们则会花费大量时间进行全盘考虑。

而我们一旦到了办公地点，做出决策的过程就会发生改变。我们通常需要将许多人牵涉到此过程中，而其中有些人我们此前素未谋面或不曾共事过。决策的结果可能影响一群人，其中许多人可能对最终结果并不满意。一个糟糕的决策所引发的风险，可能导致业务产生灾难性后果。对决策不满意或不理解的人可能将你视为敌人而非朋友。

当我们做出个人决策时，我们通常采用一种“让我们接纳它”的态度。如果决策是错误的，我们会试着改变它。但在商业环境中，改变决策可能涉及巨大的成本因素。有些商业决策是不可逆转的，并可能带来破坏性后果，而非创造商业价值。

但在商业环境中，有一件事我们是非常确定的：总能做出正确决策的人或许做出的决策还不够多。总希望做出正确的决策是不现实的。无论预先获得信息的数量和质量如何，我们总会做出错误的决策。

解决问题和决策应当齐头并进。当我们遇到问题或需要做出决定时，我们会做出决策。通常我们在做出决策前肯定会遇到问题。强有力的理由表明了决策是必需的，并且能够用作识别问题和制订备选方案的一部分。这就是大多数书籍把解决问题和决策放在一起探讨的原因。

基本决策过程中的研究技术

人在决策过程中的表现向来都是从多个角度进行研究的对象。人们已对这一领域进行了深入研究，大部分成果来自四个角度。这四个基本角度是：

- 心理学的角度。
- 认知的角度。
- 规范性的角度。
- 解决问题的角度。

从心理学的角度来看，在多种需求、个人偏好以及所追求价值的背景下审查个人决策是非常必要的。从认知的角度看，决策的过程必须视为与环境互动整合的持续性过程。从规范性的角度看，个人决策的分析涉及决策的逻辑性、合理性，以及决策所带来的选择的不变性。

然而，从另一个与项目环境更加密切相关的层面看，决策过程可被视为一种解决问题的活动，当找到满意的解决方案时，该活动就会终止。因此，决策是一种推理或情感的过程，可以是合理或不合理的，也可以基于明示或暗示的假设。通常来说，从解决问题的过程中将决策的讨论剥离是不现实的，因为两者都涉及从备选方案中做出选择。在项目管理的环境中，我们可以认为所有四个角度都在决策过程中以某种方式进行交互，只是大多数项目经理关注的重点是解决问题的角度。

问题解决和决策的事实

当讨论问题解决和决策时，我们需要考虑以下几个事实和共性：

- 当今的项目比以往任何时候都更加复杂，因此问题一定会出现，决策必须要做出。
- 问题解决技术不仅用于解决问题，还可用来充分把握机遇。
- 如今，我们被信息的洪流所淹没，无法辨别哪些信息对解决问题而言是真正必需且有用的。
- 当讨论项目问题的技术层面时，低中级管理层通常是宝贵的资源。当讨论问题（及其解决方案）如何关联整体业务以及事业环境因素所带来的影响时，高级管理层在知识层面是宝贵的资源。
- 问题解决在今天是一项核心技能，但大多数公司只向员工提供极少量问题解决和决策相关的培训。
- 项目团队可由多位主题专家组成，但这些人未必是勇于创新并能利用创造性思维解决问题的人。

- 问题的创建者可能无法解决他们所创建的问题。
- 似乎很少有人了解创造力和解决问题能力间的关系。

信息过载

如今，随着更多基于项目的度量指标不断诞生，每个人都能获得丰富的信息。我们似乎都在经受信息过载所带来的影响，这要“归功于”由 Web 2.0 技术创建的信息系统技术的进步。我们的主要问题是能够分辨哪些信息至关重要，而哪些信息需要被丢弃或归档。

为简单起见，信息可以分解为首要信息和次要信息。首要信息是我们随时可获得的信息。这是我们可以直接从计算机或笔记本电脑中访问到的信息，也是出现在仪表板报告系统中的信息。公司认为敏感或视为专有信息的信息可能使用密码保护，但仍可进行访问。

次要信息是必须从他人处收集到的信息。即便存在信息超载，项目经理通常也无法收集所有必需的信息来解决问题或及时决策。项目的复杂性和需要解决问题的复杂性是主要原因。我们通常依赖于能够解决问题的团队来为我们提供次要信息。对决策而言，次要信息通常比主要信息更加关键。在许多情况下，次要信息由专门领域的专家控制，他们必须告诉我们哪些信息与问题直接相关。

无论是主要还是次要信息，收集起来都会非常耗时。信息过载通常迫使我们花费大量时间搜寻信息，其实这些时间应当用于解决问题。仪表板向我们展示了绩效，但它们无法确定我们需要采取哪些行动才能纠正不利局面。我们可能需要额外的信息。

获取正确的信息

项目经理面临的挑战不仅是获取信息，还需要及时地获取正确的信息。有时，项目经理需要的信息（尤其是次要信息）是由非问题解决团队的成员所持有的。例如，与政治、相关方关系管理、经济条件、资本成本以及其他事业环境因素相关的信息。此类信息可能由公司高级管理层或治理委员会成员所持有。

时间对项目而言至关重要，因此项目经理应当有权与需要进行沟通的任何人直接进行交谈，以获取解决问题的必要信息。总采用逐级传达的方式访问信息会产生问题并浪费宝贵的时间。信息往往被视为权力的来源之一，这也是有些公司有时必须遵循逐级传达原则的原因之一。

公司的每扇门背后都藏着某种形式的信息，项目经理必须能够根据需要把那些门推开。如果项目经理无法获取这些门背后的信息，那么有两种选择：按逐级传达的原则执行并希望信息在到你手中时未被过滤，或邀请持有此信息的人参加问题解决会议。持有此信息的人位于组织层次结构中的何处，决定了他们是否能出席此次会议。他们所处的层级越高，短期内出席会议的可能性越低。项目经理对信息的获取是至关重要的。幸运的是，PM 2.0 的关键要素之一是客户与治理委员会需积极参与项目。

信息不足

即便我们处于信息过载的状态，并且能访问次要信息源，也无法保证我们将完整地拥有所需的全部信息。需要做出决策的人必须接受这样一个事实：自己手头上通常不会拥有所需的全部信息。这在各级管理层中都可能发生，而不仅仅在项目中发生。我们必须愿意根据我们当时已有的信息（即便这些信息是不完整的），尽可能做出最佳的决策。这在大多数 PM 2.0 大型项目中可能是常态。

很多时候，我们依赖逐级传达的原则获取信息，以帮助解决问题。如果人们相信“拥有信息即代表拥有权力”，那么获取所需的信息可能成为一个问题，特别是当他们隐瞒部分信息的时候。这种制约因素会相当关键，因此时间并不是非常充裕。项目经理必须有权或被授权与这些持有所需信息的人士取得联系。在 PM 2.0 中，这是绝对必要的。当然，前提是假定项目经理知道信息所处的位置。这有时会带来更大的挑战，尤其是当所需信息在公司内部无法找到时。我们必须走出公司来获得关键信息。

在最常见的状况下，问题解决将基于现有的最佳信息来完成。拥有全部所需信息后再做出决策是不现实的。

项目问题解决和决策与业务问题解决和决策

如今，项目经理相信他们管理的每个项目都是业务的一部分，因此他们管理的是业务的一部分，而不仅仅是一个项目。正因如此，除项目决策外，项目经理还需要做出业务决策。然而，项目决策与业务决策间存在若干区别：

- 项目决策专注于达成基准、核实和确认，而业务决策专注于市场份额、盈利能力、客户满意度及回头业务。

- 项目决策涉及项目团队，而业务决策可能涉及市场、销售和高级管理层。
- 项目经理用于项目决策使用的工具有多种，但大多数用于业务决策的工具主要是财务工具，如投资回报率（ROI）、净现值（NPV）、内部收益率（IRR）和现金流。
- 项目决策的重点是项目绩效，而业务决策的重点是财务绩效。
- 项目决策的结果会快速显现，而业务决策的结果可能多年过去也不会显现。
- 作为项目决策的一部分，大多数要解决的问题是维持基准，而业务问题聚焦于业务战略的保持一致或变更。

10.2　项目环境：对问题解决和决策的影响

为了理解项目管理环境中的决策过程，首先必须理解项目管理环境与我们习以为常的传统环境有哪些区别。项目管理环境是为了公司的生存和项目工作的完成，而必须实现的人、工具、过程和日常业务间的一种交互。项目管理活动可被认为是次要的日常业务活动。由于许多项目的风险等级较高，并且部分最佳资源被分配给日常业务活动，决策过程可能导致欠佳或无效的决策。

项目管理环境中还存在其他因素使得决策过程变得相当复杂：

- 尽管项目经理对项目的成果起着重要的影响，但他们在决策过程中拥有的权力有限，或者完全无权决策。
- 项目经理无权雇用人员为项目工作；项目人员通常在冗长的谈判过程后由职能经理指派。
- 项目团队中的人员可能无法为决策过程做出有意义的贡献。
- 如果缺乏职能经理的协助，项目经理可能无权将表现较差的人员从项目团队中开除。
- 项目经理可能对项目团队成员的薪资管理不负任何责任；此项管理工作由职能经理完成。因此，如果项目人员做出糟糕的决策，项目经理可能无权实施惩罚。
- 除你的项目外，团队成员很可能还在参与其他项目，而你无权强迫他们及时处理你项目中的工作。

由于项目经理的权力有限，部分项目经理仅负责找出备选方案和建议。随后这些方案和建议将被提请至高管、项目发起人或治理委员会，以做出最终决策。然而，也有人认为，对于那些不改变项目可交付成果或需要对制约因素和基准进行变更的决策来说，项目经理应当有权力做出这些决策。

项目问题解决和决策的制约因素所带来的影响

大多数项目决策的界限是在项目启动阶段施加于项目组的制约因素。几十年来，项目经理在决策时主要关注的是时间、成本和范围这三重制约。而在当今的环境中，我们正在进行更为复杂的项目，其中许多项目的制约因素远多于这三项。所有这些制约因素都严重扰乱了决策过程。时间约束或许对决策的影响最大；时间并不是奢侈品。即便只拥有部分信息，项目经理仍需要做出决策。取得完整信息后再做决策，通常是团队无法拥有的一种奢侈品。更糟糕的是，我们通常对决策带来的影响知之甚少。

项目问题解决和决策的假设条件所带来的影响

在项目初期，项目团队的当务之急不仅是了解团队被施加了哪些限制或制约因素，还需要知道团队做了哪些假设。这些假设条件与围绕项目的事业环境因素相关。通常而言，假设条件会列于项目章程中，但在多半情况下，列出的假设条件是不完整的。

更糟糕的是，对于大多数 PM 2.0 项目而言，假设条件能够且将会在整个项目周期内发生变化。项目持续的时间越长，假设条件就越可能发生变化。优秀的项目经理会对假设进行追踪，以了解它们是否发生了变化。

错误的假设条件会导致问题的发生：错误的结论、不良的结果、糟糕的决策和不满意的客户。对糟糕假设的最佳防御措施是在项目启动时做好充分的准备，包括制定风险减轻战略，以及对复杂决策采用结构化方法。

当出现问题时，假设条件对我们选择备选方案起着重要的影响。根据错误的假设条件选取备选方案会对项目产生不良影响。

理解项目环境

理解项目环境是至关重要的。我们需要考虑的重要因素有：

- 项目被施加了诸多制约因素。
- 制约因素在项目的整个生命周期内的相对重要性会发生变化，并且会出现新的制约因素。

- 随着项目的进展，项目初期所做的假设条件可能不再有效。
- 项目经理或许并不了解所有制约因素，即便部分因素已列于项目章程中。
- 在问题存在的领域，项目经理极有可能没有技术指令权。
- 在问题存在的领域，项目团队成员同样极有可能没有技术指令权。
- 即便项目经理和团队未取得完整的信息，他们仍被寄希望于及时做出决策。
- 客户与所有相关联的相关方可能无法对最终决策达成一致。
- 总希望做出正确决策是不现实的。

挑选合适的项目经理

挑选合适的项目经理是至关重要的。一般来说，项目越复杂，问题就越有可能发生，因而问题也会变得相当复杂。遗憾的是，并非所有项目经理都具备问题解决和决策的技能，因此要在项目启动阶段识别出哪些技能对项目起到关键作用是不太现实的。部分项目经理非常擅长执行项目，却不善于解决问题。当挑选具备这些技能的项目经理时，过往项目的经验教训是最佳的方式。在教室里教授这些技能往往并不容易。

对特定项目而言，选择合适领导风格的项目经理也是至关重要的。部分项目需要项目经理鼓励团队承担风险、勇于创造，并且能够把控创新。遗憾的是，对创造力和创新的要求在项目初期并未视为是必要的，但当问题发生时这又会成为一项要求。

部分公司会维护一套技能清单数据库。在每个项目结束时，项目团队需要完成若干份调查问卷，这将用于更新技能清单数据库。调查问卷包括创造力、问题解决、创新以及决策方面的提问。

10.3 概念性问题解决和决策过程

历史经验已经证明，当项目的所有过程组（启动、规划、执行、监控和收尾）都具备路线图时，项目管理的执行效果将显著提升。当然，每个过程组都包含问题解决和决策的活动，并且都涉及某种形式的数据收集。大多数项目经理更倾向于采用某种结构化的方式来开始收集数据。路线图无须基于硬性的政策和程序，可使用表格、指南、模板和核对单构建。当管理项目时，后者可为项目团队带来更大的灵活性。

如今，越来越多的公司正为数据收集、问题解决和决策活动制定适用于自身的过程。已吸取的经验教训和最佳实践改进过的模板会支持这些过程。不同公司在问题解决和决策时采用的步骤具有大量的相似之处。如果没有这些模板，数据收集、问题解决和决策将成为临时性而非结构化的过程。

确定步骤

理性的思考者更愿意采用一种分析的方法，并使用有序的步骤进行数据收集、问题解决和决策。当建立这套方法时，公司可从以下步骤中进行选取：

- 识别问题。
- 理解问题。
- 收集数据。
- 理解环境影响因素。
- 理解假设条件。
- 理解制约因素。
- 理解问题和解决方案的界限。
- 召集问题解决型团队（如果尚未完成）。
- 创建备选方案。
- 重新定义假设条件和制约因素。
- 评估利弊。
- 评估解决方案的影响。
- 选择最佳选项。
- 获得选项的批准。
- 实施备选方案。
- 监控解决方案。

许多公司目前都在执行这些步骤，但这些步骤或许并没有被清晰地定义为公司所采用方法的一部分。此外，这些步骤中的许多都可并行完成，而非严格按照顺序执行。

鉴于 PM 2.0 项目的复杂性，以下六个步骤和执行步骤的顺序可能更适合作为起点。

1. 识别并理解问题：识别真正的问题，确保你要解决的不仅仅是问题的表象；当正确地识别问题后，你需要理解问题的深度以及其对项目的影响。

2．收集问题相关数据：使用多种技术，收集与问题相关的全部数据，尽你所能剔除不相关的数据。

3．分析数据：基于数据类型和可用的必要专业知识评估数据，以理解问题真正的根本原因。

4．制订备选方案：制订多个可能用于解决问题的方案。

5．决策——选择最佳解决方案：使用适当的工具与方法并规避相关的心理学陷阱，决定哪项已找到的解决方案最适合项目的开展。

6．评估决策并采取纠正措施：当决策开始实施时，监督结果并根据需要采取补救措施。

应当了解的是，上述步骤虽以线性方式呈现，但许多步骤实际上是迭代执行的。例如，我们假设项目经理和他的团队已确定了他们认为一定存在的问题，随后他们开始收集数据并着手进行分析。很可能数据将指向另一个问题，而这个问题与先前确定的不同。如果是这样，那么他们需要收集额外数据并进一步分析。

再举个例子，在选出“最佳”备选方案的决策过程完成，且团队开始实施这项决策后，团队可能发现所选的解决方案无法像预期那样正常工作。由此团队可以决定需要采用不同的方法来应对问题——这种方法可能先前已确定，但在当时并未选取，或者是一种团队先前尚未讨论过的全新方法。此外，此过程可能在完全进行完毕之前就被中止。团队在完成前三个步骤后，可能发现问题不存在解决方案，或者只有一种解决方案，这样便可不用进行决策过程。

接下来我们将逐一走过这些步骤，我们将为每个步骤描述已开发的各种方法、工具和技术。然而在这些步骤中，我们主要关注的还是制订解决方案和决策。

10.4　识别并理解问题

要理解问题解决，我们必须首先理解什么是问题。问题是指实际状况与期望状况之间的偏差。它可以是障碍、困难或挑战，也可以是任何需要加以解决的状况，这里的加以解决是指对已知目的或目标所制订的解决方案或做出的贡献。问题还可以是增加了目前不存在但需要的事项，目的是去除潜在不好的事项，或者更正未按预期执行的事项。因此，问题的阐述方式可以是积极的，也可以是消极的。如果问题的存在是为了确定如何充分利用机会，那么问题需要以积极的方式进行阐述。

我们倾向于认定备选方案是好的/坏的选择。如果决策者能够将所有备选方案都标记为好或坏，那么决策者或项目经理的工作将非常轻松。遗憾的是，出现问题意味着存在疑问或不确定性，否则问题就不会存在。这种不确定性可能发生在所有项目中，因此我们很难对所有备选方案给出好或坏的分类。

解决问题耗费的时间通常能够度量问题的复杂程度。把更多人拉进问题解决的会议，并不一定能减少解决问题所需的时间。在某些状况下，由于自身原因，我们最终可能导致更多问题出现。有些问题必须现在解决，而有些问题或许能被推迟到未来某个时间来解决。有些问题是“好的”问题，因为我们的目标是充分利用机会。

真实问题对比人格问题

通常来说，我们相信大多数问题是真实的，并且需要被解决。但事实并不总是如此。有些问题是由个人的人格所导致的。有些人只要能够以某种方式获益，就会不断地制造问题，或许他们想成为能够解决问题的不二人选。举几个例子：

- 解决问题将为你带来更大的权力。
- 解决问题将为你带来更高的权威。
- 解决问题将削弱他人的权力和权威。
- 你是唯一有能力解决问题的人，这将提高你的形象和声誉。
- 你将被看作一位创造性的思想家。
- 这在你的简历上看起来很不错。
- 这在绩效评审过程中看起来很不错。
- 这将确保你拿到饭碗。

重要的是，我们需要首先确定问题是不是真实的，以及是否存在简单的解决方案。许多年前，一位部门经理害怕公司裁员而导致他失去现有的部门经理的职位。为求自保，在明知这些指令会引起问题的发生，并且会影响多个项目的情况下，他向项目团队成员下达了自相矛盾的指令。这最终导致了返工，并且造成多个项目出现问题。这位部门经理随后与这些项目进度延后的项目经理们召开了问题解决会议。部门经理在会议中表示，他手下几乎所有员工表现都比较差，需要持续进行督导，而这个问题应当由部门经理来解决。他将为这些表现欠佳的员工提供更加密切的督导。部门经理还为这一编造出来的问题提供了备选方案，并声称他能在几个月内解决此问题。

部门经理坚信他的位子终于保住了，但项目经理们可不会上当。项目经理们发现了真相，最终这位部门经理为他的所作所为付出了代价：被解雇。项目经理们发现这并不是真实的问题，根本就不需要使用问题解决和决策技术去解决。

并非所有问题都可迎刃而解

问题的发生暗示着备选方案的存在。没有备选方案的问题叫作开放式问题。并非所有问题都能够解决或应当解决。举个例子，在研发和新产品开发中，我们可能需要 50~60 个创意才能做出一款商业化的产品。要评估如此多的备选方案，成本可能过于高昂。软件开发过程中另一个常见问题是开发附加特性为项目“镀金”，这些特性并不是必需的，并且会严重影响项目的结束日期。

如果没有技术上的突破，有些问题将无法解决。不具备雄厚技术能力或财力承接这些突破性项目的公司，将把这些项目留作开放式项目。这同样适用于涉及公司形象、声誉和商誉的项目。

最后，还有一些必须遵守政府相关法规的项目。这些项目通常成本极高，所有备选方案通常被认为是糟糕的选择。当我们被迫遵守法规时，我们要从最坏的方案中挑选最好的。但在更多时候，直到最后一刻前，我们都将它们留作开放式问题，希望这些问题会被遗忘或消失。

问题的复杂性

不同问题的复杂程度不尽相同。问题的复杂性决定了我们是应当解决问题，还是将其留作开放式问题。用于确定问题复杂性的一些因素是：

- 问题的相对量级。
- 解决问题的成本。
- 作为问题解决团队一部分的合格资源是否可用。
- 对问题的理解程度。
- 解决问题可用的信息量。
- 我们是否了解问题的部分或完整信息。
- 可能受到问题解决方案影响的项目剩余工作量。
- 客户如何看待问题解决方案。
- 相关方如何看待问题解决方案。
- 解决方案（或解决方案的失败）对项目团队成员职业生涯的影响。

- 团队是否会主动寻找问题解决方案。
- 能否为解决方案找到可行的备选方案。

问题识别技术

如果没能首先确定存在问题，那么我们不可能顺利地解决问题或把握住机会。大多数人都明白，当项目未能符合基准，或者当仪表板指标显示的绩效不佳时，项目一定存在问题。等待问题浮现会限制找到解决方案所需的时间。项目团队用来识别问题的技术包括：

- 选取合适的度量指标和关键绩效指标。
- 使用模板和核对单，通过提出一系列问题确定当前或未来出现的问题。
- 有效地利用团队会议。
- 采用走动式项目管理。
- 检测关键变更的事业环境因素。
- 与参与客户关系管理计划和客户价值管理计划的人员合作。
- 执行项目健康检查。
- 倾听投诉。
- 设立项目意见箱。
- 执行风险管理并建立风险触发器。
- 阅读与你所在行业相关的文献著作。

个人秘密进行的问题解决

公司鼓励所有项目团队成员快速弄清所有问题。问题暴露得越早，用来寻找解决方案的时间就越充裕，也就有更多可用的备选方案，并且可为解决方案提供协助的资源数量也越多。遗憾的是，有些人就是不想公开找问题，他们希望在其他人发现该问题前能够自行将问题解决。这对于参与创造问题的人而言是客观存在的。发生此现象的原因包括：

- 对个人的声誉和形象有损害。
- 对个人的职业生涯有损害。
- 造成失业。
- 能够使用他们自己的想法（而非他人的想法）解决问题。
- 不愿意向他人求助。
- 不信任他人可能选择的解决方案。

- 害怕来自同事和团队成员的对立情绪。
- 倾向于独立工作而非团队协作。

在上述情况下，人们会在他人找到问题前，尝试以秘密的方式自行解决问题。而在现实中，问题通常很难被隐藏起来。

团队秘密进行的问题解决

有时，整个问题解决团队试图隐藏某个问题。遗憾的是，问题解决会议清晰明确了问题的存在，仅仅这点就很难让团队隐藏问题。个人试图秘密解决问题要比整个团队容易得多。

根据问题的严重性，实际的问题可能向客户、相关方，甚至你自己的管理层隐瞒，虽然后者肯定不是个好主意。有时即使找到并实施了解决方案，人们依旧没有被告知。想要秘密解决问题的原因有以下几点：

- 客户和/或相关方和/或治理委员会可能对问题反应过度，并强行制订解决方案。
- 客户和/或关键财务相关方可能对问题反应过度，并停止财务支持。
- 客户可能取消项目。
- 问题解决需要讨论专有或机密信息。
- 以开放的方式确定问题可能导致有人被解雇。
- 以开放的方式确定问题可能导致公司形象和声誉受损。
- 以开放的方式确定问题可能导致潜在的法律诉讼。
- 问题发生的原因尚不清楚。
- 在不会影响竞争的制约因素和可交付成果的前提下，问题可被快速解决。

10.5 收集问题相关数据

数据收集技术在《PMBOK®指南》的所有知识领域中都是必须掌握的技术，正因如此，该技术被认为是参与项目的每位成员都必须具备的交叉技能。如果缺少了现有的全部必要信息，我们可能很难甚至无法做出正确的决策。项目规模越大、复杂度越高，我们就越需要高效的数据收集技能。遗憾的是，组织过程资产和企业项目管理方法论并非一定能提供管理项目所需的全部信息。

作为数据收集的用法示例，同时作为《PMBOK®指南》范围管理知识领域的一部分，数据收集技术用于收集需求，这是记录相关方需求以满足项目目标的过程。如果无法有效地进行数据收集，我们可能无法达成客户和相关方的期望。

当管理项目时，项目经理不可寄希望于组织过程资产能够提供全部所需信息。无论是独立完成还是与团队成员共同完成，收集所有必要信息是项目经理的工作，虽然这一点通常不进行明确的定义。

数据收集的目的

除收集需求外，数据收集技术还可用于：

- 决定做出怎样的决策。
- 决定决策可能带来的影响。
- 决定哪些行动事项是必要的。
- 确定问题的根本原因。
- 确定计划的有利与不利偏差的原因。
- 确定所需的资源数量和等级。
- 确定可能发生的风险，以及如何对风险进行管理。
- 选择供应商。
- 谈判合同。

每个人都大力支持使用项目管理的度量指标，但我们应当了解的是，度量指标仅仅是根据某些标准和基准所做的测量。度量指标可以确定部分问题，但我们必须去挖掘更多的信息。举个例子，出现不利的成本偏差可看作一个问题，但成本偏差的原因才是真正的问题。

数据收集技术

我们可将多种技术用于收集数据。技术选择应基于正在搜寻的信息、提供信息的人员、信息的重要性以及信息必须支持的决策类型。每种技术都具有优势和劣势。有些数据收集技术可以很快执行并完成，但在大多数情况下，数据收集技术的执行相当耗费时间。部分技术列举如下：

- 根本原因分析
- 专家小组
- 引导式工作组
- 问卷
- 调查

- 采访
- 观察和测量
- 使用原型法
- 图解技术，如因果图
- 绩效数据的关键评审
- 案例研究分析

仅使用一种技术是不够的。为获取全部所需数据，我们通常需要使用多种技术。

为问题解决与决策设置限制条件

问题解决和决策的过程会持续相当长的一段时间。我们必须尽早建立限制条件。部分限制条件列举如下：

- 有多少时间可用来解决此问题。
- 项目愿意出多少钱来解决此问题。
- 有多少可分配的资源来解决此问题。
- 已分配的资源是否具备所需的技能。
- 哪些设施可用于测试或其他活动。
- 此项目对公司的重要性。
- 此项目对客户的重要性。
- 此项目对相关方的重要性。
- 此项目和问题的重要程度。

在问题陈述甚至议程中确定限制条件并非罕见。如果人们能尽早了解限制条件，决策通常更能及时地制定。

识别边界条件

我们必须为问题的解决方案建立限制条件或边界条件，而限制条件会影响备选方案的选择。我们都了解这样一个事实：在解决问题或确定备选方案时，我们并没有无穷尽的资金，也没有无穷多的时间来实施解决方案。我们将这些状况视为制约因素，但同时它们也是边界条件。边界条件可通过客户、相关方和可交付成果的最终用户来建立。部分边界条件列举如下：

- 不超出项目的时间、成本、质量和范围制约因素，或所有的竞争性制约因素。

- 不增加项目剩余工作的风险。
- 不改变项目剩余工作的范围。
- 不改变公司正常的工作流程。
- 不对解决方案“镀金”。
- 不包括不必要的功能。
- 了解解决问题和实施解决方案所需的额外资源数量有限。
- 不违反监管机构的要求，如由 EPA 和 OSHA 制定的规则。
- 不将产品售价提到高于客户将支付的金额。

确定谁应当出席问题解决会议

身处真空环境是无法解决问题的。我们需要召开会议，而难点是确定谁应当出席这些会议。如果问题没有涉及某些人，或者问题与某些人所做的工作无关，那么要求他们出席这些会议只会浪费他们的时间。这对于某些团队成员而言也是如此。举个例子，如果问题与采购相关，则要求文档起草人员与会是不必要的。

为简单起见，我们可以只考虑召开两类会议：问题解决会议和决策会议。问题解决会议的目的是取得对问题的清晰认识，收集必要数据并根据建议制订一份切实可行的备选方案列表。我们可能需要召开多次会议。

送出会议议程是非常重要的。议程应当包括对问题的陈述，以便清晰地解释召开会议的原因。如果与会人员提前了解问题的相关信息，他们就有机会思考问题并将必要的信息带到会议中，从而减少数据收集所需的时间。收集到的信息还可能揭示真正的问题，并且与最初考虑到的问题有着显著的区别。

熟悉问题的主题专家必须出席该会议。这些主题专家可能起初并不是项目团队的成员，但他们此刻需要介入来解决这一问题。主题专家也可能是协助解决问题的受聘承包商。

因问题和数据收集而召集的人员通常会在制订备选方案时继续提供协助，但也会出现其他人员仅参与制订备选方案的情况。

确定谁应当出席决策会议

决策会议与问题解决会议不同。一般来说，问题解决会议的所有与会者最有可能同时出席决策会议，但可能还会有相当数量的其他与会者。项目团队成员应当有解决问题的能力，但并非所有的团队成员都有权为其职能单位制定决策。通常而言，项目经理最好能在项目启动阶段就确定哪些团队成员拥有这种职权，而哪些没有。

没有决策权的团队成员仍可出席决策会议，但在制定决策或投票时可能需要他们各自职能经理的陪同。

对决策会议而言，相关方通常是必须出席的。做决策的人员有权调拨资源来找出问题的解决方案。这种资源的调拨可能涉及投入额外的资金，或者指派更多的主题专家或更高薪酬的员工。

项目经理负责实施解决方案。因此，项目经理必须有权获得及时解决问题所需的资源。

创建思考框架

对问题解决会议而言，事先创建问题的思考框架非常重要，这包括在会议中应当完成的事项和局限性。出席问题解决会议的与会者并非都熟悉问题本身。有些人也许只是粗略地了解问题，还有些人在会议前甚至不知道问题的存在。

思考框架应当包括迄今为止与问题相关的所有信息。会议过程中极可能还会出现更多信息。如果可能，会议的邀请函和/或议程中应当包含此框架。在会议召开前将问题向与会者通报，会让他们提前进行思考，他们甚至还可能在会前进行初步的研究。如果与会者在会前了解了框架，他们通常会为会议做足准备，甚至有可能向会议组织者建议其他应出席会议的人员。

理解人们在会议中的反应

涉及问题解决和决策的团队会议通常使得与会者以非理性的方式采取行动，特别是当会议的成果可能对他们个人产生负面影响的时候。这对被识别为与问题原因有着紧密关系的人而言尤为如此。你也可能邀请先前从未共事过的人员出席会议，你完全不了解这类人群对于问题的解决方案有着怎样的反应。在这些会议中需密切关注的角色态度如下。

攻击者（Aggressor）：即便问题由一个人导致，攻击者也会批评与问题相关的每个人。

魔鬼代言人（Devil's Advocate）：总认为有其他原因导致问题的发生，除非受到威胁，否则拒绝相信真正的原因。

主宰者（Dominator）：试图主导会议，并且自称知道与问题相关的一切信息，以及解决方案应当是什么。他们将会议看作获得荣耀的机会。

认可追寻者（Recognition Seeker）：始终主张支持他对问题的印象，以及他解决问题的方法。

撤退者（Withdrawer）：害怕被批评，并且不愿意自己被归类为问题的一部分。

在会议中还会出现其他角色，但以上这些是项目管理中最为常见的。

会议期间同与会者合作

如果必须确定问题并且找出备选方案，那么以传统方式同与会者合作可能效果不佳。当你的与会对象是上文讨论过的角色时尤为如此。在此类会议上，将会出现争执和冲突。项目经理或会议主席必须营造一种能够取得圆满成果的会议氛围。考虑到与会者的组成和问题的严重性，项目经理可以采用一些表述方式，以提升与会者的参与度。项目经理可采用的部分表述如下：

- 这是否有可能是真正的原因，或者这是否有可能有成效？
- 我们是否尝试过这样做？
- 我们是否知道这问题在其他时间发生过？
- 我们是否知道其他公司发生过类似的问题？
- 你的想法有许多可取之处！
- 你的想法很棒，不过我们可能要做点小修改。
- 你所说的真的能帮到我们。
- 我们是不是在说……
- 让我用我的讲法把你刚说的重述一遍。
- 让我们看看自己是否能正确看待这个问题。
- 你的想法跟我的想法很接近。
- 我们是不是在说同一件事情？
- 让我们看看我们的观点是否一致。
- 让我们了解团队其他成员的看法。
- 还有谁没来得及分享自己的意见？
- 我们是否做好了决策的准备，或者我们是否还需要额外的信息？
- 我们是否应该暂时不做出决策？

很明显，项目经理使用上述大多数表述都是为了征求反馈意见。

会议主席可能并不是项目经理，而是专门接受过引导技能培训的人员，这取决于待解决问题的严重性。项目经理会出席会议，但并非行使主席的职能。

会议期间的领导力技术

领导者或项目经理可采用多种技术促进会议产生最佳的成果。这些技术包括：

- 鼓励与会者发言。
- 提出探索性问题。
- 避免提出可能适得其反的问题。
- 保持情绪受控。
- 寻求反馈。
- 提供建设性反馈意见，而非批评个人。
- 理解团队成员及他们的需求和利益。
- 理解所有备选方案和决策可能带来的法律含义。
- 抗拒耍小花招的企图。

处理问题解决和决策的冲突

冲突和冲突处理是项目管理中时刻存在的。有些冲突激烈程度更高，因此解决的难度更大。但并非所有的冲突都是不利的。人们通常会主张支持自己的观点，如果他们持续提供更多重要的事实，我们就可以让冲突持续下去。这类冲突通常被视为“建设性”冲突。

在问题解决和决策会议期间，邀请你知道是反对者的人士出席这些会议往往是明智的。这些人通常会携带大量数据来支持他们的立场，并且这些附加信息常常能导致选定的备选方案发生变化。

并非每个人都会对问题、备选方案或决策的来源达成共识。有可能出现这样的情况：某些冲突在制定出决策后仍会持续较长时间。期望所有人都同意最终决策只是理想化的想法。在会议中，项目经理或会议主席必须具备恰当的冲突管理技能。如果我们预期会议中会有较大的冲突发生，则邀请专业的引导师担任主席会比项目经理更加适合。

持续的解决方案与改进项目的解决方案

并非所有问题都需要立即解决。有些问题可能需要立即解决，而另一些问题可以先集中整理并在后续的改进项目中解决。举个例子，有家公司的制造工厂开展了一个用于支持库存管理的软件项目。在项目工作全面展开后，工厂希望对软件进行变更。项目经理认为所有问题在发生时就得到解决是不现实的，因为原始项目的完工日期将被持续地推迟。在此情况下，项目经理能够建立一个改进项目，并将其作为独立的项目来解决这些问题。改进项目可在原始项目完工后的某个时间点完成。当然，并非所有问题都能推到今后来解决。

除了会发生持续问题解决导致进度延误的状况，我们还可能遇到缺少合格资源的问题。大多数公司都不会拥有等待分配任务的过剩资源。不可用的资源会进一步拉长进度。

问题解决与范围蔓延

很多时候，项目经理都认为大多数问题必须使用范围变更来解决，这样做的结果是范围蔓延。范围蔓延是指随着项目可交付成果的开发，项目需求发生的持续性增加。人们将范围蔓延看作项目范围的增加，并且通常认为其在解决项目中出现的问题时发生是理所当然的。

范围蔓延是一种自然发生的现象，我们必须接受“它将会发生”的事实。范围蔓延可能带来有益的结果。另外，我们可以争论范围蔓延不仅允许范围发生变化，同时表明了在防止不必要的变更上我们是否做到了令人满意。在这一点上，项目经理应该向自己提出以下问题：

- 我们是否需要变更范围来解决此问题？
- 客户对解决方案的看法总是正确的吗？
- 我们是否扮演过魔鬼代言人的角色，以此来看如果没有范围变更会发生什么？
- 一个需要范围变更的解决方案是否会导致其他的范围变更？

危机项目中的问题解决与决策

危机问题解决和决策与普通的项目问题解决和决策有着显著的不同。危机项目是指那些已经出现或可能导致生命损失的项目。例如，由于产品篡改或使用故障设备导致的生命损失。当涉及人员生命时，问题解决和决策的主要不同点如下：

- 时间是极为关键的制约因素，而非仅仅是普通的制约因素。
- 生命周期阶段以小时或天计算，而非以周或月计算。
- 问题解决和决策小组的主席可能是项目发起人或某位高级管理人员，而非项目经理。

- 可能没有充分的时间来彻底理解问题的根本原因。
- 问题解决和决策会议可能需要所有相关方的代表参与，即便有些人在过去主要担任观察员的角色。
- 新闻媒体可能对你为解决问题所实施的举措非常感兴趣，因此与他们沟通时你需要特别当心。
- 与媒体的沟通通常由某位高级管理人员进行，而非项目经理。
- 为解决问题而选取的备选方案必须能够尽快执行。
- 在选择备选方案时，后续风险和潜在诉讼将成为重要的考量因素。

10.6　分析数据

大多数项目并非一夜之间就陷入困境。为项目选择合适的度量指标，能在问题即将发生时提早获得警告。在问题尚没变严重前将其解决会容易得多。

在项目初期，我们会进行风险管理。风险管理过程的组成部分之一是识别项目中可能发生的潜在问题，并建立度量指标和风险触发器，以便为可能发生的问题提供早期预警信号。为了帮助我们完成这一目标，我们积累了经验教训文件、最佳实践和度量指标库，以及先前项目的日志。

在项目中为许多可能发生的问题提早制定核心度量指标，这无疑是个好主意。然而，这一做法可能并不实际。你拥有的度量指标越多，跟踪、测量和报告这些指标的开支也越大。但是，拥有部分度量指标一定比完全没有度量指标要好。

拥有识别成本超支和进度延误的度量指标是有帮助的，但它无法识别问题的原因。但如果你将此度量指标与另一个识别已分配资源数量或质量（薪酬等级）的度量指标相结合，你就能更好地了解问题的原因，或者了解从哪里开始寻找原因。

提出疑问

有效的数据收集过程需要了解我们应当提出哪些疑问。我们可以根据出现问题的类型来确定应该提出的疑问，典型的疑问如下：

- 是否有任何其他资源或主题专家能够帮助我们解决此问题？
- 我们遇到了多少问题？

- 是否有深层次的隐藏问题？
- 问题的严重程度如何？
- 问题是否变得更糟、更好或更稳定？
- 这一问题之前是否存在？
- 这一问题可以被量化吗？
- 我们可以确定问题的严重性吗？
- 是否存在可确定问题的物理证据？
- 是谁确定了这一问题？
- 这一问题最初报告给谁？
- 我们有收集额外信息的行动计划吗？
- 我们有合适的团队成员来解决这一问题吗？

10.7 制订备选方案

问题解决和最终决策过程的主要组成部分涉及对一组有限备选方案的确定和分析，这些备选方案由一些评价标准所描述。这些标准在本质上可能是收益或成本，或者可以简单地看作项目的成本、进度和范围基准的附着物。接下来，当同时考虑所有标准时，我们遇到的问题是根据备选方案对决策者的吸引力，为这些方案排名。另一目标是只找到最佳的备选方案，或确定每个备选方案相对的总优先级。

备选方案的数量常受到强加于项目的制约因素的限制。例如，如果项目的实际进度超出了基准进度，那么项目经理有五种备选方案：加班、用并行方式替代串行方式执行部分工作、为项目增加更多资源、将部分工作外包给低成本的供应商，或者缩减项目范围。每个备选方案都将伴随各自的优缺点。如果目标是降低成本，那么唯一可行的备选方案就是缩减项目范围。

由于项目的复杂性，项目经理无法在真空的环境下确定所有备选方案。项目团队应该参与到备选方案的确定与优先级安排的工作当中。如果团队不具备确定备选方案的专业知识，那么项目经理可能需要来自相关职能领域的主题专家的支持。此外还会发生的情况是，相关方或外部承包商能够提供确定备选方案所需的必要信息。

备选方案分析过程中需要考虑的变量

在确定和选择备选方案时，有若干变量是我们必须考虑的。变量通常与问题的大小、本质和复杂性有关，并且每个项目有着特定的变量。不过我们可以确定一份变量的核心清单，这些变量通常适用于大多数备选方案的确定和评估过程。

成本：每个备选方案都有着与其相关联的成本。这不仅包括实施备选方案的成本，也包括项目余下工作对成本的影响。

进度：实施备选方案需要时间。如果实施备选方案的时间过长或无法与其他项目工作同时进行，那么项目结束日期会受到很大的影响。

质量：必须特别注意，解决问题的速度不会导致项目可交付成果的质量变差。

资源：实施解决方案需要资源。问题是具备必要技能的人员可能无法参加项目工作。

可行性：有些备选方案仅仅是纸上谈兵，当需要实施时或许并不可行。我们必须考量备选方案的可行性或复杂性。否则，你可能让问题变得更糟。

风险：有些备选方案让公司暴露在更大的风险中。有可能未来发生的风险（或机会），将在项目完工很长时间后显现。

理解作为备选方案组成部分的特性

在上文中我们曾讨论过，有些变量必须在寻找备选方案时进行考量。现在，我们来仔细看一下作为备选方案组成部分的特性。很多时候有些特性可以包含在每个备选方案中。理解边界条件的其中一部分是了解每个特性的重要性。特性可以被归为以下几类。

必须有：不包含此项特性的备选方案必须被舍弃。

应当有：在大多数情况下，正在考虑中的备选方案应当包含这些特性。未能考虑这些特性可能导致工作表现变差。在试图满足竞争性制约因素时，如果包括某些此类特性会导致不良后果，则这些特性可以被忽略。

可以有：这些通常是附加特性，目的是提升工作表现，并非项目需求的一部分。在决定最终解决方案时，这些特性可以有，但并非绝对必要。可以具备的特性通常被认为是华而不实的，因此是“镀金”的一部分。

制订混合备选方案

在了解变量并评估所有备选方案后，我们可能得出这样的结论：所有备选方案都无法接受。在此情况下，项目经理可能需要被迫选出“最差者中的最优者”。举个例子，让我们试想一项必须符合美国环保署强制标准的公共事业。在此情况下，公司对所有备选方案都不满意，但根据法律规定，公司必须选出一种备选方案将问题解决。

还有可能出现这样一种情况：在评估所有备选方案后，最佳方案是多个备选方案的组合。这被称为混合备选方案。备选方案 A 风险较高，但实施成本较低。备选方案 B 风险较低，但实施成本较高。通过将备选方案 A 和 B 相结合，我们或许能制订一种成本和风险因素都可接受的混合解决方案。

权衡

权衡是对决策方法的运用，通常带来的结果是变更或牺牲项目的一部分，从而使另一部分取得成果。混合备选方案就是权衡的例子。权衡通常实施在项目的竞争性制约因素上。例如，如果我们的问题是维持可交付成果的质量，那么我们需要提供更多资金或争取更多时间，或两者都需要。当我们拥有多个看似很好的备选方案，并试图将每个方案的最佳特性浓缩到单一的备选方案时，我们也可以使用权衡分析技术。此时权衡起到的作用是结合备选方案，而非在不同的备选方案间进行权衡。

出席问题解决和决策会议的人员中，许多都是各自领域的专家，他们能够提出切实的备选方案来解决问题，但他们通常对必要的权衡及其影响缺乏理解。例如，达成客户质量要求的解决方案是为进度计划增加更多时间来完成额外的工作，但这样做成本会高得惊人。此外，与我们的进度计划相关联的其他供应商也可能受到财务方面的影响。

项目团队通常最有资格对备选方案的权衡进行评估，即使备选方案是由团队之外的人员所制订的。项目团队之外的人员可能只参与解决特定问题，因此无法综观全局，而且无法了解他们提供的建议所带来的影响。

制订备选方案时常出现的错误

与任何其他问题解决过程一样，备选方案的选择过程也会出现错误。错误可能是偶然发生的，也可能有意为之。对选择过程造成不良影响的错误举例如下：

- 对特定备选方案的时间与成本估算被严重低估，导致备选方案看起来对决策者极具吸引力。提供估算结果的人员可能故意这样做，目的是借由此备选方案被选中而获取私利或认同。这是一种对项目造成严重破坏的行为。
- 支持因过度乐观而选取的某个备选方案，事实上真实的实施风险被隐藏了。这可能是最昂贵的备选方案，客户将需要投入大量资金来实施范围变更。
- 用不够乐观的心态支持优秀的备选方案，目的是希望客户选取更昂贵的备选方案。

10.8 问题解决工具与技术①

我们可以采用不同的问题解决工具和技术。有时，我们会选取多种方法来验证结果是否相同。每种工具都有各自的优缺点。

根本原因分析

根本原因分析（Root-Cause Analysis，RCA）是一类问题解决方法，旨在识别问题或事件的根本原因。RCA 实践的前提是相信问题能够通过应对、纠正或消除根本原因的方式获得最圆满的解决，而非仅仅应对明显的问题表象。将纠正措施引导至根本原因，就更能避免问题再次发生。然而，我们必须承认，只采取一种纠正措施不可能始终避免问题再次发生。相反，我们会采用多种有效的措施（方法）来应对问题的根本原因。因此，RCA 通常被认为是一个迭代的过程，并且被看作一种持续改进的工具。

我们通常将 RCA 用于识别事件原因、揭示问题和解决问题的反应性方法。分析需要在事件发生且问题暴露之后完成。RCA 中的洞察可使其成为一种积极的方法。在此情况下，RCA 可用来在事件发生之前进行预报或预测。当多个 RCA 过程持续发生时，每个过程都是完全独立的。

根本原因分析不是一种单一且明确定义的方法论；我们可以使用许多不同的工具、过程和哲学来执行 RCA 分析。不过，有些定义非常广泛的方法或“学派”可用来确定其基本方法或起源领域，这些方法是：安全型、生产型、过程

① 这里讨论的许多技术均取自维基百科。

型、失败型和系统型。

RCA 的一般原则

- RCA 的主要目的是识别问题的根本原因，以便制定切实有效的纠正措施来防止问题重复发生，或者通过可确保成功的方法来解决问题。（“成功”是指对问题再次发生几乎可确保有效的预防措施。）
- 要确保收获成效，RCA 必须系统地执行，通常要作为调查的一部分，同时辅以以文件证明作为支持的且已确定的结论和根本原因。这通常需要整个项目团队共同努力。
- 虽然某个事件或问题可能存在多个根本原因，但其困难点是展示解决方案的持久性，以及维持制订解决方案所需的努力。
- 确定某个问题的所有解决方案的目的是以最低的成本并采用最简单的方法防止问题再次发生。如果存在同样有效的备选方案，则最简单或成本最低的方法将成为首选。
- 根本原因的确定取决于定义问题或事件的方式。有效的问题声明和事件描述（如失败）会有帮助，甚至是必需的。
- 要确保有效，分析过程必须建立一系列事件或时间线以理解促成（因果）因素、根本原因和已定义的问题/事件三者间的关系，以防止问题在今后再次发生。
- RCA 有助于将反应式文化（对问题做出反应）转化为前瞻式文化，这样能够在问题发生或升级前将其解决。更重要的是，在 RCA 过程作用的环境中问题发生的频率将降低。
- RCA 对多种文化和环境构成威胁。对文化的威胁通常会伴随着阻力。我们可能需要其他形式的管理支持来达成 RCA 的有效性并取得成功。例如，我们可能需要对问题的识别人采取“非惩罚”的政策。

使用 RCA 的纠正措施

RCA 组成了成功的纠正措施中最关键的部分，因为它使纠正措施指向问题的真正根源。根本原因是预防措施目标的次要组成部分，但如果不知道根本原因，我们就无法为已定义的问题找出确定行之有效的纠正措施。考虑的步骤包括：

- 实事求是地定义问题或描述事件。

- 收集数据和证据，随后将其沿时间线进行分类，直至最终失败或危机发生。
- 提问“为什么”，并确定与定义问题或事件时间线序列中每步相关联的原因。
- 将原因分类为与序列中事件相关的偶然因素，以及公认的影响序列链中某一步骤的根本原因（如适用）。
- 如果存在多个根本原因（这是经常出现的情况），则需要清晰地揭示这些原因，以便今后做出最佳的选择。
- 确定可确保防止问题或事件再次发生的纠正措施。
- 对于团队一致认可且存在合理确定性的可防止问题再次发生的解决方案（如果有效），确定其处于你的控制范围内，符合你的目的和目标，并且不会引起或引入其他新的、不可预见的问题。
- 实施推荐的根本原因更正措施。
- 通过观察已实施的推荐解决方案确保其有效性。
- 其他用于解决问题和避免问题的方法论可能有用。

RCA 工具和技术

- 障碍分析法——一种通常用于过程工业中的技术。该技术基于对能量流的追踪，着重关注这些流中的障碍，由此确定障碍如何以及为何无法防止能量流造成损害。
- 贝叶斯推理。
- 因果树分析法——一种通过树形结构显示因果因素的技术，该技术可明确识别因果相关性。
- 变更分析法——一种通常用于问题或事故的调查技术。该技术通过将不呈现问题的状况与呈现问题的状况做对比，从而确定可解释问题发生原因的变更或差异。
- 当前现实树法（Current Reality Tree，CRT）——由高德拉特（Eliahu M. Goldratt）在他的约束理论中描述的一种方法，可引导调查者使用因果树（其元素受逻辑规则约束）确定并关联所有根本原因（合法保留的类别）。CRT 由发生在我们周围的不希望出现的事件组成的简要列表开始，随后引导我们找到一个或多个根本原因。当系统非常复杂时，该方法尤为强大。我们观察到的不希望出现的事件间没有明显的联系，并且我们需要深入理解根本原因。

- 失效模式与影响分析。
- 故障树分析。
- 5W 法——持续提问为什么、为什么、为什么、为什么和为什么，直到筋疲力尽。
- 石川图——也称鱼骨图或因果图。项目经理使用石川图执行 RCA 并解决质量和风险问题。
- 帕累托分析“80/20 法则”。

除上述列出的工具和技术外，还存在其他可用的工具和技术。

头脑风暴法

在任何项目的整个生命周期中，团队的能力将受到考验，他们必须在所施加的限制和边界条件下找到问题的最佳解决方案。这会发生在项目的规划阶段。在此阶段中，我们必须为项目规划制定出最好的方法，并考虑到项目在后续阶段可能出现问题以及必须找到最佳解决方案。这些都是不适合使用头脑风暴法的情形。似乎大多数人都听说过头脑风暴法，但只有极少数人真正加入过使用头脑风暴法的团队。

头脑风暴法已成为颇为流行的群体技术，但将该技术应用于传统小组组建方式时，研究人员无法找到其提升创意数量和质量有效性的证据。尽管传统的头脑风暴法无法提升群体的生产力（由产生创意的数量来衡量），它仍可带来许多益处，如提振士气、提高工作愉悦度并优化团队合作。因此，业界已进行无数次改进头脑风暴法的尝试，或使用由基本技术衍生出的更为有效的方法。

我们在讨论头脑风暴法时，通常认为这是识别问题备选方案的一种手段，事实上头脑风暴法也可用于问题根本原因的识别。

头脑风暴法的规则

头脑风暴法有四大基本规则。这些规则旨在激发创意的产生并提升小组的整体创造力，与此同时尽可能减少小组成员在小组内工作时出现的拘束感。

专注质量：此规则专注于将可能产生的创意（无论是好是坏）最大化。我们所做出的假设是，创意的数量越多，找到问题的最优解决方案的可能性越大。

搁置批评：在头脑风暴法中，对创意的批评将产生冲突，还会浪费产生最大数量创意所需的宝贵时间。当人们看到受批评的创意时，会更倾向于不说出自己的创意，以避免受到批评。批评应当发生，但必须等到头脑风暴会议完成后。典型的头脑风暴会议的持续时间不超过 1 小时。

欢迎不同寻常的创意：我们应该鼓励所有的创意，无论是好是坏。我们必须鼓励大家在思考时“跳出思维定式”，而这样做会产生新的视角和思考方式。有时，最初看起来相当激进的解决方案可能最终成为最佳的解决方案。

结合并改进创意：最佳的解决方案可能是一连串创意的结合。我们应该鼓励新创意从多个已有创意的结合中产生。

头脑风暴法中的关键步骤

头脑风暴法要取得成功，我们必须采取若干关键步骤。以下内容改编自维基百科。

设置问题：在头脑风暴会议开始前，定义问题是关键。问题必须非常明确，不要过大，并且能够通过具体的提问阐述清楚。如果问题过大，则引导师应当将问题拆分为若干更小的部分，每个部分都有各自的提问。

创建背景备忘录：背景备忘录是为与会者准备的邀请和信息函，包含会议名称、问题、时间、日期和地点。问题通过提问的形式进行描述，并会给出若干示例。备忘录应提前送达与会者，以便他们提前思考待讨论的问题。

挑选与会者：引导师召集头脑风暴小组，该小组由与会者和创意记录员组成。不超过 10 人的头脑风暴小组通常能够更有成效地进行讨论。小组的组成可以有多种变化，但组成人员建议如下：

- 几位已证明自身能力的项目核心成员。
- 几位来自项目外的，与问题关系密切的嘉宾。
- 一位负责记录创意的记录员。

会议召开：引导师主持头脑风暴会议并确保遵循基本规则。典型头脑风暴会议的步骤如下：

1. 热身环节，使新手与会者融入无批评的环境中。提出一个简单的问题供头脑风暴；例如，我们能够尽量减少这一项目中报告的数量吗？或者，我们执行验证和确认的方式可以做哪些改进？
2. 引导师提出问题，并在必要时给出进一步的解释。
3. 引导师向头脑风暴小组询问他们的创意。
4. 如果没有创意产生，则引导师选出一名代表鼓励大家发挥创造力。

5. 所有与会者都展示了自己的创意，创意记录员负责记录它们。
6. 为确保清晰明了，与会者需要详细说明他们的创意。
7. 时间结束时，引导师根据主题目标整理创意，并鼓励与会者进行讨论。
8. 将创意分类。
9. 对整个创意列表进行审查，确保每位与会者都能理解所有创意。
10. 去除重复的创意以及明显不可行的解决方案。
11. 引导师对所有与会者表示感谢，并给予每人一份奖励。

召开头脑风暴会议：过程

- 对于有想法但没能展示出来的与会者，鼓励他们写下自己的创意，稍后再做展示。
- 创意记录员应当为创意编号，以便主席使用数量激励创意目标的达成。例如，我们现在有 14 个创意了，让我们加把劲冲击 20 个吧！
- 创意记录员应当重述他逐字记录的创意，以确保记录的内容能够准确地表达创意提出者的本意。
- 当许多与会者都有创意时，提出关联度最高的创意的人员应享有优先发言权。这是为了鼓励对先前创意的详尽阐述。
- 在头脑风暴会议期间，应劝阻职能经理和其他主管出席，因为他们的出席会抑制和减少四大基本规则的效果，尤其会影响不同寻常的创意的产出。

召开头脑风暴会议：评估

头脑风暴不仅仅是产生创意供他人评估和选择。通常来说，小组自身会在最后阶段评估创意并选出其中一个作为问题的解决方案：

- 该解决方案不应需要小组成员所不具备或无法获取的资源或技能。
- 如果获取额外资源或技能是必需的，那么这将成为解决方案的第一部分。
- 必须有方法来测量进展和成功。这可能需要制定新的度量指标。
- 实施解决方案的步骤必须对所有人都清晰明确，并且适合分配给成员，以确保人人都能扮演重要的角色。
- 必须有共同的决策过程，以便协调项目工作并随着项目的开展重新分配任务。
- 应当执行里程碑评估，以决定小组是否处于寻找最终解决方案的正确轨道上。

- 对积极参与者应有激励，这样与会者们能持续贡献他们的力量。

头脑风暴会议：名义小组技术

召开头脑风暴会议有几种不同的方式：

- 名义小组技术是头脑风暴法的一种类型，它鼓励所有与会者在讨论过程中拥有均等的话语权。此技术也用于产生一系列的创意。
- 与会者被要求以匿名方式写下他们的创意。随后主持人收集创意，并由小组对每个创意进行表决。表决可简单地采用举手赞成的方式表达对创意的意见。我们将此过程称为提炼。
- 经过提炼后，排名前列的创意将送回至小组或子小组以开展进一步的头脑风暴。例如，一个小组讨论产品需要的颜色，而另一个小组讨论尺寸，等等。每个小组都将把对创意排名的意见传回给整个小组。有时先前被放弃的创意在稍后可能又会重新被提出，这意味着小组已经重新评估这些创意。
- 引导师在实施这项技术前，必须接受此过程的相关培训，这非常重要。我们应当鼓励小组接受这一过程并提前做好准备。像所有的团队努力一样，在应对重要的创意前，我们可能需要进行几次练习以训练团队掌握这一方法。

小组传递技术

- 环形小组中的每位成员在纸上写下一个创意，随后以顺时针方向传递给下一名成员，该成员再加入一些想法。这一过程持续进行，直至每个人都取得他自己初始的那张纸。此时，小组已经对每个创意进行了详细描述。
- 小组也可创建“创意簿”并在其封面张贴一张分发列表或传递名单。第一页是对问题的描述。第一名收到创意簿的成员将他的创意列出并写下，然后将创意簿传递给分发列表中的下一名成员。第二名成员可以记录新创意，或对前一人的创意进行补充。这一过程持续进行，直至分发列表用尽。随后举行“宣读会”，讨论记录到创意簿中的创意。此项技术需要更长时间，但它能让每个人对问题进行深入思考。

团队创意导图法

- 此种头脑风暴法的工作原理是关联法。此方法可改进协作并增加创意的数量，以便所有与会者都能出席，而且不会拒绝任何创意。
- 此过程由一个明确定义的主题开始。每位与会者独立进行头脑风暴，随后将所有创意整合到一张大的创意导图上。在整合阶段，随着与会者们分享各自创意背后的含义，他们会对问题的理解达成共识。在分享阶段，新的创意会通过关联而产生，因为这些创意也会添加到创意导图中。当所有创意收集完成后，小组就可以开始确定优先级和/或采取行动。

电子头脑风暴法

- 电子头脑风暴法是人工头脑风暴技术的计算机版本。它通常由电子会议系统（Electronic Meeting System，EMS）提供支持，但我们也可以采用更简单的形式如通过电子邮件、浏览器或使用点对点软件来完成。
- 与会者们可使用电子会议系统，通过互联网共享一系列创意。创意可分别进行输入。每名成员的贡献会立即对所有人可见，并且通常是匿名状态的，这样可以鼓励开放分享并减少个人偏见。现代 EMS 也支持时间跨度较长的异步头脑风暴会议，以及创意问题解决过程中典型的后续活动，如创意分类、消除重复创意，以及对优先或争议创意进行评估和讨论等。
- 电子头脑风暴法可消除标准头脑风暴法、生产阻碍和评估忧虑所产生的诸多问题。此方法的另一个优点是所有创意都能以其原始格式采用电子方式归档，可便于日后检索并进行进一步的思考和讨论。某些较大规模的小组通常在传统头脑风暴会议中表现得高效，电子头脑风暴法也支持此类小组实施头脑风暴法。
- 部分基于网络的头脑风暴技术允许参与者使用虚拟形象匿名发表他们的意见。此种技术也允许用户长时间保持登录状态，通常长达一或两周，让参与者在发表创意和反馈前拥有一段“沉浸时间”。此种技术被特别用于新产品开发领域，但也可以应用到需要收集和评估创意的任何领域。

定向头脑风暴法

- 定向头脑风暴法与一种名为书面头脑风暴法的技术类似，是电子头脑风暴法的一种变体。它可由人工手动完成，也可使用计算机完成。当解决方案空间（评估办法好坏的标准）已预先设定时，定向头脑风暴法非常有效。已知的评估标准可用来限制思维过程。

- 定向头脑风暴的过程是：发给每个参与者一张纸（或一张电子表格）并告知要讨论的问题。每人仅写下一个答案，然后把所有的纸张（或表格）在参与者间随机交换。参与者需要审视他们拿到的创意，并根据原始标准在此基础上提出一个改良的创意。然后再次交换表格，参与者再次提出改进的构思，将此程序重复三到四轮。
- 在实验室中，小组实施定向头脑风暴法的效率几乎为电子头脑风暴法的三倍。

个人头脑风暴法

- 个人头脑风暴法是以独处为基础实施的头脑风暴法。它通常包含的技术有：自由写作、自由讲话、词汇联想，以及绘制思维导图（一种可以图解想法的可视化笔记法）。独立头脑风暴法在创作中是一种很有效的方法，并已被证明在许多情况下优于传统的头脑风暴法。

提问头脑风暴法

- 此过程涉及对提问本身的头脑风暴，而非试图找出直接答案或短期解决方案。此种技术可激发创造力，并促进个人的参与，因为没有人必须给出答案。问题的答案为创立后续的行动计划建立了框架。一旦问题列表设定完成，即需对它们进行优先级排序，以便以有序的方式找到最佳的解决方案。提问头脑风暴法的另一个关键点是为问题找到最佳的评估方法。

维基百科为头脑风暴法提供了一系列非常实用的参考资料。

10.9　创造力与创新

你被要求负责一个相当复杂且风险较高的项目。项目要取得成功，必须取得某种形式的技术突破。你的团队需要面对并解决不断涌现的问题。项目经理如何知晓所分配的资源是否具有创造力？这是问题解决所需的基本技能。

并非所有人都具备创造力，即便拿到各自薪酬等级中最高薪酬的人也是如此。能够很长时间执行相同重复任务的人员可视为主题专家。他们凭借工作经验和多年的服务，能够取得所在薪酬等级中最高的薪酬，但单凭这点并不意味着他们具备创造性技能。大多数人自认为有创造力，而事实上并非如此。公司通常也不会为员工提供创造性思维的培训课程。

在项目环境中，创造力是指凭借一个人的想象力创造新的、原创创意的能力，或者满足需求和/或解决问题的能力。人员依据工作经验分配到项目团队中。项目经理（有时甚至是职能经理）不可能知道这些人员是否具备所需的创造性技能，来解决项目过程中出现的各种问题。除非你之前与这些人员共事过，否则你很难知道他们是否拥有想象力、灵感、独创力、发明才能、远见和智谋，这些都是创造力的共同特点。

在项目管理中，创造力是指凭借想象力技能想出创意并制造新产品的能力，无论是问题的新解决方案还是新方法、新设备，都是创造力的体现。创新是指通过将创意转化为现实以解决问题的能力，无论是产品、服务还是提交给客户的任何形式的可交付成果，都是创新的体现。创新超越了创造性思维。

创造力与创新不一定如影随形。任何问题解决团队都可能产生无法实施的创造性解决方案。任何工程团队都能设计一款无法制造生产的产品（或对产品的修改）。

似乎大多数人都认为创新与研发团队的努力直接相关，事实上创新还与组织的所有业务职能（销售与市场营销、财务、运营等）在产出问题解决方案上做出的努力密不可分。简言之，创新作为问题解决过程的组成部分，是团队共同努力的结果。

创造力、创新和价值

创新不仅仅是简单地将创意变为现实，更是一个创造价值的过程。客户想要购买的是有价值的东西。无论送达客户手中的是何种解决方案，都必须由客户承认其具有价值。最好的状况是，真正的价值由客户需求和公司战略共同决定。如客户所见，最终选择的备选方案可能增加或减少最终可交付成果的价值，但选择的解决方案必须始终具有一定的价值。

针对某个问题的某些解决方案，与项目的初始需求相比，可能不得不减少部分价值。这被称为消极创新。在此情况下，为创造减少价值的解决方案而引发创新会对团队带来负面的，甚至是破坏性的影响。人们会把消极创新看作对他们的名誉和事业的破坏。

如果创新风险太大，则项目团队可推荐某些形式的开放式创新。开放式创新是指通过共享风险和回报，与你所在公司外的第三方结成的合作伙伴关系。许多公司都拥有用于解决问题的创造性创意，却缺乏创新型人才来实施解决方案。这种情况下，合作伙伴和合资企业可能是最终的解决方案。

消极创新

有时，我们以最好的愿景启动了项目，后来却发现某些会导致项目取消的问题出现了。我们选取的解决方案避免了项目的彻底取消，但可能缩减项目的规模，并且需要重新调整我们的创新尝试。可导致创新调整的因素包括：

- 可交付成果所处的市场已萎缩。
- 可交付成果定价过高，需求不足。
- 无法及时取得技术突破。
- 团队的信念与热情缺失，不再相信这个解决方案是可行的。
- 高管和客户对项目的兴趣降低。
- 存在无法克服的技术障碍。
- 成功的可能性大大降低。

如果这些因素存在，那么完全可能发生的状况是我们必须选取另一套备选方案以挽救整个项目。只要客户愿意接受最终价值可能减少的结果，那么项目就可以继续进行。

创新解决方案的类型

创新解决方案有多种类型，每种类型都有各自的优缺点。最为常见的三种类型如下。

产品/质量改进和成本降低措施：此类创新借助公司的现有资源快速完成，目的是解决问题并为最终成果增加渐进式的价值。

重大技术突破：此类创新具有风险。你无法确定技术突破何时达成，以及伴随的成本有多少。即便技术突破能够达成，我们也无法保证客户能从此解决方案中获得附加价值。如果技术突破无法达成，则客户仍可能满意部分解决方案。此类创新只需要一到两人的技能。

完全复杂系统或平台：这是风险最大的解决方案。如果无法开发出复杂系统，则项目将被视为彻底失败。此种形式的创新需要大量能力极强的资源。

难以传授的问题解决与决策特性

虽然有问题解决和决策的课程可供参加，不过遗憾的是，优秀的问题解决者和决策者的部分特性无法轻松地在课堂上传授。最为常见的三种特性如下。

本能：与生俱来的行为习惯，靠近特定行为类型的固有倾向。这是一种天生的行为模式，是对特定刺激做出反应的特征，如解决复杂问题时的愿望。通常用这样的字眼来描述：自然倾向、自然或后天趋势、资质、人才、诀窍、天赋、能力、天才、才能、直觉、感受、冲动、内心感觉或第六感。拥有此种本能的人热衷于解决问题。问题越复杂，他们越愿意参与解决。

常识：由经验而非专业知识得来的稳健、踏实的判断。拥有常识的人更倾向于根据所处情况和事实（而非专业知识）做出决策。不过他们也会依赖过去的经验。

猜测：进行猜想，或通过猜想找到结论的过程。猜测通常与其他词汇一同使用，如猜想、推演、假设、推测、估计、推理、近似和估算。当必须做出估算，并且可用信息极少或没有时，我们需要进行猜测。根据问题的性质，猜测可能是启动问题解决和决策会议的第一步。有时，只需理解问题即可进行猜测。

创造性路障

- 未能较好地理解问题，并且专注于错误的问题。
- 太快进行评估并制定决策。
- 采纳团队能够接受的第一个创意。
- 身处将你看作外来者的团队。
- 身处拒绝支持你任何想法的团队。
- 身处否认你的能力是团队一部分的团队。

这些路障不一定只影响涉及创新的问题解决过程。此外，某些问题的解决方案根本不需要创新。

10.10 决策——选择最佳解决方案

现在，我们必须决定哪项备选方案能够最有效地解决问题。在通常情况下，决策是一定程度的结构化做法。决策涉及以下要点：

- 首先必须制定目标。
- 目标必须被分类并按重要性顺序放置。

- 必须制订备选行动方案。
- 必须针对所有目标对备选方案进行评估。
- 能够达成所有目标的备选方案作为试验性决策。
- 评估试验性决策，获得更多可能产生的后果。
- 采取决策行动，并采取其他行动以防止任何不良后果成为问题，同时重新启动两套系统（问题分析与决策）。

决策活动与问题解决活动相比，通常要耗费更多的时间和成本。这在很大程度上取决于可识别的备选方案的数量，以及用于评估和划分优先级的方法。拥有大量合理的备选方案看起来似乎不错，但对于实际采用哪种备选方案暂时无法达成共识也会很麻烦。

有多种决策制定的风格可供选择，也有许多工具可在决策制定过程中提供协助。

理解决策是如何制定的

在出席问题解决和决策会议前，我们必须理解决策是如何制定的。我们有多种选项可供选择，并且商定问题所采取的方法与选取备选方案所制定的决策不同。可用的选项包括如下内容。

多数或共识：所有与会者都可参与投票。投票标准可以是简单的选多数，或选其他数字，如 75%多数。

特定多数或共识：如果无法达成选出多数，则项目经理、客户或其他指定的个人将制定最终决策。

项目经理导向：项目经理制定决策并通知团队他选取了哪项备选方案。此方法对危机项目最为有效。

客户导向：团队确定备选方案、提出建议并向客户展示数据。客户制定最终决策并通知团队。客户有权不选择团队针对问题提出的备选方案，并有权制定自己的解决方案。

例行式决策

有些决策很容易制定，有些决策则需要专家小组参与制定。使用的工具和技术取决于决策的类型。举个例子，让我们考虑以下三类决策：

- 例行式决策
- 适应式决策

- 创新式决策

例行式决策通常由项目经理全权处理。例行式决策涉及签署采购订单，选择与哪些供应商合作，以及决定是否授权加班。通常而言，例行式决策会根据公司的政策和程序来制定。

例行式决策虽然看起来相对容易制定，但其数量可能成为麻烦。过多的例行式决策会消耗大量时间，还会对项目经理有效管理任务造成消极影响。如果某些决策本质就是例行性的，那么此类决策中的许多都可以委托给项目团队成员。

适应式决策

适应式决策需要某种程度的直觉。问题通常很好理解，并且项目团队能够在没有外部支持或复杂工具/技术支持的情况下制定决策。适应式决策是项目中最常使用的决策制定形式。举几个例子：

- 确定测试矩阵中应当出现的测试数量。
- 确定活动应当何时开始或结束。
- 确定活动最迟何时开始且不会造成下游工作的延迟。
- 确定原料最迟何时订购。
- 确定是否应当经常性倒班或加班工作。
- 确定风险管理计划是否必要，如果必要，应当包含多少细节。
- 确定进行测试的频率以验证质量要求的合规性。
- 确定需要的资源技能集（假如可以选择的话）。
- 确定向相关方展示好消息和坏消息的最佳方式。
- 确定修正不利成本和进度偏差的方式。
- 确定用于激励特定团队成员的领导风格。
- 确定如何以最好的方式奖励团队成员的出色表现。

创新式决策

创新通常被认为是做事的新方式。做事的新方式应当与过往方式有着显著不同，而不只是通过持续性改进活动进行的小的增量变化。创新的最终目标是为公司、用户和可交付成果本身创建持久的附加价值。创新可以看作创意向现金或现金等价物的转化。

创新式决策通常用于涉及研发、新产品开发以及重大产品改进的项目。这些决策需要项目团队以外的主题专家参与，并且需要使用更先进的决策工具和技术。这些决策可能彻底背离项目的初始目标。并非所有的项目经理都可胜任涉及创新的项目管理。

成功创新的目标是增加价值，但如果创新导致了团队士气低下、不利的文化变革，或者与现有工作方式完全背离，那么创新的效果是负面的甚至是具有破坏性的。创新项目的失败会导致组织士气低落，造成优秀人才在今后成为风险回避者而非追求者。

压力式决策

时间是项目的重要制约因素，压力式决策将严重影响理解问题和找到解决方案的必要时间。举个例子，我们假设一项关键测试以失败告终，而客户表示将与你在测试失败的第二天与你会面，讨论你将如何修正此问题。他们期待你提供备选方案和建议。

通常而言，你需要一周或更长时间与你的团队讨论并对当前的情况做出判断。但在这种紧急情况下，你必须充分把握可用的时间做出决策，无论是正确还是错误的。这就是压力式决策。如果拥有足够的时间，那么我们都能够对问题进行分析甚至过度分析，并得出可行的备选方案列表。

压力式决策也可成为适应式决策和创新式决策的一部分。如果决策者仅关注问题的关键属性，那么在压力下制定决策能够得到有利的结果。但更多的情况是，压力式决策会导致次优的结果。

如果发生此类情况，你必须明确你不会总拥有完整或绝佳的信息来制定决策。大多数决策制定团队必须能够对不完整的部分信息进行处理。

决策会议

有些例行或适应式决策可在团队常规会议中处理，但通常来说团队的问题解决会议应单独召开。问题解决会议的与会者与团队常规会议的与会者有着显著的不同。相关方和客户需要出席问题解决会议，因为他们是最容易受到决策影响的人群。职能经理和主题专家也会受邀出席。具备关键专长的外部顾问也可出席。

项目团队可在这些会议中使用各类决策工具和技术做出决策。最好的工具和技术可根据以下要点做出选择：问题的复杂性、与决策相关联的风险、制定决策的成本以及错误决策带来的影响、决策对谁而言最重要、制定决策的可用时间、对项目目标的影响、项目团队成员的数量、对客户和相关方的相对重要性，以及支持数据的可用性。

一般来说，项目团队需要召开多个会议。第一次会议的目的可能只是理解问题并收集事实。问题解决团队可能需要额外的时间仔细思考问题并确定备选方案。第一次会议就制定决策基本不太可能。

决策的阶段

项目团队制定决策可采用多种模型。一种典型的四阶段模型如下。

熟悉阶段：在此阶段中，团队成员会面并共同理解问题以及后续必须做出的决策。

选项识别阶段：在此阶段中，团队实施头脑风暴并列出某一解决方案的全部备选方案。

选项选择阶段：在此阶段中，团队会决定最佳的选项。选定优先方案的团队与制订方案列表的团队的人员组成不同。

解释阶段：在此阶段中，团队为制定正确的决策做出合理的解释，并可能对结果进行评价。

决策的步骤

当项目团队面临艰难的决策时，团队可采取若干步骤以确保最终制定出最佳的解决方案。有几种模式可供团队使用。许多步骤与设置问题解决过程的步骤类似。这些模型中常见的步骤包括：

- 送出明确指出决策会议目的和预期结果的议程，其中包括决策的预期时间。
- 如果可能，请要求团队携带备选方案出席会议。
- 对问题执行 RCA，以确保每个人都理解为什么需要做出此项决策，以及如果不做会带来哪些影响。
- 请团队对备选方案实施头脑风暴，包括多个备选方案的结合。
- 列出每个备选方案的利与弊。
- 选取最佳选项。
- 向相关和受到影响的人员解释决策的细节。
- 实施决策。
- 衡量决策的影响，并将最佳实践以及经验教训进行记录/归档。

群体决策的优势

如前文所述，在某些情况下（如例行式决策），最终决策仅由项目经理一人做出，这种情况不需要群体。但更多时候，项目中出现的问题需要群体思考。

群体决策存在若干优点。这些优点包括：

- 群体能比个人提供更好的决策。
- 群体讨论能加深对问题的理解。
- 群体讨论能加深对解决方案的理解。
- 群体在选取备选方案时能更好地进行判断。
- 相比个人，群体愿意在解决问题时承担更大的风险。
- 相比个人，客户不太可能质疑群体做出的决策。
- 如果人们参与了决策过程，那么他们更愿意接受最终决策。

群体决策的缺点

群体决策也存在若干缺点。这些缺点包括：

- 群体讨论可能被某个人的性格所支配，无论此人是否被看作主题专家。
- 因为知道失败会怪到所有群体成员身上，群体可能承担过大的风险。
- 你会受到接受群体决策的压力，即便你知道其他决策可能更好。
- 花费过多的时间达成协商一致的结果。
- 群体倾向于对问题和解决方案进行过度思考。
- 可能无法将合适的成员从其他工作中释放，让他们参加会议。
- 寻找各方都满意的会议时间可能比较困难。
- 如果涉及外部人员，则差旅费用会很高，尤其当需要召开多次决策会议时。

理性思维与直觉思维

决策需要思考。我们将讨论四种形式的思维方式。理性思维，通常也称分析思维，是指在问题解决和决策的思考过程中所涉及的逻辑或推理。它还是提供想法和创意背后的原因或理由。它将计算和规划的元素添加到一连串的思考当中，而不是将这些思考立足于情感或个人意见上。这是一种思维的客观过程，也是对任何问题的一种分析方法。理性思维基于原因或事实，因此显得更加精确与真实。所有人都能够理性地思维，但许多人因为情绪、偏见以及害怕做决策而更愿意将这项能力隐藏起来。

理性的思考者相信，如果问题被分解为定义明确的连续步骤，那么问题更容易获得解决。他们将最大限度地使用表格、指南、模板和核对单。当时间充裕时，当处于相对静态的条件下，以及当观察者和被观察者存在明显区别时，理性或分析思维会非常高效。这种思考形式最适合处理复杂情况，当存在既定的、用于分析的标准（如法律法规）时效果最好。

直觉思维在性质上有着显著的不同：它没有重点且非线性，没有时间观念，同时关注许多事物，综观全局，包括洞察力，以自己内心的想法为中心，以空间与时间为导向，并且趋向于真实和有形。通常当分析思维还不够充分，在时间压力下，在条件不断变化时，以及当观察者与被观察者之间的差异还不明确时，进行项目直觉起作用工作时直觉思维是必要的。当寻找“可行”方案中的“最佳”方案时，以及在无须说明和没有时间说明的情况下，项目团队准备根据情感和直觉行动时，直觉思维效果最好。直觉是由专业知识得出的经验，用以产生快速行动。

收敛思维与发散思维

发散思维是一种用来产生创意的思考过程和方法，它通过扩展问题并着眼大局来探索许多可能的解决方案。发散思维通常与收敛思维结合使用。收敛思维则着眼于细节，遵循一组特定的逻辑步骤获得一种解决方案，这在某些情况下是一种“正确”的解决方案。发散思维通常以自发的、自由流动的方式发生，因此可产生许多创意。许多可能的解决方案会在很短的时间内被发现，还可绘制出意想不到的联系。在发散思维的过程完成后，我们将运用收敛思维将创意和信息进行整理和结构化处理。发散思维以发散的方向向前移动，因此可涉及方方面面，有时能产生新的想法和解决方案。这通常与创造力相关联。创意产生技术（如头脑风暴法和非定式思维）用于从多个方向遵循同一个创意，以产生一个或多个新创意，这些新创意会再产生更多的创意。

发散思维是一种创造性的开放思维，旨在创造新的观点和新的解决方案。收敛思维则与之完全相反，它的目标是将专注解决某个特定问题（尤其是解决仅存在一个正确解决方案的问题）的信息汇集起来。

极性管理

有时你看起来需要做出一个“二选一”的抉择来帮助解决问题，事实证明，这样的选择其实是错误的。做出二选一的选择会在短期内解决问题，但随着时间的推移，两难境地会再次显现。有可能你面对且待解决的不是“二选一”的问题，而是“两者同选”的问题，需要进行妥善管理。

当你面对对立的两种极性时（在某种程度上都是解决方案的组成部分），极性管理显得尤为重要。假设你被指派管理一个大型的复杂项目，正尝试找出适用于项目团队的最佳管理风格。你需要保持对项目的掌控，因此采取分层的方法似乎是恰当的行进路线。然而，你并不愿意扼杀团队成员的积极性，因为你选择这些成员是看中了他们在先前相关项目中累积的专业知识和经验。你还希望在项目过程中，他们能在必要时起到带头作用。

此类极性大量存在于业务和项目领域，包括清晰/模糊、刚性/柔性、团队/个人等。试着站在他人角度想问题，你就会很快看到这些极性发生的频率有多高。需要管理的极性可通过以下两点来确定：其随时间推移的持久性，以及其相互依存的极点的存在。如果一个“问题”持续发生一段时间，并且似乎无法解决，那么你可以寻找其极性对立面当前的需求，很可能这是极性管理上出现的问题。

决策的恐惧：心理障碍

并非每个人都愿意制定决策，或有能力制定决策。有些人更愿意让他人制定所有决策，尤其是关键决策。产生这种现象的原因包括：

- 之前制定过错误的决策。
- 对制定错误的决策有恐惧感。
- 对相关风险有恐惧感。
- 对自己的信仰缺乏信心。
- 焦虑水平过高。
- 无法处理决策中的政治事务。
- 对围绕问题的事实不熟悉，或不愿意了解。
- 与团队成员不熟悉。
- 应对技能较弱。
- 缺乏动机。
- 缺乏洞察力。
- 在讨论开始后才被带入讨论中。
- 无法在紧张和压力环境下工作。
- 害怕与问题涉及的工会共事。

- 害怕与问题涉及的特定相关方共事。
- 害怕被人嘲笑而不愿意贡献力量。
- 害怕暴露自己的不足之处。
- 害怕损害自己的职业和/或名誉。

这些障碍通常可分为五类：

- 情感障碍
- 文化障碍
- 感知障碍
- 智力障碍
- 表达障碍

草率决策的危险

项目的制约因素常常让项目经理置身于想要制定草率决策的境地。制定草率决策有时是必要的，但更多时候结果会是有害的。草率决策会导致：

- 项目后期浮现出其他问题。
- 返工，从而引发成本超支和进度延误。
- 过度加班。
- 客户和相关方对你管理项目的能力失去信心。
- 对问题解决和决策过程失去信心。
- 人力曲线出现巨大波动，而非平滑。
- 更多地亲身参与治理委员会。
- 出席更多的会议。
- 报告需求增加。
- 可交付成果被客户拒绝。

简单地说，草率决策是在冒险。

决策风格

并非所有的决策都很容易制定。有时无论你是否准备完成，或者当你只有部分而非完整的信息时，你都需要制定决策。此外，在某些情况下，决定什么都不做或许是最佳的决策。如果团队认为他们可以忍受手头的问题，那么团队可以先等待并了解问题是否会变得更糟，随后再制定决策。

每位项目经理都有自己决策的方式，并且项目不同，方式也会有所不同。选定的风格依据问题的定义和必须制定的决策类型决定。虽然有些方法效果不错，但仍会出现弊大于利的情况。

决策的相关教科书提供了几种不同的风格。项目经理采用的五种最常见风格是：

- 专制型决策者
- 胆怯型决策者
- 完美型决策者
- 民主型决策者
- 自私型决策者

专制型决策者

专制型决策者不会相信团队中的任何人，他们完全掌控决策权，即便风险极高时或花极少时间讨论问题时也是如此。团队成员常常害怕提出备选方案和建议，因为他们可能被项目经理嘲笑——项目经理坚信他的决策是唯一可行的。团队成员甚至在被问及的时候也不贡献任何创意。

如果项目经理是必须制定的决策所处领域的专家，那么专制型风格会是有效的。但在一般情况下，如今的项目经理更多地理解技术的宏观面，而非去钻研技术的细节。因此，当你所具备的与问题技术相关的知识有限时，解决方案会促使决策快速制定，但通常决策并不是最佳的。

大多数情况下，专制型决策者在没有其他人的意见的情况下制定决策的感觉更好。他们会凭借直觉当场做出决策。这常常是一种碰运气的方式。

胆怯型决策者

专制型决策者热衷于及时地做出决策，无论决策是对是错。胆怯型决策者很害怕做出错误的决策。这通常被称为决策制定的“鸵鸟式”方式。在此情况下，项目经理将把他的头“埋在沙子里”，盼望着问题会消失，或者希望人们忘记这问题。项目经理还会希望持续等待直至出现一个神奇的解决方案，如决策已不再需要制定。

有时胆怯型决策者会采取拖延的战术，也就是等待取得足够的（或至少最小数量的）信息后再制定决策。这并不一定意味着逃避决策。胆怯型决策者知道决策最终还是要制定的。

胆怯型决策者害怕的是做出错误的决策，从而对他的声誉和职业产生严重的影响。团队可能不会受邀提供备选方案和建议，因为这会表明问题存在，而决策必须制定。问题的相关信息甚至不会向高管公开，至少暂时不会。

项目经理会尝试请他人制定决策。项目经理更愿意让其他人担任决策小组主持人的角色，如果必须制定角色，那么项目经理会始终争辩说这是一个群体决策而非个人决策。如果可能的话，项目经理会逃避承担决策所带来的责任和义务。

如前文所述，时间是项目的制约因素，并不会十分宽裕。采取坐等观望的态度制定决策会损失宝贵的时间，利用这些时间原本可以轻松地解决问题。此外，制定决策等待的时间越长，可选的方案就越少。

完美型决策者

完美型决策者与胆怯型决策者类似。项目经理不仅希望制定决策，还希望制定出的决策是完美的。团队的许多会议都在讨论相同的问题，每次团队会议都似乎要从不同的角度讨论问题和可能的解决方案。团队成员会分配到让他们奔忙的行动项目，不断寻找额外的信息以支持最完美的决策。

完美型决策者愿意制定决策，但需要牺牲大量时间寻找每个人都接受的完美决策。为做到这一点，决策者愿意违反项目的时间制约因素。决策者也愿意相信，如果他们思考的时间够长，问题可能消失。

如果项目经理是问题所在领域的专家，那么他可以采用完美型决策风格。要制定最佳决策，项目经理需要得到团队的协助，甚至可能是上级的帮助。在项目经理眼中，决策可能比项目的成果更加重要。

民主型决策者

民主型决策者允许团队成员参与最终的决策。以小组成员身份投票是至关重要的，甚至是强制的。公司甚至会使用指南或模板为此建立结构化的方法。即使项目经理是问题所在领域的专家，或者即使项目经理有权自行制定决策，民主型决策仍会发生。

民主型决策会带来长期的问题。团队成员会感觉他们应当参与未来所有的决策，即便他们对问题知之甚少。如果团队对根据不完整的信息制定决策感到不适，那么要求团队成员提前对某问题的解决方案投票会导致焦虑情绪。等待太久后才制定决策会限制可用方案的选择，并且会使团队产生挫败感，因为过度考虑问题和解决方案浪费了太多时间。

如果运用得当，民主型决策制定会是强大的激励工具。举个例子，如果项目经理相信自己已经知道应当制定何种决策，那么征求团队意见并把拿出同样想法的成就归功于团队是个不错的方法。这会鼓励团队成员参与决策过程，并使他们相信贡献自己的力量会为自己带来荣誉。

自私型决策者

每个人迟早都会身处这样一种位置——他们必须在制定决策时决定哪项是更重要的：他们个人的价值还是组织的价值。这种情况常常迫使人们制定出有利于他们自己或组织的决策。妥协或许不可能发生。

这些类别的自私型冲突会渗透到所有级别的管理层。高管们会为了他们的养老金（而非公司的利益）而制定决策。一位高管想要作为高速捷运的先驱者而被史书所铭记。他为实现个人的雄心壮志，以他发起的项目为代价，以他的公司为代价，最终使他的公司濒临破产。

自私型决策者专注于他们自身的短期利益，通常会无视什么是项目的最佳利益。在项目环境中，如果团队成员、相关方、客户和项目发起人都希望从自己的最佳利益出发制定决策，那么这会成为相当复杂的过程。次优解决方案由对最终结果相当不满意的多方共同达成。遗憾的是，自私型决策几乎都是为了项目最大投资者的最佳利益而制定，因为项目团队害怕如果投资者撤出而不再支持项目，项目可能被取消。

10.11　决策——工具与方法

我们每天都会制定决策。我们甚至会使用决策工具，只是我们自己没有意识到而已。人们在日常生活中使用的决策工具和技术包括：

- 确定某个特定情况的利与弊。
- 选择发生概率最大的备选方案。
- 选择提供最大资金奖励的备选方案。
- 选择出现错误时损害最低的备选方案。
- 接受第一个看似能达成预期结果的方案。
- 遵循主题专家的建议。
- 抛硬币或其他随机或偶然的方法。

- 祷告、塔罗牌、占星术、占卜术、启示或其他形式的预言。

这些工具似乎过于简单，而人们还会使用更复杂的工具。

SWOT 分析

有多种复杂的工具可用作更复杂的决策工具。SWOT 分析着眼于特定形势下的优势、劣势、机会和威胁。SWOT 分析在创建伊始是一种战略规划工具，但如今也适用于解决项目或商业风险企业内部的复杂问题。SWOT 分析包括对问题或项目目标的澄清，并确定有利于和不利于实现这一目标的内部和外部因素。

SWOT 分析必须首先对手头问题定义其期望的最终状态或目标。

优势（Strength）：使团队有能力解决问题的特征。这可能包括技术知识和专业技能。

劣势（Weakness）：妨碍团队解决问题的特征。这可能是团队在技术能力上的欠缺。

机会（Opportunity）：问题得到解决的外部机会。

威胁（Threat）：外部风险，或环境中的要素，或可能给项目或业务带来麻烦的相关方。

优势与劣势分析是指**内部**的优势和劣势，关注的是内部资源解决问题的能力。机会与威胁分析是指如果问题已解决/未解决，可能发生的**外部**结果。优势与劣势分析表明你“能做”的事，并且这必须在你进行机会和威胁分析前发生，也就是表明你“应当做”的事。制定出能满足相关方的优秀备选方案是很棒的，只要你有合格的资源来完成它。

帕累托分析

帕累托分析是一项决策中的统计技术，用于选出产生显著整体效果的有限数量的任务，如某个问题的解决方案。此分析法使用帕累托法则——完成 20% 的工作，可产生 80% 完成整个工作的有利条件。在质量改进方面，绝大多数问题（80%）由少数关键原因（20%）所造成。在问题解决方面，80% 期望的解决方案可通过 20% 的工作来取得。

当许多行动路线相互竞争以取得解决方案时，帕累托分析是一项正式且非常有用的技术。从本质上说，问题解决者预估每项行动的收益，然后选择若干最有效的行动以产生接近最大可能的总收益。

帕累托分析是一种观察问题原因的创造性方式，因为它有助于激发思考和整理思路。但它会受到被其排除在外的问题的限制，有些问题最初很小，但随着时间推移逐渐变大。此分析法应当与其他分析工具结合使用，如失效模式与影响分析，以及故障树分析等。

此项技术可帮助确定 20%待解决问题的原因，以解决 80%的问题。一旦确定了 20%的原因，石川图或鱼骨图分析法之类的工具即可用来确定问题的根本原因。

多标准决策分析

多标准决策分析（Multiple-criteria Decision Analysis，MCDA）或多标准决策制定　（Multiple-criteria Decision Making，MCDM）是一门向决策者提供支持的学科，以帮助决策者应对大量及有时相互冲突的评估工作。MCDA 旨在强调问题解决过程中的这些冲突，并衍生出一种达成妥协的方式。这是一种直觉和系统性方法的结合。

与假设测量结果可用性的方法不同，MCDA 中的测量结果将通过衍生和主观解释，得出各种偏好的强度指标。不同决策者的偏好有所不同，因此结果取决于谁制定决策，以及他们的目标和偏好是什么。由于 MCDA 涉及特定的主观性元素，因此实施 MCDA 人员的道德和伦理会显著影响 MCDA 结论的准确性和公平性。当某人做出严重影响他人的决策，相对于个人决策，这方面的伦理问题是非常重要的。

如今人们正在使用多种 MCDA/MCDM 方法。然而，对于相同的问题，不同的方法通常会产生不同的结果。换句话说，当使用不同的 MCDA/MCDM 方法处理完全相同的问题数据时，此类方法会建议不同的解决方案，即便针对非常简单的问题（需要极少的备选方案和标准的问题）。选择哪种模型最合适取决于手头的问题，并可能在一定程度上依赖于决策者是否对选取的模型感到舒适。上述所有方法，以及未列出的方法，甚至未来将出现的方法，面临的共同问题是如何评估方法的有效性。

配对比较分析

在配对比较分析（也称配对选择分析）中，我们将备选决策进行两两比较以了解相对重要性。备选方案经过比较后统计结果并找到最终胜者。此过程首先需要确定一系列合理方案。每个方案都与另一方案进行比较，以确定每种情况下的首选方案。结果需进行记录，得分最高的方案为首选方案。此项技术可通过个人或小组方式实施。它可能包括用于指导比较的标准，或者基于根据小组开放讨论后的直觉而做出决策。我们可构建配对选择矩阵或配对比较矩阵来协助进行此类分析。

决策树

决策树是一种决策支持工具，它由树状图或决策模型以及可能产生的后果（包括偶然事件的结果、资源成本和效用）构成。这是一种显示决策算法的方式。决策树是帮助你从多条行动路线中做出选择的绝佳工具。决策树提供了一种高效的树形结构，你可在其中放置选项并调查选择这些选项时可能得到的结果。对于与每条可能的行动路线相关联的风险和奖励，决策树还可帮助你形成平衡的认识。

决策树常用于运筹学，尤其是决策分析中，以帮助确定最可能达成目标的最佳方法。在众多决策支持工具中，决策树（和影响图）具有多项优点：

- 容易理解和解释。在进行简要说明后，人人都能理解决策树模型。
- 放置问题，以便所有选项都可进行分析。
- 能让我们看到制定决策的结果。
- 少量硬数据也有价值。重要见解的产生可依据专家描述现状（其备选方案、概率和成本）以及他们对成果的偏好。
- 使用白盒模型。如果给定的结果由某个模型提供，则对此结果的解释可通过简单的数学运算进行轻松复现。
- 可与其他决策技术结合使用，如概率树。

影响图

影响图（Influence Diagrams，ID）（也称关联图、决策图或决策网络）是一种紧凑的决策状况的图形和数学表示方式。它是决策问题的简单的可视化表现形式。影响图提供直观的方法以确定并显示基本要素，包括决策、不确定性和目标，以及它们如何相互影响。它是泛化的贝叶斯网络，其中概率推理问题和决策问题（遵循最大预期效用准则）都可被建模并解决。影响图在展示域的结构（决策问题的结构）方面非常实用。影响图包括四类节点（决策、机会、确定性和价值）以及两类弧线（影响弧和信息弧）。

ID 最早于 20 世纪 70 年代中期在决策分析社区中采用易于理解的直观语

义开发完成。现如今，ID 已被广泛采用，并正逐渐替代决策树，因为后者通常在每个变量被建模后分支数呈指数级增长。ID 直接适用于团队决策分析，因为它允许团队成员间共享不完整的信息以供直接建模和解决。ID 的扩展还可作为博弈论中博弈树的另一种表现形式。

作为不确定性下制定决策的图形辅助工具，ID 描绘了在做出选择时哪些是已知或未知的，以及其他变量和选择中每个变量的依赖或独立（影响）的程度。它代表了一种在无歧义条件下的现象或状况的因果关系，有助于人们在关键问题上达成共识。

亲和图

亲和图是一种将语言信息归纳整理为视觉图像的技术。亲和图以具体的创意开始，可帮助你应对更广泛的创意类别。这与因果图是正好相反的，后者从广泛的原因开始逐渐向具体的细节迈进。你可以使用任何一种方法来探索问题的方方面面。亲和图可帮助你：

- 对促成问题的一系列因素进行归纳整理，并给出结构化的表示方式。
- 确定最需要改进的关键领域。

当存在大量数据时，此技术非常实用。亲和图是用于归纳整理创意和数据的商业工具。此工具通常用于项目管理中，可将源自头脑风暴的大量创意按类别分组，便于审查与分析。亲和图的优点包括：

- 为大型或复杂问题添加结构。
- 将复杂问题分解为大类。
- 就问题的解决方案达成一致意见。

博弈论

博弈论模型或博弈，当应用于项目管理中的问题解决和决策时，让我们能够这样解决问题：依赖他人的选择而做出个人的成功选择。简单地说，此项技术考虑了外部参与者的反应。它可用于了解客户和相关方对选定的备选方案分别做出怎样的回应。

它不仅用于项目管理，还可用于社会科学（尤其是经济学、管理学、运筹学、政治学和社会心理学）以及其他的形式科学（逻辑学、计算机科学和统计学）和生物学（尤其是进化生物学和生态学）。博弈论最初为分析竞赛而开发，一方的所得必然正是另一方的损失（零和博弈），如今它已根据若干标准，被扩展至处理广泛事物间的相互作用。这使得博弈论能够适用于项目管理，特别是存在多个相关方且每个相关方都有竞争性需求的复杂项目。

成本效益分析

对于涉及财务决策的问题，成本效益分析非常有用。某个问题的备选方案，通常是那些收获效益的价值胜过取得效益所需成本的方案。成本效益分析考虑的因素包括：

- 投资回报率
- 净现值
- 内部收益率
- 现金流
- 回收期
- 市场份额

其他需要考虑但更难量化的参数包括：

- 股东和相关方满意度
- 客户满意度
- 员工留任
- 品牌忠诚度
- 上市时间
- 业务关系
- 安全性
- 可靠性
- 声誉
- 商誉
- 形象

名义工作小组

- 适用于项目管理的工作小组或名义工作小组，可以是研究人员的跨学科合作，也可以是为确定和/或解决问题而召集的主题专家。小组可以是外部顾问或承包商。工作小组的生命周期可以是一天或数周。一旦完成指派的任务，此类小组更倾向于成为一种准永久的存在；因此当工作小组提供了最初问题的解决方案后，该小组需要被解散（或淘汰）。

- 工作小组会聚集某个主题的专家（或未来的专家）一同进行深入细致的工作。这不是向新手介绍某主题的途径。有时，小组会认可经验极少但拥有极大热情的人。然而，此类参与者应当作为观察员，并且应是少数派。
- 当务之急是让参与者认可并理解工作小组的目的是成为一种合作与参与的论坛。参与者代表来自社区不同部门的相关方的利益和观点，他们碰巧在问题的解决方案中拥有既得利益。因此，维持与加强与有关各方的沟通至关重要（这一职责具有两面性——相关方期待共享他们在此问题上所拥有的信息、知识和专业技能）。
- 每位工作小组的成员会被要求提出解决方案供小组其他人员分析，并且要愿意接受建设性的批评意见。工作小组的优势通常是快速达成合理的决策，但缺点是可能并未考虑到所有的备选方案。

德尔菲技术

德尔菲技术是一种结构化的沟通方法，最初作为一种依赖专家小组的系统化、交互式预测以及问题解决的方法而开发完成。专家们不知道小组内其他成员是谁，并且所有回答均以匿名方式提供。

在标准版德尔菲技术中，专家需回答两轮或更多轮问卷。每轮问卷回答结束后，主持人提供上一轮专家预测（或问题的解决方案）的匿名汇总信息，以及他们为各自的判断所做的解释。因此，德尔菲技术鼓励专家们根据小组内其他成员的反馈修订自己先前的答案。专家们认为，在此过程中回答的范围将逐渐缩小，小组最终将收敛到“正确的”答案上。如果收敛未发生，则小组需为下一轮问卷选择五个最佳的备选方案。随后在下一轮中，选择三个最佳的备选方案。随后在接下来的一轮中，选择两个最佳的备选方案。最终，此过程在到达预定的停止标准（如回合数量、达成共识和结果稳定性）后停止，最终轮的平均值和中值将决定最终结果。

德尔菲技术依据以下原则：来自结构化小组的预测（或决策）比非结构化小组更加准确。用术语来表达，即“集体智慧”。此项技术的优点是参与者可自由提供他们的反馈，而不会遭到他人的偏见或公开批评。所有人都能自由地表达自己的意见。缺点是此过程比较耗时（时间对大多数项目而言非常宝贵），并且最佳的方法是将两个或更多的备选方案相结合，而非强制成员只选择一种备选方案。

其他决策工具

业界还有其他的决策工具，其中有些会需要更长的时间来执行。这些工具包括以下几种。

线性规划应用：此工具包括用于决策的管理科学和运筹学模型的应用。

试错法解决方案：对解决因果关系众所周知的小问题非常有用。

启发式解决方案：与试错法解决方案类似，但实验的目的是减少备选方案的数量。

科学方法：此工具用于解决与科学相关的问题，而且需要完成额外的实验以确认问题和/或假设。

问题解决环节通常仅涉及一种决策工具。大多数更复杂的工具十分耗时且成本高昂，同时使用多种此类工具会令人望而却步。

10.12 评估决策并采取纠正措施

任何人都能制定决策，但最难的是制定出正确的决策。决策者往往欠缺评价决策结果或影响的技能。项目经理一直认为，客户和相关方对正确决策的看法不同。

部分决策需要项目经理预测那些被决策影响的人会如何反应。在执行解决方案前征求反馈意见似乎很容易做到，但决策真正带来影响可能要在解决方案完全实施后才会显现。举个例子，作为新产品开发的一部分，市场部向项目经理表示，竞争对手刚刚推出了一款类似的产品。市场部认为我们必须为正在开发的产品增加额外的功能。因此项目团队加入了大量的“花哨功能”，导致产品的售价高于竞争对手，投资回收期拉长。当产品最终上市后，消费者并不认为增加的功能值得花额外的钱去购买。

在多个备选方案中做出选择时，我们并不总能评估或预测决策可能带来的影响。但在完整实施决策前征求反馈意见是有帮助的。

后果表是一种帮助你选择备选方案的工具，如表 10-1 所示。每个备选方案带来的后果通过多项因素进行测量，每个因素都属于竞争性制约因素。举个例子，某个备选方案对质量的影响是有利的，但对时间和成本的影响是不利的。大多数后果表中的影响级别都是定量而非定性的。风险也是需要考虑的因素之一，但对风险的影响通常以定性而非定量的方式定义。

表 10-1 后果表

备选方案	时间	成本	质量	安全性	总体影响
#1	A	C	B	B	B
#2	A	C	A	C	B
#3	A	C	C	C	C
#4	B	A	C	A	B
#5	A	B	A	A	A

注：A—影响程度高；B—影响程度中；C—影响程度低。

如果有 3 个备选方案和 5 种制约因素，则影响表中应有 15 格。当全部 15 项后果确定之后，需要将它们进行评级。我们可根据有利或不利的影响来评级。如果所有影响都无法接受，那么可能需要对备选方案进行权衡。这可能成为反复发生的过程，直至找到选定的备选方案。

准备后果表的人员是项目团队的成员，而非为解决特定问题作为主题专家加入的外部人士。项目团队成员了解估算技术与工具，这些是组织过程资产的组成部分，而组织过程资产可用于确定备选方案的影响。

为问题的解决方案准备多个备选方案是明智的。遗憾的是，最终选定的备选方案必须予以实施，而这也可能导致问题发生。

分析影响的方法之一是创建影响实施矩阵，如图 10-1 所示。每个考虑过的备选方案都对会项目起到或大或小的影响。同样，每个备选方案的实施也可能或难或易。

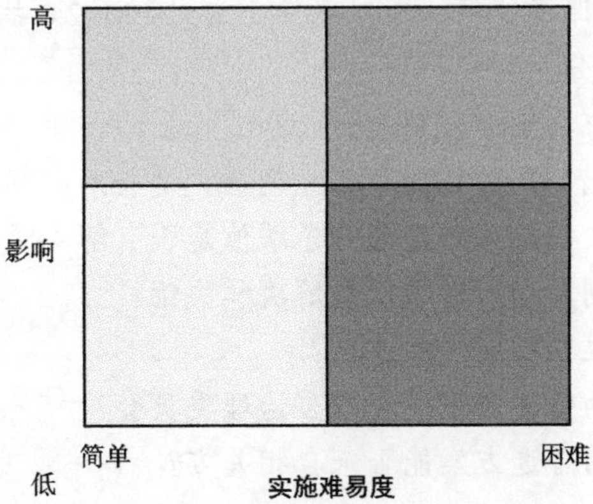

图 10-1 影响实施矩阵

每个备选方案都可确定其适用的象限。最显而易见的选择应当是影响小且易于实施的备选方案。但在现实中，我们通常无法在此象限中找到很多的备选方案。

实施解决方案的时间

我们都参加过问题解决会议并听取团队成员带来的优秀的（通常是惊艳的）解决方案。每个人都会变得迷恋解决方案的光彩，但似乎没有人关心解决方案需要多久才能实施。在时间的消耗方面，实施解决方案将远多于制定决策。

我们应考虑的问题包括：

- 我们是否必须更改我们的计划/基准，如果是，需要多长时间？
- 取得批准的额外拨款需要多长时间？
- 具备所需技能水平的资源可在需要时使用吗？
- 能否加班工作？
- 采购我们需要的那些材料需要多长时间？
- 在开始实施前，需要进行额外的评审和会议吗？
- 当我们实施解决方案时，需要进行额外的评审和会议吗？
- 简单地说，决策容易，而实施决策通常很困难并且很耗时间。

讨论题

以下讨论题供课堂使用，用以激发小组对 PM 2.0 的思考。大多数问题的答案不存在对错之分。

1．问题解决与决策的区别是什么？
2．与决策相比，是否有的项目经理会更擅长问题解决，或反之亦然？
3．高管如何在挑选项目经理时了解他是否有解决问题和/或决策的能力？
4．创造力和创新如何影响问题解决和决策？
5．谁负责批准项目经理的决策？
6．解决问题的备选方案能否来自治理委员会？
7．解决问题的备选方案能否来自相关方？

8．相关方要求实施一项解决方案，而项目经理认为他无法实施该方案，请问该如何处理此种情况？

9．你认为用于问题解决的最佳工具是什么？

10．你认为用于决策的最佳工具是什么？

第 11 章

项目管理的需求

11.0 项目管理成熟度模型的背景

如我们在第 1 章中所讨论的，PM 2.0 的特征之一是公司对组织级项目管理成熟度的愿望。成熟度模型能帮助公司为未来做好准备，而非仅着眼于现在。要理解这一点，你必须首先了解怎样才能做好项目管理工作。拥有企业项目管理方法论并不一定会带来成熟度。将政策和程序融入整个方法论也无法保证带来成熟度。即便遵循《PMBOK®指南》也无法确保成熟度。

基于相对刚性的政策和程序的项目管理方法论应运而生，因为管理层希望项目在规划、进度计划和控制的方式上实现标准化。这是非常必要的，因为高管们担忧的是他们的项目经理做出正确决策的能力。标准化产生的问题是它通常将人们带出自己的舒适区，并且人们在参与项目时必须以不同的方式工作。被要求在自身舒适区外工作的人并不喜欢在项目团队内工作，他们期待项目尽快结束，这样就可以回到先前的工作状态。

项目管理卓越似乎源自四大关键组件：

- 有效的沟通
- 有效的合作
- 有效的团队协作
- 信任

考虑到这一点，大多数成熟度模型中明显行为远多于量化。这是 PM 2.0 的重要特征之一。人管理项目；而方法论起到支持工具的作用。你可以拥有全世界最优秀的方法论，但仍无法达到一定水平的成熟度，这是因为人的正确行为并未到位。当大家以正确的方式通力协作时，项目管理的成熟度就会出现。成熟度模型中的评估工具应侧重于人与人之间的交互，而非仅仅是人与工具间的交互。

11.1 使用成熟度模型的一些益处

多年来，高管们已经看到正确运用项目管理技术所带来的益处。随着高管对项目经理的能力表现出更多信任，刚性的方法论已被表格、指南、模板和核对单所替代。如今，在项目初期，项目经理将穿行在“自助餐厅”中，从餐架上挑选那些适合项目和客户的表格、指导方针、模板和核对单。如果项目经理相信此项目的风险极低，那么项目经理可能不愿遵循甚至使用《PMBOK®指南》中风险管理的相关内容。如今，项目经理在如何应用项目管理实践以满足客户需求方面拥有更多的自由空间。这会提高客户满意度并吸引回头业务。这是 PM 2.0 可期待获得的益处之一。

即便拥有这种新的自由空间，项目经理仍需认识到行为成熟度模型评估的重要性。该模型聚焦于有效沟通、合作、团队协作和信任。行为评估表明员工是否认为他们正在自己的舒适区内工作。如果正确地进行持续改进，并且员工对自己的舒适区很满意，那么项目管理成熟度可迅速达成。本章讨论的成熟度模型的重点是：人管理项目；人管理工具；工具本身既不管理人，也不管理项目。正如一名前空军中将所说，“你绝不能让工具控制握住它的那只手”。成熟度模型当然应当评估组织是否已将合适的工具部署到位。但在我看来，关注重点更应落在行为评估上。

11.2 确定所需的成熟度

一家公司所需要的成熟度应由客户驱动，而非内部驱动。当承包商允许其客户变得比自身更加成熟，则很可能发生非常不利的结果。这些结果包括：客户告诉承包商工作应该如何完成；客户会自行完成工作；客户会在竞标过程中寻找更为成熟的承包商。因此，重度依赖外部客户作为营收流的公司（如项目驱动型公司）决不应允许其客户达成比自身更高的成熟度。对这些公司而言，项目管理成熟度是赖以生存的重要指标，并且使用成熟度模型是强制要求。

如今，公司应当愿意执行频繁的自我评估，以确保公司正持续自我改进并已达到一定的成熟度水平。在竞标活动中，客户会要求承包商展示其组织在项目管理上的成熟度如何。最终赢得和失去潜在合同之间的差异就是成熟度评估。

11.3 准备工作

从他人的错误中吸取经验教训总好过自己吃一堑长一智。以下经验教训是我们应当学到的。首先，项目管理成熟度的战略规划是至关重要的，甚至是必不可少的。如果没有某种项目管理成熟度（战略规划）模型的指导，仅凭从错误中吸取经验教训，那么实现成熟度可能需要数十年时间。所有的项目管理成熟度模型都是某种形式的战略规划。其次，成熟度发生必须依靠企业的承诺（特别是高管层），高管还必须看到在合理的时间内达到定义的成熟度水平所带来的“价值”。绝大多数成熟度模型中都存在与此相关的评估问题。再次，必须设立专门的组织对成熟过程加以驱动，这通常会成为 PMO 的职责。评估和持续改进过程由 PMO 牵头的公司，与没有 PMO 参与的公司相比，实现成熟度水平的速度通常更快。

11.4 事情会出错

除我们之前讨论过的行为问题外，还有其他几项因素会妨碍公司实现成熟度。这些因素包括：高管没有看到项目管理或项目管理成熟度的价值；高管没有认识到项目管理成熟度已经成为具有竞争力的武器；高管没有意识到项目管理成熟度对客户和竞争对手的重要性；高管不愿意建立 PMO 来指导成熟过程；高管不愿意投入足够多的资源来实现成熟度。很显然，以上五项因素有个共同点：高管。因此，近几年来高管教育一直是当务之急。高管必须将投资回报率视为使用评估工具的成果。成熟度模型中包含高管期望与参与的评估问题，这再一次强调了行为评估的重要性。

11.5 选择合适的成熟度模型

市面上有多种项目管理成熟度模型。虽然它们有着不同的方法，但最终目标是相同的：成熟度！我们需要根据已分配的时间、可用资源的数量、客户的压力、竞争对手的成熟度水平，以及公司是项目驱动型还是非项目驱动型的，来确定哪种模型适合某家特定的公司。

现今已有多篇已发表的文章以及硕士/博士论文能够为多种模型制定标杆。虽然我有些偏爱本章中使用的模型，但仍存在其他用于成熟度评估的模型。重要的不是你选择了哪种模型，而是你正在实施评估的事实。在我看来，无论是市场中的哪种模型，如果使用得当，都可带来某种类型的价值。

我们必须考虑两大主要组件：简单性和评估能力。已发表的有关成熟度模型标杆对照的文献可能包含数十个组件，其中许多都属于特定行业，但这两大组件就像发令员一样至关重要。使用复杂度模型很可能吓跑高层管理者，因为他们无法确定实现成熟度所需的时间和资源。在成熟度模型中，复杂性将引起逃避的发生。对能力而言，我们需要评估工具来确定需要改进的地方，并展示目前取得的进展以及项目管理中的持续改进措施正在为企业增加价值。

11.6　实现成熟度的估算时间

经验表明，要实现更高层级的成熟度（而非持续的高管支持），最重要的力量是在早期就建立 PMO。PMO 是成熟过程的主要驱动力。如果没有 PMO，则组织可能需要 3~5 年时间才能达成特定初始层级的成熟度。如果在早期设立 PMO 并为它指派合适的人员，那么此过程只需要 2 年时间。决定实现成熟度的时间框架的问题，很大程度上取决于人员对成熟度的定义，购买或开发工具的速度，以及对适当水平的项目管理教育的承诺。

任何组织都能开发实现成熟度的所有必要工具。但如果组织无法理解项目管理或使用这些工具的收益和价值，那么它真正实现了什么呢？成熟度不是工具或过程本身的发展。成熟度是有效地使用这些工具，并通过捕获到的最佳实践去持续改进这些工具的使用。每当公司询问投入时间和金钱来获得的成熟度是否值得时，答案是非常简单的。你知道要实现一定水平的成熟度需要花多少钱。但如果未能实现，那么成本或机会的损失有多少？很可能机会的损失会远远大于为实现成熟度而投入的成本。

11.7　项目管理成熟度的战略规划

所有公司都渴望在项目管理中追求卓越。遗憾的是，并非每家公司都能认识到，实施项目管理的战略规划可以缩短该实现成熟度的时间框架。如果只是简单地使用项目管理，即便时间宽裕，也无法实现卓越。这反而可导致重复的错误，更糟糕的是，只会自己吃一堑长一智，而不是从他人的错误中吸取教训。

与其他形式的战略规划不同，项目管理的战略规划通常在中层管理者而非高管层中实施。高管仍会参与，但大多情况作为支撑角色，并提供资金与员工的到岗时间。要确保中层管理者的建议不会导致对企业文化的不必要更改，高管的介入是必要的。

组织倾向于制订经过慎重考虑的计划，并像外科医生一样精准执行计划，通过这种方式为新产品和服务实施战略规划。遗憾的是，这样的项目管理战略规划如需彻底实施，需面对艰巨考验。然而，有些模型可用来协助实施项目管理战略规划，并在合理的时间段内实现成熟度和项目管理卓越。

11.8 项目管理成熟度模型

实现项目管理卓越的基础可描述为项目管理成熟度模型（Project Management Maturity Model，PMMM），它由五个层级组成，如图 11-1 所示。每个层级都代表了不同的项目管理成熟度。

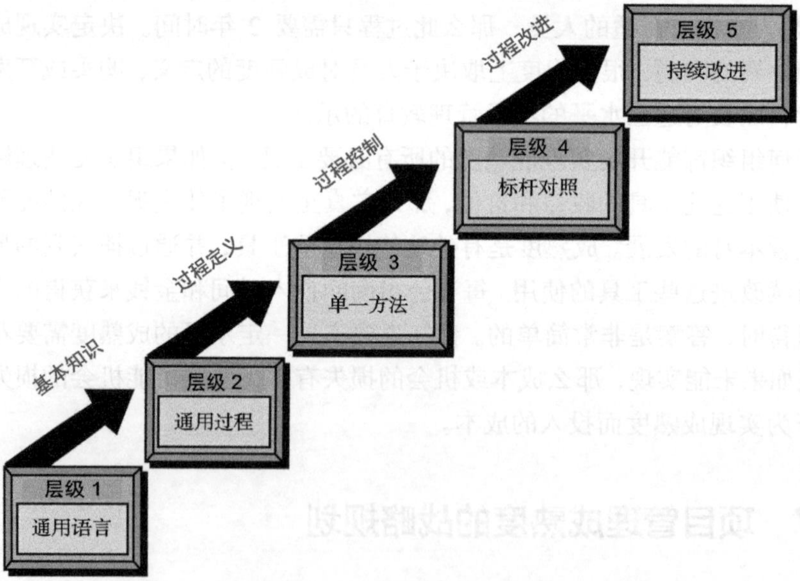

图 11-1　成熟度的五个层级

层级 1——通用语言：在此层级中，组织认识到项目管理的重要性与对项目管理基础知识深入理解的需求，以及随之产生的语言/术语。

层级 2——通用过程：在此层级中，组织认识到需要定义和开发通用的过程，使得这些过程在一个项目上取得的成功可重复用于其他项目。此层级中还包括认可已应用的项目管理原则，以及支持公司采用的其他方法论。

层级 3——单一方法：在此层级中，组织认识到将所有企业方法论结合为单一方法论的协同效应，单一方法论的中心就是项目管理。这种协同效应也会让采用单一方法论管控过程比多个方法论更加简单。

层级 4——标杆对照：在此层级中，组织认可了过程改进对保持竞争优势而言是必需的。标杆对照必须持续地加以实施。公司必须决定标杆对照的人选和内容。

层级 5——持续改进：在此层级中，组织评估通过标杆对照取得的信息，然后必须确定此信息是否能改进单一方法论。

当我们谈论成熟度层级（甚至生命周期阶段）时，存在一种共同的误解，即所有工作必须按层级顺序完成（按序列完成）。这未必是正确的。特定的层级间可有所重叠，重叠的幅度取决于组织愿意承受的风险数量。例如，一家公司开始制定项目管理核对单以支持方法论，与此同时它仍能向员工提供项目管理培训。公司可在进行标杆对照前创建项目管理卓越中心。

虽然重叠会发生，但每个阶段完成的顺序不会改变。例如，即便层级 1 和层级 2 相重叠，层级 1 仍需在层级 2 完成前完成。多个层级的重叠也会发生，如图 11-2 所示。

层级 1 和层级 2 重叠：此种重叠之所以会发生，是因为组织可在对通用语言进行改进或培训的同时，开始制定项目管理过程。

层级 3 和层级 4 重叠：此种重叠发生的原因是，当组织正在制定单一方法论时，方法论改进过程的规划也在进行中。

层级 4 和层级 5 重叠：随着组织越来越致力于标杆对照和持续改进，组织所希望的变更实施速度会导致这两个层级发生显著的重叠。

从层级 5 到层级 4 和层级 3 的反馈（见图 11-3），表示这三个层级构成了持续改进回环，并且这三个层级都可能发生重叠。层级 2 和层级 3 通常不会发生重叠。可能出现部分层级 3 的工作在层级 2 完成前开始，但这种情况极少发生。一旦公司致力于推行单一方法论，那么其他方法论的相关工作通常都会终止。此外，公司可在生命周期过程的早期创建项目管理卓越中心，但直到后期才会获得全面收益。

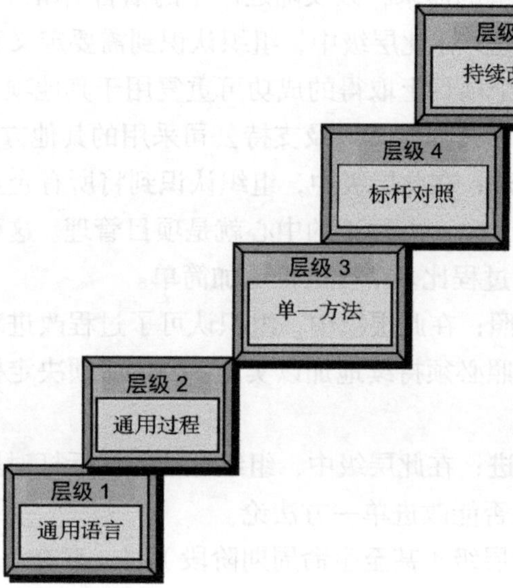

图 11-2　层级重叠

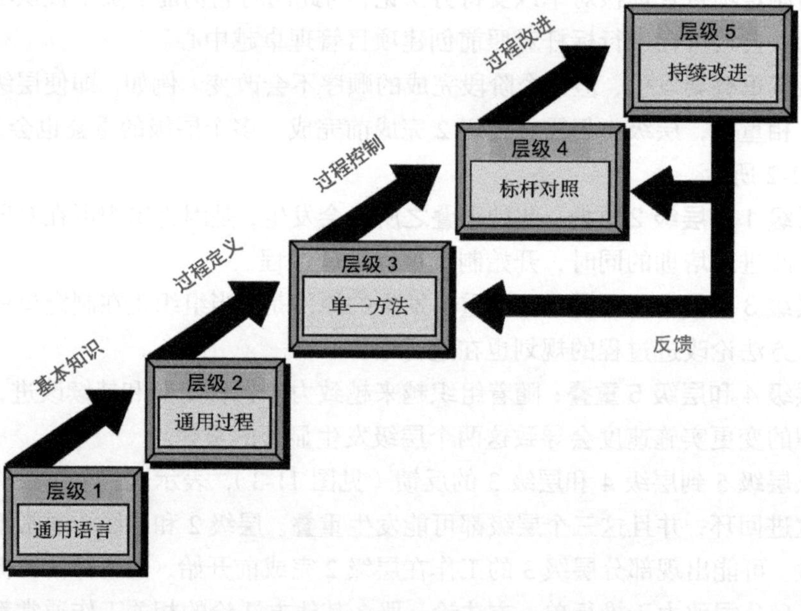

图 11-3　包含反馈回路的成熟度的五个层级

风险能够被指派到 PMMM 的每个层级。为简单起见，风险级别可标记为低、中和高。风险级别通常与风险对企业文化的影响挂钩。三种风险级别的定义如下。

低风险：对企业文化几乎没有影响，或者企业文化是动态的，可随时接受变更。

中风险：组织认识到变革是必需的，但尚未意识到变革带来的影响。向多个上级汇报就是中风险的例子。

高风险：当组织认识到因实施项目管理而带来的变革会导致企业文化发生改变时，即代表高风险已发生。高风险的例子包括创建项目管理方法论、政策和程序，以及权力和决策权下放等。

对组织而言，层级 3 具有最高的风险级别以及困难度。每层级的困难度如表 11-1 所示。当组织已达成层级 3 时，实现更高层级成熟度所需的时间和举措的困难度会较低。

然而，达成层级 3 需要企业文化的重大转变。

表 11-1 每层级的困难度

层　级	描　述	困难度
1	通用语言	中
2	通用过程	中
3	单一方法	高
4	标杆对照	低
5	持续改进	低

11.9 PM 2.0 对 PMMM 的输入

成熟度模型需要根据项目管理的变化进行更新。PM 2.0 的成长已经给 PMMM 带来了四次转变：

- 理解度量指标和度量指标管理计划如何影响成熟度过程（见图 11-4）。
- 理解委员会治理如何影响成熟度过程（见图 11-5）。
- 理解商业价值作为成功标准和可能的制约因素，如何影响成熟度过程（见图 11-6）。
- 理解领导力（如变革型项目所需要的领导力）的变化如何影响成熟度过程（见图 11-7）。

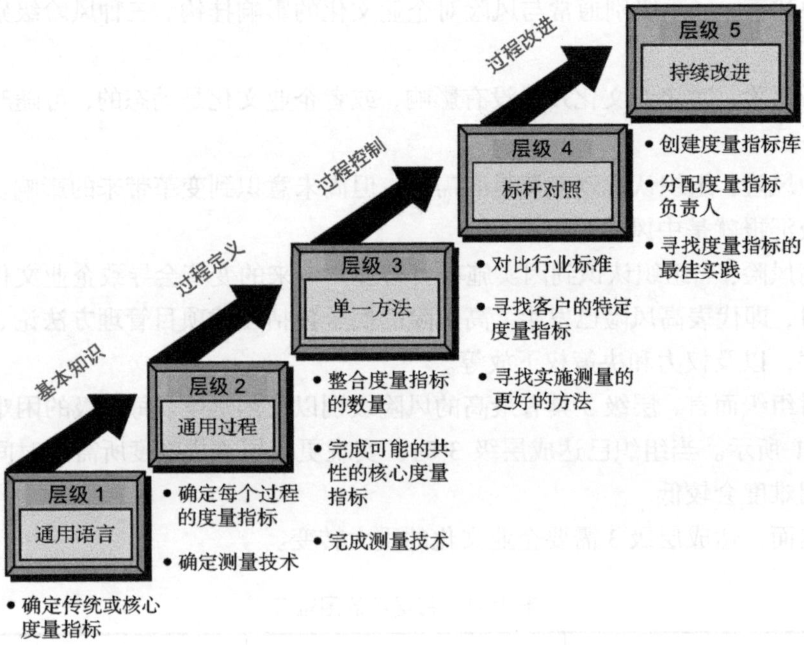

图 11-4　度量指标管理对成熟度的影响

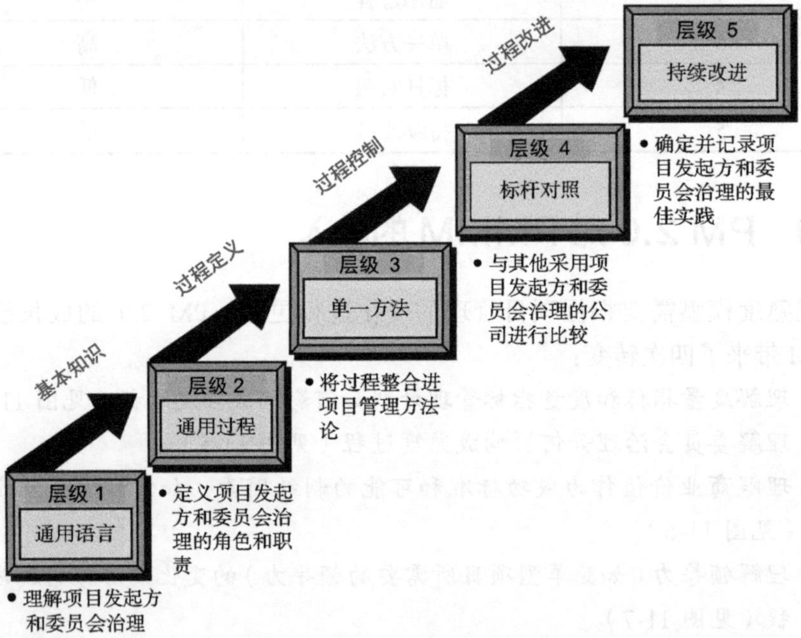

图 11-5　委员会治理对成熟度的影响

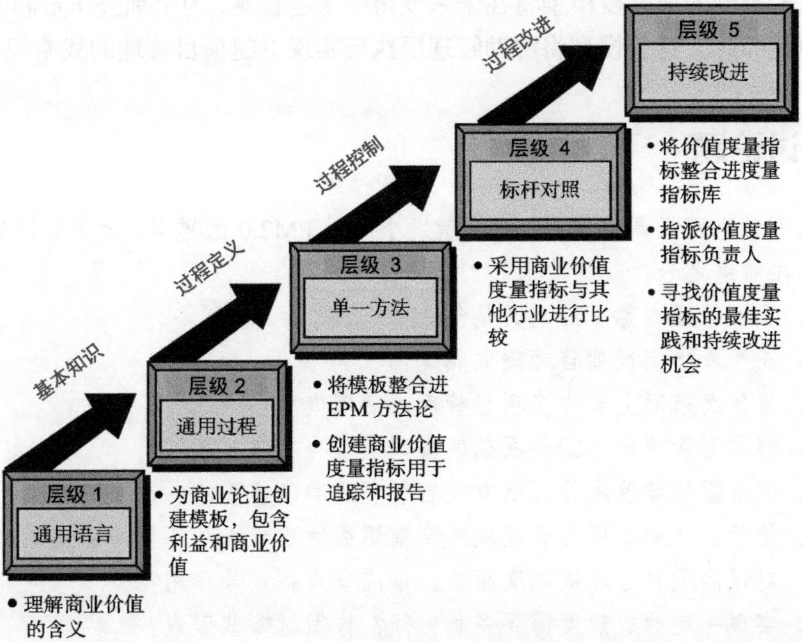

图 11-6　商业价值对成熟度的影响

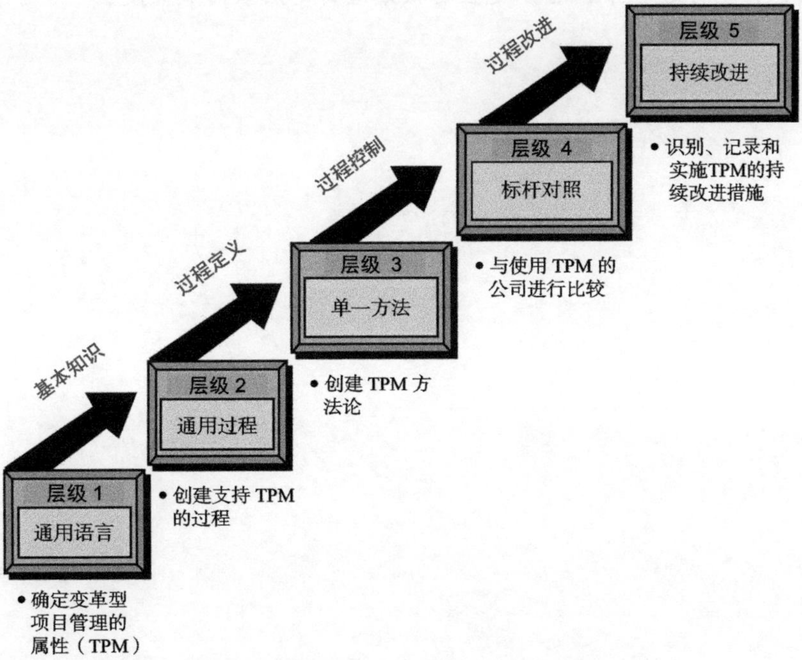

图 11-7　变革型领导力对成熟度的影响

这些类型的成熟度模型将在未来变得越来越普遍，为个别公司定制的通用模型也是如此。这些模型将协助管理层执行实现卓越项目管理的战略规划。

讨论题

以下讨论题供课堂使用，用以激发小组对PM2.0的思考。大多数问题的答案不存在对错之分。

1. 项目管理成熟度的定义是什么？
2. 能否最终实现项目管理成熟度？
3. 为什么市面上有许多项目管理成熟度模型？
4. 哪些因素决定了哪种成熟度模型最适合某家公司？
5. 你希望持续改进作为所有项目管理成熟度模型的一部分吗？
6. 是什么导致了项目管理成熟度模型失败或带来了不恰当的结果？
7. 对评估项目管理成熟度而言，谁应当发挥领导作用？
8. 实现一定的成熟度需要多长时间？你做过哪些假设？
9. 在项目管理成熟度工作中，高级管理层的角色是什么？
10. 在竞标过程中，客户是否有权期望特定层级的成熟度？

第 12 章

让 PMO 成为推行 PM 2.0 的先锋①

12.0 简介

组织中必须有人担起重任，为推行 PM 2.0 而不懈努力。这一重任将落在 PMO 的肩上。在特定 PMO 中实施 PM 2.0 的实践会更加容易，但仍有多种类型的 PMO 都可带头完成这一使命。无论哪种 PMO 负责推行 PM 2.0，我们总会遇到障碍。

如今，公司正通过项目来管理它们的业务，其结果是庞大的项目管理信息从公司的各个领域逐渐浮现。这些信息专注于项目管理的最佳实践、具备一定灵活性的企业项目管理方法论的有效性、项目管理的收益、如何在项目管理中以最佳方式实施改进，以及项目管理如何对公司的盈利能力起到有利影响。随着公司开始认识到项目管理对绩效有着积极的影响，所有这些项目管理知识都将被视为知识产权。公司已将目光聚焦于达成项目管理中的专业化，方式是将项目办公室（Project Office，PO）或 PMO 作为项目管理知识产权的守护者。PO 或 PMO 的概念很可能是这 10 年中最重要的项目管理活动。

① Some of this chapter has been adapted from H. Kerzner, *Project Management: A Systems Approach to Planning, Scheduling, and Controlling*,11th ed., Wiley, Hoboken, NJ, 2013, Chapter 23.

12.1 传统型项目办公室

在早期的项目管理中，大型项目由 PO 进行管理。PO 由项目经理和助理项目经理组成。当时所谓的 PO 专注进行的项目有且仅有一个，因此其关注的客户也有且仅有一个。

所有 PO 都必须遵循同样的项目管理方法论，但每个 PO 对每位客户的服务都实施专有的政策和程序。对标准政策和程序的变更必须由项目发起人批准。在某些项目中，分配到 PO 的人员如果不首先经过项目发起人，就无法与客户直接沟通。

某些最佳实践被记录下来，但这些实践都与同一位客户的交互相关。即便最佳实践有可使其他项目受益的机会，信息也很少进行交换，因为不同的 PO 之间没有交流。多个 PO 通常为同样的资源相互竞争，决策的制定是为了取得项目的最佳利益，而非整个公司的最佳利益。

12.2 传统 PMO

随着时间的推移，使用项目管理的优势从曾经的仅适用于航空航天、国防和重型工程行业，转变为现如今同样适用于其他行业。在 20 世纪 90 年代后期，随着项目管理的诸多优势逐渐明显，管理层认识到项目管理对整个公司（而非单个项目）的企业盈亏底线带来了显著的有利影响。这使得管理层得出了两个重要结论：

- 项目管理必须被视为职业道路上的重要位置。
- 公司内部必须存在集中化的团体，以便于在项目管理中推行持续改进活动。

上述第二点使得 PMO 的概念得以创立。传统 PO 致力于进行单个项目，而 PMO 要为整个公司做贡献，并且需要支持所有项目。所有与项目管理相关的关键活动可考虑在 PMO 的监督下进行。这包含以下主题：

- 估算的标准化。
- 规划的标准化。
- 进度计划的标准化。
- 控制的标准化。
- 报告的标准化。
- 项目管理角色和职责的澄清。

- 项目经理职务说明的制备。
- 经验教训存档数据的制备。
- 持续的项目管理标杆对照。
- 制定项目管理模板。
- 制定项目管理方法论。
- 建议并执行变更及对现有项目管理方法论的改进。
- 确定项目管理标准。
- 确定项目管理最佳实践。
- 执行项目管理战略规划。
- 建立项目管理问题解决热线。
- 协调和/或进行项目管理培训计划。
- 通过培训和辅导传授知识。
- 制定企业资源容量/利用计划。
- 评估项目风险。
- 规划项目中的灾难恢复。
- 执行或参与项目组和管理。
- 作为项目管理知识产权的守护者。

这些变化正在发生，一些组织已经开始将 PMO 更名为项目管理卓越中心（Center of Excellence，COE）。COE 主要负责为内部相关方提供信息，而非实际执行项目或中途为计划进行修正。PMO 被视为管理费用，而非项目的直接人工费用。PMO 的使命是规划项目管理的未来，而非单个项目的盈利能力。

12.3　实施风险

分配给 PMO 的每项活动都有其优点和缺点。大多数缺点归咎于阻力的增加，而这些阻力来自分配给 PMO 的新职责。大部分阻力来自高管层面，许多高管害怕控制 PMO 和所有知识产权的高管比其他高管权力更大。另一种担忧是 PMO 可建立项目管理政策和程序，并强制高管的职能团体更改他们开展业务的方式。

为简单起见，阻力水平可分为低风险、中风险和高风险，定义如下。

低风险：权力和权威平衡的偏移量极小，对组织而言较容易接受。对企业文化几乎没有影响。

中风险：出现一些企业文化方面的阻力，可能存在一定程度的权力和权威平衡的偏移。阻力可在短期内以最少的工作量予以克服。

高风险：存在强大的阻力，某些权力和权威的关系存在明显偏移。需要强大的执行领导力才可克服阻力。

每个 PMO 的职责并不都相同。同样，在两个 PMO 中实施的相同职责也会具有不同程度的组织最佳利益。评估潜在实施风险是至关重要的。首先实施低风险活动能更轻松地让 PMO 的建立获得支持。低风险活动是指在短期内支持项目管理工作的运营活动，而高风险活动更加符合战略风险规划的职责，并可对敏感信息加以管控。例如，低风险活动包括辅导计划、制定标准和项目管理培训，而高风险活动包括能力规划、标杆对照和信息发布。

高级经理现在已经认识到项目管理和 PMO 已成为高管乃至基层人员的宝贵资产。

使用 PMO 给高管层带来的好处已变得非常明显。这些好处包括：

- 运营的标准化。
- 公司决策，而非孤岛决策。
- 更好的能力规划（资源分配）。
- 更快访问到更高质量的信息。
- 消除或减少公司"孤岛"。
- 更切实有效的运营。
- 减少重组的需求。
- 减少占用高管宝贵时间的会议。
- 更切合实际的工作优先级排序。
- 发展未来的总经理。

上述所有的好处都与项目管理知识产权直接或间接相关。为了维护项目管理知识产权，PMO 必须维护用于捕获数据的媒介，随后将数据发布到各个相关方。这些媒介包括公司项目管理内联网、项目网站、项目数据库和项目管理信息系统。此信息中的大部分对项目管理和企业战略规划都十分必要，因此 PMO 必须实施战略规划。

PMO 在企业的层级结构中已很普遍。大多数分配到 PO 的活动并未改变，但 PO 迎来了它的新使命：为整个公司提供支持。PO 如今正为公司服务，特别是战略规划活动，而非专注于特定的客户或仅仅是项目管理。PO 已转换为企业项目管理知识产权的控制中心。这是必要的，因为项目管理信息规模的成长速度几乎是整个组织的数倍。

12.4　专项 PMO

PMO 的概念让许多高管感到恐惧。除了恐惧 PMO 的逐渐强大，还恐惧 PMO 可能开始制定通常由高管制定的决策。

随着对 PMO 概念的阻力增加，有些公司创建了职能 PMO。此类 PMO 设立于组织的职能区域或职能部门，如信息系统部门。此类 PMO 的主要职责是管理关键资源池，也就是资源管理。PMO 无论实际管理项目与否，对于资源如何分配到其他项目将做出决策。另一个问题是，IT 人员在系统开发方法论中使用的生命周期与项目管理方法论中使用的生命周期不同。他们还认为由传统 PMO 制定的许多实践都不应强制他们接受并执行。

另一类专项 PMO 叫作客户组 PMO。此类 PMO 建立的目的是更好地进行客户管理和客户沟通，适用于为相同的客户管理多个项目。常规的客户或项目被聚集在一起，以便更好地进行管理及维持客户关系。多个客户群 PMO 可同时存在，并最终作为临时的组织运作。实际上，这很像一家公司内部的另一家公司。此类 PMO 拥有永久分配的项目经理并管理项目。

12.5　战略 PMO

此类 PMO 为整个公司提供服务，并重点关注公司和战略问题而非职能问题，但通常不被认为是专项 PMO。此类 PMO 将承担起 PM 2.0 活动全面实施的重任，而其他类型的 PMO 可实施 PM 2.0 的部分活动。如果此类 PMO 也管理其他类型的项目，则它是在为成本降低而努力。

战略 PMO 也可支持项目组合管理工作，或者已建立独立的组合 PMO。组合 PMO 与战略 PMO 都有责任使现有业务实践与传统项目管理实践保持一致，这是实施 PM 2.0 所必需的。在先前的章节中我们已经提到，项目经理现在需要做出项目和业务决策。此外，大多数企业的项目管理方法论现在都包括业务过程及项目管理过程。

一些公司已经取得维持组合 PMO 所带来的成功，此类 PMO 致力于管理项目组合。这也是 PM 2.0 的特点之一。这包括能力规划活动、项目优先级排序活动，以及向高管提供项目选择建议。此类 PMO 也对进行中的项目组合进行审计，甚至执行健康检查。组合 PMO 的优势是比较明确的。PMO 可使企业①：

- 为选取合适的项目和消除错误的项目而提供架构。
- 向合适的项目分配资源，从而减少浪费型开支。
- 使项目组合决策与战略业务目标保持一致。
- 根据逻辑、推理和客观性做出项目组合决策。
- 在合适的级别参与项目，在员工中创建主人翁精神。
- 为个人建立渠道，寻找机会并获得支持。
- 帮助项目团队理解他们所做贡献的价值。

12.6 PMO 间的互联

对 PMO 的控制存在政治斗争，因此许多公司都已建立了多个 PMO，这些 PMO 通过“协调”PMO 或主管 PMO 互联在一起。部分跨国公司建立了地区 PMO，将项目管理相关人员（项目经理、团队成员等）分组，每组人员在特定地区或特定领域履行项目管理职责。在此情况下，主管 PMO 的职责是：

- 推动企业项目管理方法论的实施。
- 推动标准项目管理工具的使用。
- 确保项目执行和交付过程的标准化。
- 维护项目管理主题专业知识来源。
- 协调跨国项目管理知识。

12.7 对项目治理的信任

对大多数公司而言，项目管理的起点是创立基于严格政策和程序的项目管理方法论。方法论的每个部分都必须适用于所有项目，即便某些特定步骤不是必需的。高管们并不信任项目经理能做出正确的决策，因此他们使用方法论提供项目管理的标准化并维持项目管理的控制权。大多数项目经理受到此方法论的约束，自由度受限。发起人的角色由中层管理者而非高层管理者担任，这是

① J. Pennypacker and S. Retna, Eds., *Project Portfolio Management: A View from the Management Trenches*, The Enterprise Portfolio ManagementCouncil, Wiley, Hoboken, NJ, 2009, p. xvi.

因为高层管理者害怕自己担任发起人而导致的项目失败，或者项目管理工作没有成效会对他们的职业生涯造成损害。

随着项目管理工作的进行和项目成功的显现，项目经理赢得了更多的信任。然而，随着 PMO 概念的发展，真正的信任被给予了 PMO。人们信赖项目经理制定出能满足项目最佳利益的决策，而 PMO 必须验证决策是否也满足公司的最佳利益。

PM 2.0 的主要特征之一是项目经理在如何管理项目以及如何制定必要的决策方面，有了更多的自由度。然而，除信任外，所有项目、项目集和项目组合活动都需要进行治理。根据 PMO 的类型，治理可在最高级管理者群体中出现。此外，公司已开始信任 PMO 相较于项目经理能够对多种项目风险做出更好的评估。

根据 PMO 类型的不同，项目发起和风险管理活动的级别也有所不同，如表 12-1 所示。

表 12-1　PMO 治理与风险

活　动	传统 PMO	战略 PMO	组合 PMO
项目发起	由中层管理者（偶尔由高级管理层）发起。PMO 可协助决策并审计方法论的合规性，但不协助发起	由事业部经理发起，但也可能根据项目的风险由更高层发起。PMO 几乎不协助发起，但会协助进行审计和风险管理	几乎所有项目发起都由包含每个事业部成员的治理委员会完成。风险管理几乎完全由 PMO 实施
发起方参与	以单个项目的最佳利益而做出决策，按需完成项目发起	项目的最佳利益，以及其与商业目标的一致性。按需完成项目发起	如果未能持续治理，则频繁参与
风险管理参与	主要由项目经理负责技术风险，发起人负责商业风险	主要是项目的商业风险，以及和战略目标的一致性	几乎完全由治理委员会和PMO完成
项目风险管理	PMO 按需参与	某些事业部按需参与	PMO 持续参与

如今，随着我们的项目变得更庞大、更复杂，项目发起将由具备专业商业风险评估能力的委员会完成。项目经理仍将参与风险管理评估，但可能无法获得与商业风险相关的所有必要信息。

12.8 PMO 可能失败的方式①

决定实施 PMO 是很简单的，但实施这项决策可能很困难，因为可能存在各种障碍。随着公司认识到对项目管理的需求，项目管理知识集中化的需求也逐渐明晰。遗憾的是，公司往往把重点放在可能发生的好事情上，而没有全面理解可能阻碍 PMO 成功建立的障碍。

简言之，就是“你想要的东西特别要小心对待”。

不清晰的使命宣言

公司希望建立 PMO，必须有正当的理由。很多时候，PMO 建立的目的要么是安抚项目经理，要么是认为公司必须跟随他们的竞争对手实施的做法。这是对 PMO 的好处缺乏远见的结果。

无论是何原因，必须有一份由一位或多位高级经理签署的清晰易懂的使命宣言。不清晰的使命宣言会导致项目失败。人们无法理解 PMO 所扮演的角色。同样，PMO 也无法理解他们自己的角色和职责，最终他们进行的活动可能与企业目标没有直接的关系。所有这一切都会导致项目方向缺失。例如，PMO 成员自行分配利己的项目工作，而非支持整体业务的项目工作。或者，他们投放大量资源支持单个项目，而忽略其他对 PMO 服务需求更大，或可为公司业务带来更高价值的项目。

使命宣言必须面向未来，而非仅关注当下。使命宣言的典型目的可包括以下内容。

对项目管理过程的持续改进：没有持续改进，组织就会变得自满且错失机会。

识别机会：PMO 必须帮助组织实现其战略目标。如未能识别机会，则组织需要担心的是今天而非未来。

变革管理领军人：识别机会和持续改进常常需要组织变革。除非 PMO 拥有在组织变革中发挥领导作用的必要技能，否则变革永不会发生，并且 PMO 也无法实现其使命。

---

① Adapted from D. A. Dell, PMP®, and H. Kerzner, “Ways that a PMO Can Fail,” *allPM*, April 14, 2014. Deborah Dell is the Director, IBMProject Management Center of Excellence.

无法专注于对业务的影响

PMO 的使命宣言应当是服务整体的业务需求，而不仅仅是选定项目的需求。因此，PMO 必须愿意制定满足业务和项目最佳利益的决策，并确保这些决策与业务战略和业务目标相一致。部分 PMO 更偏向于运营型而非战略型，但业务决策和业务战略的一致性必须依然存在。

PMO 应当努力为公司带来商业价值。如果公司无法认识到 PMO 创建的商业价值，那么 PMO 已经失败，并且最后可能被解散。

未能获得实施支持

决定实施 PMO 与在实施过程中获得支持相比要容易得多。有多项活动可分配给 PMO。部分活动列举如下：

- 项目管理的战略规划。
- 内部与外部的标杆对照。
- 降低成本和持续改进。
- 为新项目经理提供指导。
- 记录经验教训和最佳实践。
- 维护问题解决热线。
- 创建模板。
- 协助人力资源部门制定项目管理职业发展道路。
- 支持项目管理的教育和培训。
- 通过灾难恢复计划为项目提供协助。
- 评估风险。
- 支持客户关系管理活动。
- 在项目组合选取和管理期间，高管提供支持。
- 能力规划工作。
- 维护项目管理信息系统。
- 守护项目管理知识产权。

执行上述这些活动的顺序非常重要。例如，如果分配给 PMO 的第一项活动是支持战略规划活动，那么即便与项目管理相关，一些高管仍感觉 PMO 的存在让他们受到威胁，因为他们认为 PMO 现在将负责他们的部分工作。这会导致对 PMO 的支持力度降低。因此，以正确顺序分配 PMO 的活动至关重要，这样 PMO 才会获得支持。此外，做事情太多、太快也会导致 PMO 的失败。

确定 PMO 员工人数。

PMO 的人力配备很容易超额。几年前，一家公司确定了实施项目管理的需求，并创建了项目管理方法论。公司在与竞争对手的博弈中失掉了合同，因此在最短时间内提升项目管理能力就变得至关重要。

这家公司成立了员工数超过 50 人的 PMO。大多数员工均从各个事业部转到 PMO。事业部经理最终填补了所有空缺职位。

3 年后，这家公司创建了一套项目管理方法论，并相信他们在市场中已颇具竞争力。PMO 被看作成本中心，因为 PMO 员工的薪资成了公司管理费用结构的一部分。遗憾的是，在衰退的市场经济条件下，高管开始寻找降低成本的方法，自然会先从公司的管理费用结构入手。最终的决策是将 PMO 的员工人数减少到不足 15 人。而遗憾的是，公司内部不再有空缺职位可向这些员工提供，他们最终只能接受被裁员的事实。从那时起，人们开始认为被分配到 PMO 不再是职业生涯中的机会，因此对 PMO 的支持力度也减弱了。

当我们关注 PMO 的人力资源配备过剩时，其人力不足的风险也会出现。如果向 PMO 分配的工作过多而使员工无法承受，PMO 的有效性将成为讨论的议题，最终可能导致 PMO 解散。如果 PMO 无法带来预期的价值，那么解散的发生几乎是一定的。

成功的失败。

几年前，底特律的一家汽车供应商设立了 PMO，其使命愿景包括创建适用于汽车产品的世界级方法论。PMO 完成了任务，成功项目的数量不断增加。PMO 最终变得自满，并开始专注于让人们使用这套方法论。3 年后，高层管理者开始提问：这 3 年来实施了哪些持续改进措施？令他们吃惊的是，没有任何改进得以实施，因为组织已经变得自满。PMO 丢掉了自身对未来的愿景，而花了 3 年时间对现在忧心忡忡。当取得重大成功时，避免“无事生非”会成为自然倾向，因此 PMO 会继续按过去的方式工作。

当 PMO 变得停滞不前时，高管们会想知道为什么 PMO 还需要存在。大多数 PMO 的开支为管理费用而非直接人工费用，因此 PMO 被视为降低成本的机会。当 PMO 变得停滞不前时，人们会认为 PMO 已完成其使命并应当被关闭。

未能正确使用知识产权。

项目管理知识产权由以下要点组成：正确理解组织过程资产、对最佳实践的记录与后续使用、理解存储在项目管理知识系统中的信息，以及充分利用项目管理教育机会。此种知识产权旨在通过从他人已经完成的工作中吸取经验教训以提升自身的项目管理技能。

要使个人较好地掌握项目管理技能，有且只有两种方式：自己吃一堑长一智，或从他人的错误（来自向你提供的知识产权）中吸取经验教训。从自己的错误中总结经验教训是一个冗长且昂贵的过程。组织会愿意让一些项目失败，可能是部分失败也可能是全部失败，为的是学习经验教训。让项目失败是遗憾的，但这是项目管理早年的运作方式，且远早于 PMO 的诞生时间。项目管理知识是企业必须有效使用的知识产权。

伴随着表格、指南、模板和核对单的项目管理方法论的创立，有助于提供标准化和可重复性，但不一定会提供项目管理教育。相反，它提供的是一张路线图。组织必须给员工提供教育机会。

学习项目管理有多种方式：学院/大学课程、现场专业培训、知识转移及认证计划。高效的 PMO 会积极参与现场专业培训、知识转移及认证计划。PMO 必须确保课程内容以及讲师提供的教学案例对公司和/或行业而言是切实可行的，否则，员工可能反馈："内容不错，但不适合我们。"部分公司设立了认证委员会，负责审核批准所有认证计划，以确保其适合公司的教育目标。

大多数公司愿意为员工提供教育机会。在项目管理中，PMO 有责任确保提供正确的项目管理教学，以造福公司和员工。

未能收集知识产权。

知识转移来自经验教训和最佳实践的集合，从成功和失败中都可获得。PMO 是公司项目管理知识产权的守护者，必须确保信息被妥善收集并传达给员工。即使全公司上下都有最佳实践负责人，以及评估某件事是否为最佳实践的主题专家，PMO 的员工仍必须担负起收集和处置知识产权的领导作用。

当最佳实践未能正确管理时，人们最终只能从自己的错误（而非他人的错误）中吸取经验教训。错误经常反复出现，不仅来自同一部门的员工，还来自姊妹部门的员工。PMO 如未能收集知识产权，则会严重影响甚至阻碍持续改进工作的进行。

强制组织变革。

获取最佳实践和经验教训通常会带来组织变革。PMO 充当变革的领导者。并非所有的变革都是必要的。有些必要的变革可能需要推迟到未来的某个时间。强制推行不必要的组织变革或处理抵制变革的文化可能导致 PMO 失败。

不了解文化和需求。

人们往往不喜欢自己的舒适区发生变化。在这种情况下，人们非议 PMO 并建议其解散也并非罕见。在建议进行任何类型的变革前，PMO 必须了解人们的文化和需求。大多数人看似都理解变革需要发生，但他们真正关注的是变革如何发生、何时发生。

在一家公司里，PMO 对项目管理方法论实施了变革，其结果是决定若干原本通常由蓝领工人组成的部门，现在由项目的领导者组成。这家公司的 PMO 并未意识到，拥有某些哪怕再小不过的决策权会被部分蓝领工人视为发展的机会。从蓝领工人中拿走这项机会会导致 PMO 支持度的降低。

在另一家公司里，PMO 被要求为项目团队成员设立奖金系统。PMO 将系统投入使用，但未考虑到系统对蓝领工人薪资管理计划的影响。由于项目奖金的存在，一些被分配到项目团队的蓝领工人最终比他们的同事拿到更多的钱，即便这些同事拥有更高的薪酬等级。现在，蓝领工人争先恐后地争取加入项目团队，而没有去做他们日常的非项目工作。

使 PMO 成为利润中心。

几年前，一家拥有成熟 PMO 的公司发布了一则专注于未来的使命宣言。所有项目经理都被分配到事业部，却以“间歇”的方式向 PMO 报告以分享知识产权以及持续改进的工作。每个事业部的主管对事业部的盈亏负责，而此盈亏责任稍后就下放到每位项目经理手中。事业部被视为利润中心，而 PMO 被视为成本中心。

这家公司随后聘请了一位新总裁，他决定所有项目经理都必须集中化管理，并且以“持续”的方式向 PMO 报告。项目经理仍需要担负每个项目的盈亏责任。这一行为使 PMO 由成本中心转变为利润中心。PMO 的重心已经放在项目的盈利能力上。

这样的结果会是毁灭性的。提升盈利能力的短期努力导致长期持续改进措施被遗忘，项目管理教育被视为不必要的开支，PMO 已经失去了其身份。尽管拥有职级特权，公司总裁可以按他的意愿进行结构调整，但使得 PMO 变成利润中心将最终导致 PMO 的失败。

专注于单个项目的盈利能力。

事实上，大多数 PMO 无须承担盈亏责任，但他们仍需平等地支持所有项目，以实现公司盈利能力的最大化。如果 PMO 过分强调盈利能力，并以牺牲所有其他项目为代价支持单个项目，那么 PMO 将会失败。此状况会在某个项目“喊救命”的时候发生。PMO 员工也会回避自身的一些责任来支持某个项目。支持遇到麻烦的项目当然是正确的事，但对支持的力度应当施加一定的限制。

PMO 的人员编制不当。

市面上关于如何在 PMO 中工作的培训课程数量并不多。当被分配到 PMO 时，员工希望自己能具备必要的相关技能。有些人认为最重要的三大技能是过程技能、沟通技能和项目管理技能。人们常常会接受在没有充分了解 PMO 的职责与角色的情况下，临时被分配到 PMO 或永久分配到 PMO。有时，支持 PMO 存在的高管提供了含混不清的角色和职责需求，这导致不适合的人被分配到 PMO。

项目经理相当擅长使用项目管理术语来交谈。这在管理项目以及与项目人员衔接时是可接受的，但如果加入 PMO，你必须能够与所有人沟通，而非单纯与能够理解项目管理术语的人沟通。

不知晓 PMO 的存在。

如果人们并不知晓 PMO 的存在，那么你很难让他们支持 PMO。这对于地理位置上远离 PMO 所在组织的部门而言尤为如此。即便知晓 PMO 的存在，如果人们无法理解其设立的原因及其职责，那么支持力度仍旧缺乏。

有些跨国企业甚至在全球范围内设立了多个 PMO。在此情况下，充当“主管”的 PMO 有责任将所有其他 PMO 相互连接。组织必须时刻确保每个 PMO 能够了解自己的职责。例如，主管 PMO 应当为方法论的持续改进负责，而区域 PMO 应当为变革的实施负责。

由于 PMO 是项目管理知识产权的守护者，某些高管会感觉由其他高管直接控制的 PMO 会给他们带来威胁。信息是权力的象征，与不受你控制的 PMO 共享信息会使其他高管比你的权力更大。有时此情况可通过在同一事业部下设立多个 PMO 来解决。例如，可为 IT 活动设立单独的 PMO，同时为其他活动设立企业级 PMO。如果这两种 PMO 协同工作，则可取得较好的效果，但往往它们会彼此竞争，这样会导致其中一方或双方的失败。

未能理解文书工作的成本。

当管理项目时，项目经理似乎能理解文书工作的成本。但当他们被分配到

PMO 时，他们往往会陷入这样一种思维：PMO 应当是产生文书的机器。其结果是项目团队文书工作的要求呈压倒性增加，从而导致 PMO 的失败不可避免。

PMO 应当努力争取实施无纸化的项目管理。举个例子，有些 PMO 将整个项目管理方法论转换为内联网版本，从而实现了完全的无纸化。整个项目管理方法论，以及表格、指南、模板和核对单，都出现在公司网站而非白纸上。项目绩效报告可使用仪表板报告系统来完成。

未能理解资源能力规划。

如今，大多数高管并不知道在不让现有劳动力负担过重的条件下，他们能够完成多少额外的工作。PMO 有责任将此信息提供给高管，使他们能够基于必要资源的可用性，有效地建立项目组合。资源能力规划很可能是高管支持 PMO 存在的最重要原因。

未能理解“不可一刀切”的道理。

在乌托邦式的理想环境中，我们或许能够创建适合任何一个项目的单一方法论和一套过程。但在现实中，这是很困难的，因为项目之间一定存在差异。强迫组织使用不当的过程可导致对 PMO 的不满。

未能理解“过程比工具先产生”的原则。

几年前，某家公司在设立 PMO 前，花了 60 万美元购买某项目软件包的许可协议。随后，公司建立了 PMO 并向其提供章程，用于为公司创建项目管理方法论。很快问题就显现出来了，先前所选的软件包与之后创建的方法论不契合。

过程的产生必须先于工具。市场上有许多软件工具，这些工具中的大部分甚至可以通过定制来满足特定项目管理方法论的需求。无论当初购买工具的决策者是谁，如果购买了错误的工具，那么责备似乎会直接落到 PMO 头上。

对过程的使用不一致。

一家汽车行业供应商在同一办公地点设有三个事业部，每个事业部都有各自的项目管理方式。当有些项目需要所有部门通力合作时，问题就会产生。协调各方的工作对项目经理而言会变得相当困难。

公司总裁通过章程建立了 PMO，以创建可在全公司范围内使用的方法论。所有三个部门都支持这一想法，并分配各自的部门资源为 PMO 提供协助。其中一个部门已拥有一套方法论，PMO 认为可以以此作为起点。最终，全公司范围使用的方法论创建完成，该方法论在很大程度上基于其中一个部门的信息而创建。

当最终产品发布，并且项目团队被要求使用新方法论时，三个部门中的其中两个表示反对，并声称“这方法论不是在这里诞生的”。PMO 审核了所有三个部门选定的项目，发现过程的使用方式不一致；每个人都在责怪 PMO。最终，总裁介入并强制要求此方法论与伴随的过程需在所有三个部门中推行。如果总裁不介入，那么 PMO 完全有可能最终被解散。

未能建立 PMO 度量指标。

对各类项目而言，PMO 的开支为管理费用而非直接人工费用。因此，当经济状况恶化时，如果要寻求可能的降低成本的机会，那么产生管理费用的活动是最先被关注的。这会置 PMO 于被解散的危险之中。

PMO 必须建立能够展现 PMO 如何为公司带来价值以及如何为公司盈亏底线做贡献的度量指标。PMO 需要考虑的典型度量指标包括：

- 使用/遵循项目管理过程的项目所占的百分比。
- 项目经理人数在总项目员工人数中的百分比。
- 更加训练有素的项目经理。
- 更高的项目成功率。
- 客户满意度评级的提升。
- 与去年同期相比的工作量；每年以相同或更少的资源完成更多的工作。
- 更有效地利用组织资源。
- 处于危险或遇到麻烦的项目所占百分比减少的数值。
- 每个项目的人数（项目的人员配备承受力）。
- 设法使项目更快结束。
- 每个项目范围变化数量的减少量。

总结和建议。

PMO 的必要性是非常明显的，但我们必须要能充分认识到下行风险，否则实施过程可能无法如我们所希望的那样顺利进行。有效运作的 PMO 能够使项目朝好的方向迈进。人们往往会拒绝改变自己的工作习惯。PMO 必须为所有决策解决风险管理问题，以避免 PMO 的失败。

讨论题

以下讨论题供课堂使用，用以激发小组对 PM2.0 的思考。大多数问题的答案不存在对错之分。

1．如果 PMO 之间拒绝网络互联，会有哪些糟糕的事情发生？

2．本章中讨论的每种类型的 PMO 应当向谁汇报？

3．PMO 应当获准管理项目吗？如果答案是肯定的，那么 PMO 可以管理哪些类型的项目？

4．项目经理应当获准在管理项目期间持续向 PMO 汇报吗？

5．分配到传统 PMO 的人员应当具备哪些技能？

6．分配到组合 PMO 的人员应当具备哪些技能？

7．分配到战略 PMO 的人员应当具备哪些技能？

8．对于大多数 PMO 的未来发展，你期待看到什么？

9．没有高管支持，PMO 能够成功吗？

10．企业进行裁员时，PMO 能做什么来避免被解散？

反侵权盗版声明

举报电话：（010）88254396；（010）88258888
传　　真：（010）88254397
E-mail:　　dbqq@phei.com.cn
通信地址：北京市万寿路 173 信箱
　　　　　电子工业出版社总编办公室
邮　　编：100036